扫码指南

1. 扫描二维码进入兑换界面。

2. 输入下方“兑换码”，点击“立即兑换”。

2HYYZB5C

操作完成即可扫描书中“听一听”和“看一看”二维码，免费畅享音视频。

3. 扫描小程序码进入兑换界面。

4. 登录小程序，转到“我的”，点击“兑换”，输入下方兑换码。

HXGFA7

操作完成即可扫描书中“问一问”二维码，免费与“AI 责老师”对话。

名师好课

“学为中心”课堂解码（AI版）

贲友林 著

江蘇鳳凰教育出版社
Phoenix Education Publishing, Ltd

图书在版编目（CIP）数据

名师好课：“学为中心”课堂解码：AI版 / 贲友林著：-- 南京：江苏凤凰教育出版社，2025. 6.
ISBN 978-7-5743-1920-2

Ⅰ. G424.21

中国国家版本馆CIP数据核字第202525JY41号

书　　名	名师好课："学为中心"课堂解码（**AI**版）
著　　者	贲友林
责任编辑	朱凌燕
设　　计	经为公
出版发行	江苏凤凰教育出版社（南京市湖南路1号A楼　邮编210009）
苏教网址	http://www.1088.com.cn
照　　排	南京紫藤制版印务中心
印　　刷	江苏苏中印刷有限公司（电话0523－82099008）
厂　　址	泰州市经济开发区鲍徐镇（邮编225315）
开　　本	787毫米×1092毫米　1/16
印　　张	16
版　　次	2025年6月第1版
印　　次	2025年6月第1次印刷
书　　号	ISBN 978－7－5743－1920－2
定　　价	98.00元
网店地址	http://jsfhjycbs.tmall.com
公 众 号	苏教服务（微信号:jsfhjyfw）
邮购电话	025－85406265，025－85400774
盗版举报	025－83658579

苏教版图书若有印装错误可向出版社调换

序

杨九俊

教育是生命与生命的对话，是智慧与智慧的碰撞。每一位名师的教学主张，都是教育思想与实践智慧的结晶，蕴含着对教育本质的深刻理解，对儿童成长的深切关怀。江苏凤凰教育出版社策划出版的这套“名师好课”系列图书，正是为一线教师、教育研究者以及所有关心教育的人们，提供的一份可借鉴、可对话、可生发的教学智慧图谱。

主张：从“为什么”探寻教育本源。

教学主张是名师的教育哲学，是他们对学科本质、学习规律和育人目标的系统思考。有的阐明对教育教学基本价值的思考，如斯霞老师的“童心母爱”，这是她教学、教育以至人生的基本立场；有的回答日常教学行为的“所以然”，如邱学华老师的“尝试教学”，对丰富的“先练后讲、先试后导”实践样态进行点化。以这套书中即将亮相的几位名师为例，贲友林的“学为中心”，倡导在课堂中，师生彼此互为师生，共学、同学、互教互学。学为中心，是以教师、学生的学为中心，以教师、学生的学力提升与学会学习为中心。从中我们可以看到课堂师生主体性的身影，看到学习共同体相互激荡、相互映照、相互成就的景象，看到“向未来”视角学习素养的全面跃升。张冬梅提倡的“亲和数学亲和学”，本身就是一种对教学境界的追求：人与知识亲密接触，甚至相拥起舞；人与人亲密交往，春风骀荡。孙双金的“情智语文”，既是目标，指向完整的人；又是方法，解决认知和情感割裂的这一教学的基本矛盾。薛法根提出“为言语智慧而教”，并以“组块教学”加以落实，体现了他对学科本质的深刻理解和语文教学规律的创造性贡献……这些“思想”，都是帮助读者从源头上理解“培养什么样的人”“怎样培养人”，从而在纷繁的教学现象中锚定方向。

实践：用“代表作”诠释“怎样教”，并在其中有机关注“为什么教”的原点思考。

课堂是教育思想的试验田，也是教学主张的生态呈现。以南通“二李”为例。李吉林老师说，她的情境教学，可以从形真、情切、意远、理蕴等方面把握理论内涵，而进入操作层面，则以诱发主动性、强化感受性、着眼创造性、渗透教育性、贯穿实践性为五个要素，情境的创设则是通过生活展现、实物演示、图画再现、音乐渲染、表演体验、语言描述等途径。李吉林老师一节一节的课就是一个个生动的例证，从课例入手，一线教师更能读懂情境教学。李庾南老师主张“发展学力”，她的“自学·议论·引导”教学法，在具体课例中通过独立学习、小组学习、全班学习的组织形式生动地表达出来。看她的课就能感受到学力的扎根生长。这套书的体例设计特别注意贴近一线教师：第一部分，是名师对自己教学主张的阐释；第二部分，则精选名师的代表性课例，并辅之执教者的教学解读。名师的人生高度是一节一节高质量的课垫就的，而其中一些课例甚至脍炙人口、余音绕梁，“经典广流传”。这是因为，诸如南通“二李”那样的名师，其“代表作”课如其人，课例生动印证了他们的教学主张；特殊性中包含普遍性，形象阐释了教育教学的基本规律。读这些“代表作”，听名师的“夫子自道”，让一线教师看见教学设计背后的逻辑：目标如何设定？问题如何生成？学生如何被点燃？难点如何化解？相信自会打开智慧之窗。

对话：以“教得怎样”促成多维反思。

教学探索永远“在路上”，评价和对话是推动迭代的关键。书中的第二部分，每一个课例都链接了“专家点评”，编者们还精心设计了“AI 生成读者与作者对话”，既呈现专业视角的深度剖析，又在对话的“真实情境”中让思考“向四面八方打开”。“教得怎样”得到评说和追问，无疑是对作者的鞭策，也激励每一位读者成为教学的思考者和创造者。

可见，这套书不仅是对名师经验的梳理，更是一项对教学本质的集体叩问，读者从中可以获得三种滋养：思想的启迪——理解教学主张；方法的迁移——习得课堂策略；反思的自觉——形成批判性对话的意识。愿这套书成为一座桥梁，连接理论与实践，贯通名师与普通教师，让优质教育的资源在对话与解码中生生不息。

（**杨九俊**，江苏省教育学会原会长，研究员。）

目录

39 课堂实践

教学主张

学为中心

扫码听一听

课堂，是学校教育的主阵地。当前，我国课堂教学正从“教为中心”向“学为中心”转变。建构“学为中心”的课堂是当代课堂教学变革的基本趋向。

什么是“学为中心”的课堂

1. 从教到学：课堂变革的转向

当我们提出“教学，谁为中心”这个问题时，很多教师的回答是“以学生（学习）为中心”。然而，走进课堂、反观实践，不难发现，口头作答与行动表达并不一致，不少教师在设计教学时考虑较多的还是“怎么教”。比如，我们熟悉的“复习准备—讲授新课—巩固练习—布置作业”这样的教学流程，从头到尾突出的仍是教师“教”的设计。

再如，学生独立思考、小组讨论、全班交流，这几乎是数学课堂的“标配”。课中，学生的独立思考，思考了吗？独立了吗？教师总怕学生出错，总怕学生会浪费自己的时间，总想搀扶着学生，于是，学生慢慢成了“温水中的青蛙”，丧失了思考的能力、独立的意识。

课中，教师对学生说“同桌间讨论讨论”，或者说“小组内交流交流”，学生接着就“讨论”“交流”起来了。不过，鲜有教师真正做到“到学生中去”，关注学生是怎样讨论的，是怎样交流的。学生“讨论”时，教师在干什么呢？“甩手掌柜式”的教学处理，是否就能够培养学生独立思考的能力呢？

课中，学生汇报时，若回答完全正确，教师则往往内心大喜，表扬与赞赏，毫不吝啬。这也反映出，教师大多只关注学生的汇报是否与自己的预设一致。当学生说尽“教师心中预设的想法”之后，教师也就收手了。如果，这时学生还有其他想法，也就是教师预设之外的想法，教师还会让学生继续交流下去吗？教师是否觉得学生没完没了呢？如果一位学生表达的想法出错了，教师会继续让学生表达下去还是会打断这位学生呢？如果这位学生的出错之处在教师预设之中，教师会怎样处理？倘若这位学生的出错之处在教师预设之外呢？当几位学生连续作答，却非教师所预设的想法时，教师会怎么办？继续追问、引导，还是给予提示，直至学生说出教师所预设的答案？教师苦心经营、“师本位”地以自己的思路推进课堂运行，拽着、牵着、赶着学生走。过度的“教”的设计，挤压了学生学的时间与空间，限制了学生的思维和智慧，压抑了学生自主学习的兴趣与热情。

华中师范大学陈佑清教授指出，教师讲授中心课堂，按其实际表现有两种形态：极端的讲授中心课堂和改进的讲授中心课堂。前者的典型表现是，教师严格支配、控制课堂中的一切方面和全部过程。教师的行为，甚至全部的行为，尤其是系统讲授行为成为课堂的绝对中心。教师主要从自己对教学内容的理解和对学生的期望出发，设计和实施教学过程；教学过程的组织不是基于学生的实际学情，也不是依靠学生自身的能动活动。在这样的课堂中，学生是被动的、服从的，缺乏独立学习的时空和能动的学习行为。这样的课堂，典型特征是“满堂讲”“满堂灌”，也曾被称作“填鸭式”课堂。改进的讲授中心课堂有了不少变化，如，教师在课堂中鼓励学生的参与，注重让学生自学，讲授中通过提问、讨论等方式激发学生的学习动机。不过，在改进的教师讲授中心课堂中，学生的能动学习活动及其在教学时空的占用上，仍未成为课堂教学的本体或中心，整体来看仍然是以教师及其行为为本体、为中心。这典型地表现在，课堂教学的绝大部分时间还是教师的单边活动，学生主要是处于静听、静观或被动配合、跟随教师的状态。[①] 无论是极端的讲授中心课堂，还是改进的讲授中心课堂，都是“教为中心”的课堂。

课堂是否真正做到“学为中心”，教师的实践行为和教育理念是否保持一致，需要每位教师的自我审视与追问。关于课堂，太多的教师在想：我们如何教？是否应该转换思路，想一想：我们如何让学生学？能否让学生主动地学、个性化地学、创造性地学？我们不缺忙碌，我们缺的是与忙碌相伴随的追问；我们不缺想法，我们缺的是持续性与建设性的做法；我们也不缺理念，我们缺的是和理念相一致的实践行为。

尽管这样的转向艰难且充满挑战，但这样的转向重要且必要，我们需要思行相伴、知行合一。

2. “学为中心”：教育理念的重构

“学为中心”，从字面理解，并没有什么困难。进一步认识“学为中心”，需要从重新认识“教学”的基本含义、理析“教”与“学”的关系入手。

在中国古代教育中，“教”与“学”没有严格区别，其意一致。“教学”二字连用为一词，最早见于《尚书・说命》：“斆（xiào）學半。”孔颖达疏：“上学为教（xiào）；下学者，学习也。言教人乃是益己学之半也。”也就是说，教学也是学习，它们是两种不同途径的学习——自学和通过教人而学。

当下，一般将教学界定为由教师的“教”与学生的“学”这两种活动构成的统一体，即教学过程是由教与学组成的。不过，教与学并不是并列、平行的关系，它们是有差异的。学，具有相对独立性，教，则依存于学而存

① 陈佑清.建构学习中心课堂：我国中小学课堂教学转型的取向探析[J].教育研究，2014(3)：96—105.

在。学，可以靠个人独立进行，在个人的头脑中完成；而教，至少须有另外一个人在场，需要两人（多人）合作才能完成。有效的学习过程必须由学生自主去完成，任何外人都不能替代；教只是引起、促进学生能动而有效地投入学习活动的方式，它不能代替学生经历和完成学习活动的过程，或者占用学生独立思考、能动学习的时间和空间。教是手段，学是本体；教是条件，学是目的。王策三教授指出："学生和他们的'学'，固然是在教师教的领导下进行的，但是，教却又是为'学'而存在的，否则就毫无意义；教师主导作用必须也必然有一个落脚点，这个落脚点只能是'学'；教学所追求的目标和结果，一定要由'学'体现出来。更为重要的一点，'学'是学生自己的独立主动的活动，教师包办代替不了。"[①]

学生是学习的主人，教学不是教师的表演。教的质量，最终要通过学的质量来反映。我们的教学，不是让学生来适应教师；相反，教师是帮助学生学习的。教师所有的教学准备和教学设计都应以学生能够更好地学习为目的。"教"，是为了"学"。课堂教学，当"学为中心"。

"学为中心"的课堂，是指以学生学习活动作为整个课堂教学过程的中心或本体的课堂。教师从学生的学习出发，以学生已有知识和观念作为教学的起点，给学生更多的学习和建构的机会，根据学生的学习过程设计相应的促进学生学习的教的活动。

"学为中心"，是还学生的学习权，是一种指导教学实践的教育理念与价值取向。"学为中心"的课堂，着力于挖掘每个学生的最大潜力，让每个学生在学习中发挥他们的主体性，在求真、民主、合作、愉悦的良好学习氛围中获得预期的意义建构、能力提升以及身心的健全发展。但我们也要认识到，"学为中心"的课堂，强调了学生学习的主动性，尊重学生的需求，但不代表满足学生的所有需求；让学生主动、活泼的学习，也不等于完全放手让学生按照自己的意愿学习。

① 王策三.教学论稿[M].北京：人民教育出版社，1985：380.

“学为中心”的课堂，更多地是展现“学”的行为，而非“教”的表现。不过，“学为中心”的课堂，并不否定、排斥“教”。当“教”与“学”发生冲突时，我们需依据学生的学习需求调整教学过程，保证所有的教学活动都是促进学生学习的活动。

“学为中心”的课堂，其教学过程是教师通过教导学生能动参与和有效完成学习活动，从而促进学生学习与发展的过程。因此，教学过程应依据学习过程进行设计，从而实现学习过程和教学过程的有机统一，保证按照学生的学习特征开展。学习是学生的事情。为此，每个学生都要尝试在学习中构建属于自己的学习意义，而教师的指导、引导、组织等教学行为会直接影响学生学习的主动性、投入程度、学习效率和学习效果。“学为中心”的课堂，应有机整合学生的需求，兼顾学生的差异，激发和维持学生学习的主动性，挖掘学生的潜能，助力学生完成预期的学习任务。在这样的课堂中，教师会面临更大的挑战，要时时刻刻反思自己的教学能否激发学生的兴趣，从而主动参与到学习中，所组织的活动能否挖掘学生的最大潜力并达成预期的目标等。由此来看，教师不仅仅需要关注学生的学习，更需要关注学生作为一个“真实、完整的人”学习什么、如何学习、学得怎样。

3. “学为中心”：教学理解的创新

“学为中心”的“学”，是指学生，还是指学习？学习，是单指学生的学习，还是包含了教师的学习？学为中心，是以学习为中心，还是以学力提升、学会学习为中心？

以往，我理解“学为中心”是以学生的学习为中心。而现在，我产生了一种新的理解并在教学实践中加以探索：在课堂中，教师可以是学生，学生也可以是教师，师生共学、同学、互教互学。学为中心，以教师、学生的“学”为中心，以教师、学生的学力提升与学会学习为中心。

“学为中心”的课堂，“人人都是学习者，个个都是小老师”，这表达出三层含义。其一，对课堂样态的期待。“人人都是学习者”，即让学习在课堂中真正发生、持续发生、深度发生。当然，这不仅仅指学生的学习，也指教师的学习。教师，不仅在教学，也是在“学教”。“个个都是小老师”，对学生而言，让“教别人”成为自己的学习方式；对教师而言，要让自己变“小”，告别居高临下的习惯，换位到学生角度与学生一起探讨，与学生共情。教师，要做“大先生”，就必须先做“小学生”。其二，对“教”与“学”关系的认识。有学未必有教，有教未必真学。学为本体，教为条件；学为目标，教为手段。教，是为了学，是为了更好地学，更是为了学得更好。这里，“教”是为“学”服务的。当学生“教别人”的时候，当教师“学教”的时候，“学”又是为了更好地“教”。“教”的过程，也是“学”的过程。“教”，为了成就他人的“学”，为了促进自己的“学”。其三，对师生角色的定位。以往，师生角色界限分明。在师生一起学的“学为中心”课堂，师生角色模糊了，或者说，无界了：教师教学生学，学生教学生学，学生教教师学，混合互融。教师，是学生的教师，也是学生的学生；学生，是教师的学生，也是同学的学生，是同学的教师，也是教师的教师。

由此，说到对“好课”的认识与探索。上一节好课，是一位教师真实与朴素的追求，也是一位教师一生教学的向往。那么，什么是“好课”？2010年，我写下过这样一段文字：“课堂中，学生积极主动，善于倾听，勤于思考，敢于质疑，争先恐后地举手，自信大方地表达，或补充，或修正，或肯定，或质疑，充满主见又不失童趣与深刻性的争辩，那一个个‘小精灵’都是知识、思想、方法的生产者，是学习的主人。课堂中，生机勃勃，兴味盎然，师生都能感受到成长的气息。”这段文字，描述了学生听、想、说等方面的表现，让我们看到了学生在课堂学习的样子。2021年，我又写下了这样的想法：“一堂好课的标准，以往注重的是教师教得如何。‘教’，是为了‘学’。换个角度，好课，要看学生学得怎样，看学生学习行为表现。学得好，学会学，课，才是真的好！"记录了自己对好课中"教"与"学"关系的思考。2022年，我又有了这样的思考："对学生来说，能让每个学生得到充分、和谐、绿色发展的课，是好课；对教师而言，能在学生发展的同时，教师同程得到成长的课，是好课。"从2010年"成长的气息"，教学场域中的成长萌发，到2022年"同程得到成长"，师生同程共长的生态建构，教师和学生在课堂中一起学习、一起成长，相互影响、相互成就，认知不断迭代升级。

"学为中心"的课堂，"人人都是学习者，个个都是小老师"，人人为师，个个向学，教学相长，双向赋能。这是教师和学生在"学为中心"课堂中的状态，也是我期待建立的新的教学文化。

扫码听一听

如何构建“学为中心”课堂

1. 目标精准：让学生更有层次地学

教学目标是教学实践的指向标，是课堂教学的出发点和归宿，是课堂教学的灵魂和关键，是评价课堂教学的依据。无论是在教学设计中，还是在教学过程、教学评价中，教学目标始终作为核心而存在，始终引导教与学的展开。毋庸置疑，大部分教师都认识到了教学目标的重要性。不过，我们还是需要回到原点思考：设置教学目标的依据是什么？我们更需要与时俱进地反思：当下对设置教学目标的考虑，与之前相比是否有新的进展与变化？

在传统的课堂教学中，出于对形式完整性的追求，教师设置教学目标时的实际关注点往往是教学方法和教学手段。“学为中心”的课堂，应“以学定教”。不过，教师对“以学定教”的理解通常局限于教学过程中，认为是依据学生的“学”予以施教，设置教学目标时，同样遵循这样的“以学定教”理念。对“以学定教”中的“学”，应当从两个方面去理解：一是教学的内容，二是学生的学情。设置教学目标的目的，是为了让学生在完成学习内容的过程中实现自身全面、和谐的发展。因此，教学目标的设置，不仅要基于课程标准规定的教学内容，更要基于学生的学情。需要注意的是，单纯地将“学”定义在学生的学情上，是很难正确实施“以学定教”的。教学活动始终是师生围绕教学内容展开的，教师、学生、教学内容皆是教学活动的基本要素。教师既要深入了解学生的学情，也要准确把握教学内容。

(1) 基于课程标准：锚定学科核心素养

教学目标的表述，看似只是简单的几句话，但教师往往难以把握目标表述所涉及的宽度和深度。所谓“宽度”，是指授课内容在有限的一节课时间里需要学习到哪些方面，即教学目标要通过考虑内容的容量来把握横向的宽度；所谓“深度”，是指与授课内容密切相关的内容中曾经学习了什么、今后将要学习什么，这节课学到怎样的层次与程度，即教学目标要通过兼顾整个内容体系来把握纵向的深度。

按照教学内容的范围，教学目标可分为课程总目标、学段目标、学期教学目标、单元教学目标和课时教学目标这五个不同层级。课程总目标和学段目标是由教育行政部门和课程编制者制定的；学期教学目标和单元教学目标通常由教材编写者设计，教师在此基础上做适度加工调整；而课时教学目标，则由任课教师制定。

我们可以将教学目标分为长期目标和短期目标。所谓长期目标，是学生在较长的一个阶段内所要达到的目标；所谓短期目标，则是较短的一段时间内所要达到的目标。长期目标与短期目标，是相对而言的。比如，相对于课程总目标、学段目标来说，单元目标是短期目标；相对于课时目标来说，单元目标又是长期目标。

制定短期目标，要在长期目标的统领与观照下进行。长期目标一般比较笼统，对绝大多数学生来说，总的长期目标是基本相同的，做到“保底不封顶”，即学生要达到课程标准所规定的要求。短期目标，是实现长期目标的基础，是将长期目标具体化、系统化、分步化得到的。

下面以《圆的面积》一课为例，说明如何以宏观视角、全局意识，基于学习内容设置课堂教学目标。

首先，从宏观上看，《圆的面积》属于图形与几何领域第三学段的内容。学段目标中，与圆相关的目标是：探索几何图形面积的计算方法，会计算常见平面图形的周长和面积；形成量感、空间观念和几何直观(限于篇幅，“问题解决”“情感态度”目标暂未摘抄）。由此可以看出，学段目标通常比较笼统、上位。

其次，单元目标应对学段目标进行具体化。《圆的面积》是《圆》单元的学习内容，而《圆》这个单元是在学生已经初步掌握长方形、正方形、平行四边形、三角形和梯形的基本特征及其周长、面积公式，并已经直观认识了圆的基础上进行学习的。从认识直线图形到认识圆这样的曲线图形，学生的知识面拓宽了，图形与几何的学习经验丰富了，而且空间观念得到了进一步的发展。这部分内容，又是后继学习圆柱、圆锥等内容的重要基础。《圆》这个单元的学习内容分为三个阶段：第一阶段，认识圆的基本特征以及圆的圆心、半径、直径，学会用圆规画圆；第二阶段，探索并掌握圆的周长公式，理解圆周率的含义，应用圆的周长公式解决一些简单的实际问题；第三阶段，探索并掌握圆的面积公式，应用圆的面积公式解决一些简单的实际问题。由此，“上呼”学段目标，“下应”单元学习内容，《圆》这个单元的教学目标可定为：

(1) 在观察、画图、测量和实验等活动中感受并发现圆的特征，知道什么是圆的圆心、半径和直径；能用圆规画指定大小的圆；会用圆的知识解释一些日常生活现象或解决一些简单的实际问题。(2) 经历操作、猜想、测量、计算、验证、讨论和归纳等数学活动，理解圆周率的含义，熟记圆周率的近似值，掌握圆的周长和面积公式，能应用公式解决简单的实际问题。(3) 在活动中进一步积累认识图形的学习经验，体会等积变形、转化等数学思想方法，增强空间观念，感受数学文化，发展数学思维。(4) 进一步体会图形与生活的联系，感受平面图形的学习价值，提高数学学习的兴趣和学好数学的信心。

最后，是课时学习目标的制定。《圆的面积》教学通常安排二至三个课时，第一课时的教学内容是探索圆的面积计算公式，应用公式解决简单的实际问题。据此，可从单元教学目标中细化出第一课时的教学目标：

(1) 经历探索圆的面积计算方法的过程，理解圆的面积含义，掌握圆的面积计算方法，能正确计算圆的面积，能应用公式解决相关的简单的实际问题。(2) 体会转化的思想方法，发展初步的空间观念和操作能力，获得数学探究的经验和成功体验。

任何课时教学目标都不是孤立的，它的制定必须从整体上着眼，牢牢把握住学段目标，以单元目标为依据，将课时教学目标置于前后连贯一致的内容体系中。要指出的是，短期目标并不是对长期目标的简单分解。学段目标、单元目标，并不是每一课时目标的简单相加，而是每一课时目标的有机结合，以“螺旋上升”的方式，经过长期积累达成的。

知识范畴的教学目标可以具体到每一课时，而情感态度方面的发展目标，能否具体到哪一个课时完成到怎样的程度呢？前者可称为显性目标，具有直接性、可观测的特点；后者则为隐性目标，看不见、摸不着，隐藏在知识体系之中。如果教师只着眼于显性目标，而忽视支持显性目标达成的内在情感态度的变化，则教学可能停滞于表面形式。数学教学要促进学生情感态度的发展，就不能只通过表面、外在的数学知识的学习来完成，更要强化学生所学习的数学知识与技能之间的内在联系，感悟数学学习内容本身所蕴含的美。情感态度的发展需要师生都浸润于数学教学过程之中，自然也就不可能一蹴而就，或通过某一课时落实到位。与其纠结于如何表述并写在纸上，我们更需要的是切切实实地在教学过程中赋予数学学科情感态度的发展内容以“数学味道”。至于“学会细心思考”“养成认真听讲的习惯”“发展合作精神”“形成创新意识”等目标，不仅仅是数学学科所要帮助学生达成的目标，也是各个学科设置教学目标时都需要考虑的常规任务。

数学教育，不应满足于学生能在数学考试中获取一个高分，或是凭借数学的高分进入一个比较好的高一级学校，而应指向数学思想的领会、数学精神的熏陶。绝大多数人都不会以数学为终身职业，但数学时刻在我们左右，伴随我们一生。前苏联数学家辛钦说：“数学教学一定会慢慢地培养青年人树立起一系列具有道德色彩的特征，这种特征中包括正直和诚实。”[1]我想，这正是“数学味道”的最好表达。

(2) 基于学生学情：诊断认知起点，设计差异化目标

仅仅根据学习内容设置的教学目标是片面的。设置教学目标既要考虑教学内容的要求，还要考虑学生的情况。

有效的教学活动，是学生“学”与教师“教”的统一。对教学，我们有着多元的理解：把“教学”理解为“教是为了学”，这是对教的目标定位；把“教学”理解为“教学生学”，这既是教学内容、教学方法的要求，也是对教学目标的期待。教的目标，更多地来自课程目标、教材的预设；学的目标，更多地考虑学生发生的变化。泰勒指出，“鉴于教育的真正目标不在于要教师从事某些活动，而是要使学生行为方式发生有重大意义的变化，因此，重要的是要认识到：学校目标的任何陈述，都应该是陈述要学生发生的变化”[2]。

教学目标，是“学的目标”与“教的目标”的有机整合，是对完成教学活动后学生发生变化的详细、具体的描述，是对学生“将到哪儿”的筹划。在陈述教学目标时，常见这样的句式：通过教学，使学生了解……，使学生认识……，使学生掌握……。教师是“使能者”，学生是“效应者”。教师是否做了“使”“能”的努力，成为评价课堂教学的重要的行为观测点；学生是否“能了”，成了教师教学有效性的助证。正如美国学者克拉克所认为的，教学目标是“目前达不到的事物，是努力争取的、向之前进的、将要产生的事物”[3]。那么，把握学生现在“在哪儿”和他们的现有发展水平，是确定课时教学目标的前提。

苏联心理学家维果茨基认为，儿童有两个发展水平：一是实际发展水平，由已完成的发展程序的结果形成，表现为儿童能够独立地解决简单任

---

① 张顺燕. 数学教育与数学文化[J]. 数学通报. 2005(1)：4—9.

② 拉尔夫·泰勒. 课程与教学的基本原理[M]. 罗康，等，译. 北京：中国轻工业出版社，2014：34.

③ 郭翠菊，肖国刚. 小学课程与教学论[M]. 南京：南京大学出版社，2021：151.

务；二是潜在发展水平，是那些尚处于形成过程，心理机能仍在发展的，是儿童有可能达到的更高发展水平，表现为在有指导的情况下，借外界的帮助，儿童能够解决独自难以解决的较为复杂的问题。这两个水平之间的距离被称为最近发展区。[①] 学生现在"在哪儿""将到哪儿"，这之间的距离与空间也就构成了学生的最近发展区。设置目标，我们不能只照顾学得好、学得快的学生，也不能为保护"慢者"而约束"快者"。每个学生的目标应处于各自的最近发展区内，使教学对每个学生都富有挑战性，并能促进其潜在发展水平向现有发展水平过渡。学生的发展很大程度取决于教学能否激发、启动那些尚未成熟的心理机能。有挑战性的目标，有利于调动学生学习的主动性和积极性。但又因每个学生的"最近发展区"是不一样的，他们的目标必然是存在差异的。因此，我们要思考的是：教学目标应面向全体学生的最低要求还是最高限度？抑或是全体学生的平均水平？

在设置课时教学目标时，应通过课前调查、观察、分析等确定班级的课时教学目标，对认知起点比较高的班级，目标可以适度提升；反之，教学目标就要做适度的下调。即使在同一班级，由于不同学生的学习水平、能力是有差异的，所以为所有学生制定统一的目标势必会造成一部分学生"吃不了"，而另一部分学生"吃不饱"。因此，教师在制定教学目标时应关注全体学生，充分考虑学生之间客观存在的差异，使教学目标具有一定的差异性与弹性。差异性与弹性表现在两个方面：一是对不同学生提出不同的要求；二是在不同阶段达到不同层次与水平的目标。比如，《异分母分数加减法》第一课时的教学，设置如下教学目标：（1）探索并掌握异分母分数加减法的计算方法，能正确计算简单的异分母分数加减法，并能用来解决一些简单的实际问题；（2）进一步体会数学知识之间的内在联系，感受转化思想在解决新的计算问题中的价值，发展数学思维；（3）进一步

① 王颖.维果茨基最近发展区理论及其应用研究[J].山东社会科学.2013(12):180—183.

体会数学学习过程的探索性，享受成功的乐趣。这个教学目标，既有知识、技能方面的要求，又有数学思考、问题解决、情感态度方面的要求，是教学目标内容在横向宽度的梳理。如果对教学目标达成水平做纵向深度的梳理，教学目标还应当有一定的层次性。比如，关于知识技能方面，第一课时的目标是：部分学生掌握计算方法，能正确计算；部分学生能比较熟练地计算。其后的第二课时，目标是：部分学生达到比较熟练的计算水平；部分学生在计算过程中能发现一些规律。再如，《公倍数和最小公倍数》第一课时的教学目标是：全班学生理解公倍数和最小公倍数的含义；部分学生会用一一列举的方法找到两个数的最小公倍数；部分学生在一一列举方法的基础上，发现用"大数翻倍"的方法能找出两个数的最小公倍数。总之，基于学情设置的教学目标，应当在学生的"最近发展区"内，并注重目标的弹性与差异性。

教学目标的差异，不仅表现在认识发展水平方面，还表现在情感态度的发展水平方面。在认知发展方面，我们要允许差异。在某种意义上，由于学生个体间的差异，以及对教学目标的弹性需求，学生之间认知水平的差异会不可控地增大。在情感态度发展方面，我们则要注意尽可能缩小学生之间的差异，让不同的学生，无论是数学学得好的，还是当前学得不够好、不太好的学生，都喜欢数学，都对数学学习充满自信。通俗点说，学生数学学习的成绩可能有差距，但对数学学科的喜爱却应尽可能没有差异。

最后，还要特别指出，与教学目标同样重要的是，在教学之后对照设置的目标评估其落实、达成情况，以此作为后续教学目标的重要参数，从而保证教学的连贯性、一致性、递进性与系统性。

2. 整体设计：让学生更有准备地学

我们知道，教师进课堂，是需要做准备的；那么，学生进课堂，是否也需要做准备呢？这里所说的准备，不是指在课桌面上摆放好学习用品这些物质层面的准备，而是指在认知、心理、情感层面的准备。

从学习的心理感受来看，学生对熟悉的学习内容更容易产生亲近感。回想自己的学习经历与经验，当我们面对完全陌生的学习内容，且缺乏能与之建立联系的知识与经验基础，那在后续的学习过程中，那些如同“天书”般的学习内容会将我们拒之门外，使我们失去学习的兴趣与欲望。而如果所学内容让我们感觉到有些熟悉、有所知晓，那我们就会对接下来的学习充满信心和动力。小学生同样有这样的学习心理感受。

小学数学教材内容的编排，往往采用螺旋上升的方式，“前有孕伏”即是其中一种策略。“前有孕伏”，是指结合可以联系的知识点，将学习一个重要知识所必需的基础进行前期铺垫，从而降低学习新知识的难度。

比如，苏教版小学数学教材在“商不变的规律”之前的《除数是两位数的除法》单元，编排了如图 1 所示的练习题，引导学生先通过计算、填表，再通过观察、比较和交流，初步感受其中蕴含的“商不变的规律”。

先填表，再在小组里说说你的发现。

被除数	20	40	80	160	320
除　数	5	10	20	40	80
商					

图 1

再如，苏教版小学数学教材在学生学习“公倍数和公因数”时，编排了如图 2 所示的练习题。既帮助学生巩固了刚刚学习的求两个数的最大公因数的方法，又为后面学习“约分”提供了方法上的铺垫，加深学生对知识之间内在联系的感受。

你能说出下面分数中分子和分母的最大公因数吗？

$\frac{6}{18}$　　$\frac{15}{45}$　　$\frac{13}{65}$　　$\frac{9}{36}$　　$\frac{10}{70}$

图 2

教材的编排启示我们，让学生有准备地学。学生所做的准备，为他们的后继学习提供了基础与支架，降低了学生学习新知识的难度，减少了学生解决问题起始阶段所遇到的困难。

如何让学生对即将学习的内容不陌生，那就要从“准备”说起。

(1)“大感受”，让学生更有感觉地学

“大感受”，即针对某一个单元或某一部分的内容，设计一系列的活动，在非学科规范的层面，让学生感受新知识的丰富背景和知识间的丰富联系，尝试运用经验和直觉进行猜测、描述和交流。与以往新知学习往往表现为“专”而“深”不同的是，“大感受”下，新知学习通常表现为“广”与“浅”。通俗点说，给学生的待学内容增添些“感觉”。

第一种方式是单元学习前的集中型感受学习。比如，《除数是两位数的除法》单元学习之前，我设计了 3 个课时的感受学习：第一课时，研究“400÷25”如何计算，交流计算方法，初步感受除数是两位数的除法的不同算法；第二课时，在交流“400÷25”计算方法的过程中，感受竖式算法的普适性；第三课时，在交流除数是两位数的除法估算方法的过程中，初步感受把除数看作整十数的试商方法。这样的感受学习，以点带面，引导、组织学生凭借自己的已有、已知，用自己的方法思考，尝试解决问题，并在过程中孕伏后面新课即将学习的方法等。即，新知学习的方法，在学生原有想法的基础上自然产生。

单元学习之前的集中型感受学习，还可以通过动手操作，在实践过程中交流、感受新学知识。比如，三年级学习“周长”之前，我组织学生进行了下列测量活动：① 量数学课本封面 4 条边的长；② 量一张桌子桌面周边的长；③ 量一量自己的腰围；④ 量一个圆柱形罐头或茶叶盒底面一周的长。通过动手测量以及对测量过程与方法的交流，学生对周长及计算长方形、正方形周长的方法就能有所感、有所知。

第二种方式是日常教学过程中的分散型感受学习。比如，二年级教

学《认识时、分》一课，在认识钟面一圈有 12 大格、60 小格时，有学生列式“12×5”，于是我组织学生交流怎样算。有学生说：“10×5＝50，2×5＝10，50＋10＝60”。如何计算“12×5”并不是二年级的学习内容，但通过这样的交流，为将来两位数乘一位数的学习积累了感受。以往我们在教学中，可能会用“这样的问题，我们将来会学习”一句话跳过去；而现在，我们不需要回避学生对这个问题的展示交流。从短期的数学学习角度来看，这也许没有直接作用；但如果着眼长远来审视，我们就会发现其价值与意义所在。在这样的学习过程中，学生获得了对数学课程更鲜活、更丰富的认识：之前不知道的，现在听说了；之前大致了解的，现在知道得更详尽了。无论是获得“感受”的人数还是“感受”的程度，都是有所长进的。

(2)“小研究”，让学生更充分地想

“小研究”，即针对某一课时或某一知识点学习，课前给学生准备一份“研究学习”材料，让学生独立、自主地对将学的内容“研究”一下。“研究”，是关键词。“研究”，是一种学习态度，表现为主动、积极、投入。“研究”，还是一种学习方式，面对新的话题，学生进入学习任务中，展开充分的思考，寻找各种学习资源，发掘自己的想法，继而带着想法、困惑与疑问走进课堂。“研究”，更是一种学习能力，主动获取自身尚未知晓知识的能力，即求己所未知的能力。“小研究”，是指小学生能做的、可以完成的“研究”，它并不像科学家开展的研究那样强调学术性、规范性，甚至可以说，小学生参与的研究，是一种平民化、草根化、大众化的研究，重要的是，学生通过自己的思考，真正产生自己的想法。在成人的视野中，这样的“研究”可以说是“微不足道”，但对于小学生来说，“道足不微”——小学生“道足”了，他们的理解就“不微”了。可以说，现在的“小研究”，铺垫、孕育了将来的“大研究”。“小研究”，既是一个动词，也是一个名词，集研究过程与研究结果于一体。

“研究学习”材料是“小研究”的载体，要根据学习内容的特点进行设计。有关概念内容的“研究学习”材料，一般要组织学生探讨“是什么”与“为什么”两个方面的问题；有关规则内容的“研究学习”材料，一般要组织学生探讨“怎么做”与“为什么这么做”两个方面的问题；有关解决问题内容的“研究学习”材料，一般要组织学生独立思考，再做分析并尝试解答。

比如，关于三角形分类的学习，也就是锐角三角形、直角三角形和钝角三角形，等腰三角形和等边三角形的学习，课前，可以组织学生完成一份“研究学习”材料（如图 3），让学生对三角形分类的学习能够立足整体。需要说明的是，这样的材料，并不是在一课时内完成交流学习的。

三角形“研究学习”

1. 如果将三角形按角进行分类，可以怎样分类？你能用图表示吗？

2. 为什么说“三个角都是锐角的三角形是锐角三角形”？而直角三角形却说“有一个角是直角”，钝角三角形说“有一个角是钝角”？

3. 如果将三角形按边进行分类，可以怎样分类？你能用图表示吗？

4. 关于三角形的分类

我的发现：

我的提醒：

我的疑问：

图 3

以往，教师在课堂上引导学生思考、交流，学生的表现基本上是跟着教师走的。而现在,“研究学习”材料带领学生进入学习任务中,学生能够展开充分的思考,然后记录自己的想法与困惑,为课堂中进一步的交流学习做好准备。这样的做法和以往的不同在于,教师放手让学生探索性地往前走。

在新授课之前,学生要先进行“小研究”;在练习课、复习课之前,学生也先进行“小研究”。比如在练习课、复习课之前,让学生填写表1,对各自出现的错误进行整理,边整理边“研究”。

表1　错误归类整理

我的错误例子	我的提醒	我编的题目

表1中,“我的错误例子”,由学生对各自新学内容的练习中出现的错误进行选择并抄录题目;“我的提醒”,是对这道题目易错点的分析,填写对自己、对他人解答这道题目注意事项的“提醒”;“我编的题目”,是模仿错误例子的题目再编一道类似的题目并解答。

练习课或复习课上,教师组织学生先进行小组交流,然后各组推荐典型的、有代表性的“错例”在全班交流。结合全班交流,教师有目的地从中选择具有全班练习价值的题目,组织全班学生练一练,并引导反思:选择这道题目练习的理由是什么?这道题目哪儿容易出错?解答时注意什么?由此可见,学生练习的题目,不都是由教师“主宰”,学生也参与了题目的“编写”。“学为中心”,需要我们适当改变以往教师是“出题者”、学生是“解题者”的一贯做法,教师从学生的课前“研究学习”材料中积极吸纳想法,增强练习全程的互动性,让学生练习他们真正需要练习的问题。

“研究学习”材料,有的安排在课内完成,有的安排在课前完成。为什么不都安排在课内完成呢?从数学思考的需要出发,学生学习与理解数学知识有时需要较长的思考时间。正如著名数学家陈省身指出的,“数学是自己思考的产物。首先要能够思考起来,用自己的见解和别人的见解交换,会有很好的效果。但是,思考数学问题需要很长时间,我不知道中小学数学课堂是否能够提供很多的思考时间”。课前的“小研究”,弥补了课堂内学生独立思考时间的不足,之后的课堂学习,则给予学生更充分的学生与学生、学生与教师的交流互动。

还要说明的是,新课学习之前的“小研究”,不完全等同于以往我们所说的“预习”。就目的来看,预习,往往是让学生对将学的新内容有所了解,更多的是接受现成的结论;而“小研究”,则是以研究的方式对将学内容展开探讨,更多的是展示自己的想法,敞亮自己的疑问。就完成的方式来看,预习,更多地表现为接受教材中的内容;而“小研究”,则是以研究的方式思考问题、实践体验。就结果来看,“小研究”是组织学生以研究的方式面对将学内容,而不是把教材中的知识、结论简单地移植或者照搬到课前的“研究学习”上。不过,我们也不回避学生对教材的阅读学习。学生通过阅读教材获得的可能是静态的结论性知识,教师要组织学生展开动态的、过程性的、探索性的思考。

“小研究”,让学生更充分地想,给学生充分的自主学习空间,展现学生不同的学习起点,从而在后继的交流学习中,每个学生都能以主人翁的姿态,从各自不同的起点出发,“活泼泼”地前行。

3. 课堂互动:让学生更有深度地学

教学过程是师生积极参与、交往互动、共同发展的过程。“互动”,通常指的是互为主体的双方借助一定媒介(通常是言语方式)而发生的相互影响、相互作用。互动的内容包括信息、情感、态度等。“课堂互动”,指的是在课堂教学情境中,教师与学生之间、学生与学生之间借助言语、身体或手势,以及教学材料而发生的相互影响、相互作用,其内容包括知识、情感、态度等。

当下的课堂互动，存在着一些误区与不足，比如互动方向单一、方式简单、内容偏窄、形式化严重等。提升课堂互动的质量，让学生在深层互动中学，有助于增强课堂"学"与"教"的有效性，还关乎课堂生活质量的提升。

传统课堂中，常见的是师生一问一答"挤牙膏"式的互动。师生间的"问"与"答"，又好似打乒乓球：教师发球，学生回球，教师接球，学生再回球……师生间你来我往。学生的回答，往往互不相关，都直接指向教师的提问，并期待教师的评价。这样的互动，单一机械，缺乏生机与活力。

从互动主体的构成来看，有教师与学生的互动，也有学生与学生的互动。教师与学生的互动，包含教师个体与学生个体的互动、教师个体与学生群体的互动；学生与学生的互动，包含学生个体与学生个体的互动、学生个体与学生群体的互动、学生群体与学生群体的互动。而学生群体，又可以分为学生小组和学生全体。林格伦将课堂互动分为单向互动、双向互动、简单的多向互动、复杂的多向互动等。其中，师生的单向互动，教学效果最差；双向互动，即师生有来回的互动，效果尚好；简单的多向互动，即师生、生生来回互动，效果较好；复杂的多向互动，即教师作为集体中的参与者，鼓励所有学生有来回地互动，效果最好。①

(1) 组织两轮交流，让学生"都能说"

学生的数学学习需要独立思考，但离不开独立思考之后的，与同学、与老师的交流。学生的学习，不是"一个人在战斗"。正如《学记》中所指出的，"独学而无友，则孤陋而寡闻"。

在学生对所学内容独立思考、研究之后，教师在课堂中应组织两轮交流。这两轮交流，对每一位学生来说，是两轮不同深度的学习。

第一轮是组内交流。每个学生在小组内将自己思考、研究过程中的想法与困惑、发现与疑问和盘托出。之后，小组成员商讨，如何整合小组

① 林格伦.课堂教育心理学[M].章志光，等译.昆明：云南人民出版社，1983：363—364.

内各人的想法，如何分工将小组的学习成果予以展示，并向全班介绍。

第二轮是全班交流。往往由一个小组在全班主讲，该小组的学生可以就学习内容所思考、研究的各个问题，或某一个问题从不同角度阐述他们的想法，或将他们在各自探索研究过程中遭遇的困难、经历的弯路、所犯的错误以及认识发生的变化等逐一呈现。我们常常觉得学生所交流的内容比较单调简单，其实，学生交流什么，是需要教师指导的。即，他们不仅可以交流对的想法，也可以交流“错”的想法；不仅可以交流和别人相同的想法，也可以交流和别人不同的想法；既可以交流现在的想法，也可以交流之前的想法。如此来看，学生交流的内容，也就丰富多样了。其他小组的学生，先“听”后“讲”，也就是在听完该小组的介绍讲解之后，再陈述各自的想法。

这样互动学习的过程，也是“兵教兵”“兵强兵”的过程。美国学者、著名学习专家爱德加·戴尔发现并提出“学习金字塔”理论，认为“教别人”或者“马上应用”，学习效果最好。也就是说，学习知识的最好方法就是教授知识。

(2) 教师适度地“退”，让学生“接着说”

课堂中，教师提问，学生回答，然后教师评价。这样的简单互动，教师决定着学生回答的“对”或“错”，其目的就是评价学生知道什么，却很少引发学生之间的讨论。如果一个学生答错了，教师会请其他学生来回答，直到获得预设的答案。教师牢牢控制着课堂进程，学生亦步亦趋地等待并接受教师的安排。能否通过调整与改变，让学生不再消极地等待和“被安排”呢？

在学生回答问题之后，教师可以暂不表达自己的看法与想法，而是让其他学生主动地“接着说”。如果学生回答对了，其他学生可以给予积极的肯定，并对发言中的精彩之处做赏析；如果学生发言中有错误，可以纠正，还可以进一步分析错误原因；如果学生发言有疏漏，接下来可以补充；

如果几个学生相继发言，之后的学生可以对这几个学生的发言做对比分析，也可以综合、梳理前几个学生的想法。

在这样的课堂中，学生在倾听发言之后，补充、修正、质疑，所有学生的想法，无论是正确的还是错误的，都可以通过互动性的讨论得以丰富、修正与改进。在全班讨论的过程中，学生提出自己的想法，并认真倾听他人的不同意见，交流不同的想法，师生、生生之间形成真正的复杂多向的互动。

仍以打乒乓球打比方。教师发球，或学生发球，然后学生回球，又一个学生来接球，接下来依然是学生回球……球在学生间你来我往。学生与学生的互动占据课堂中更多的份额，即课堂中不仅仅是学生与教师的互动，更多的是在教师的组织下，学生与学生的互动，就能建立起具有反思性、循环性、相互依赖性的互动。当然，教师也不是袖手旁观，关键处，教师也应参与“接球”。否则，课堂互动可能徒有热闹形式而无深层思考内容。

教师的“退”，让出了学生的“进”；教师的“隐”，凸显了学生的“显”。在这样的课堂中，师生之间、学生之间的相互倾听、质疑与交流，成为构建知识的重要来源。学生不会因缺乏勇气而不愿意在全班展示自己的想法，也不会因为自己的想法得到了教师的肯定就不再倾听其他学生的方法，不同想法的碰撞促进了智慧的共享与激发。

4. 练习与作业：让学生更有研究地学

这样的现象可谓屡见不鲜：课堂作业，练习什么题目，教师一般让学生打开教材，完成练习第 1、2、3 题。下一次，接着完成第 4、5、6 题。家庭作业，教师昨天布置的是完成《练习册》第 20 页，今天布置完成第 21 页，明天布置完成第 22 页。倘若教师不说，学生由昨天的作业内容也就能推测今天的作业内容，根据今天的作业内容又知道了明天的作业内容。

这样的练习方式，我称之为“傻瓜式”操作。对教师而言，“傻瓜式”操作，表现为如上面所描述的那样组织学生完成练习。对学生而言，“傻瓜式”操作意味着亦步亦趋，完全听从教师的安排，埋头做题，从不“抬头看路”，更不会“仰望星空”，去思考自己需要做什么样的练习。

(1) 练习与作业的目的，要提升助学性

练习是巩固所学知识、加深理解、提高熟练程度、形成技能技巧的一种有效形式。教师设计练习、布置作业，要有整体观——对学生发展水平的整体规划，对学生发展状态的清晰把握。我认为，练习与作业应当给学生提供更大的学习空间，成为学生敞亮并展现各自想法的平台。

比如，六年级《百分数》单元中有“折扣”这一内容，在学生学习“折扣”之前，我设计了“打折与促销”的作业，布置给学生一个问题，让学生写下自己的想法。这样的练习与作业，有点像语文学科的命题作文。我想通过问题，让学生展开充分的数学思考，然后在纸面上记录下自己的想法(下页图 4 所示，是学生陈昱铭的“成品”)。

在这样的过程中，学生以研究的方式对将学内容展开探讨，更多的是展现自己的想法，敞亮自己的疑问。每个学生带着自己的想法走进课堂，并在课上交流各自的想法，不断丰富、完善、修正各自原先的想法。

以往的练习与作业，体现的是“瞻前”，以巩固为目的，最后的“成品”都在教师的预设中，呈现出来的是既唯一也统一的“产品”。而“学为中心”课堂的练习与作业，不仅“瞻前”还“顾后”，以“预想”为目的，更多地展现学生带有研究意味的，带有个人烙印的，有着丰富多彩想法的“作品”。

(2) 练习与作业的题源，要增加开放性

课堂中，教师提供练习题，学生作为“受方”，遵照安排进行练习。其实，学生也可以是“供方”，可以参与题目的选择、改编、设计与安排。

方式一，学生选题。比如教学《圆锥的体积》，在新课后的练习环节，学生先把教材中的习题浏览一遍，然后交流做哪些题目。有学生说：“书上‘练一练’和练习四的第 1 题不必做了，因为那是应用公式来算圆锥体

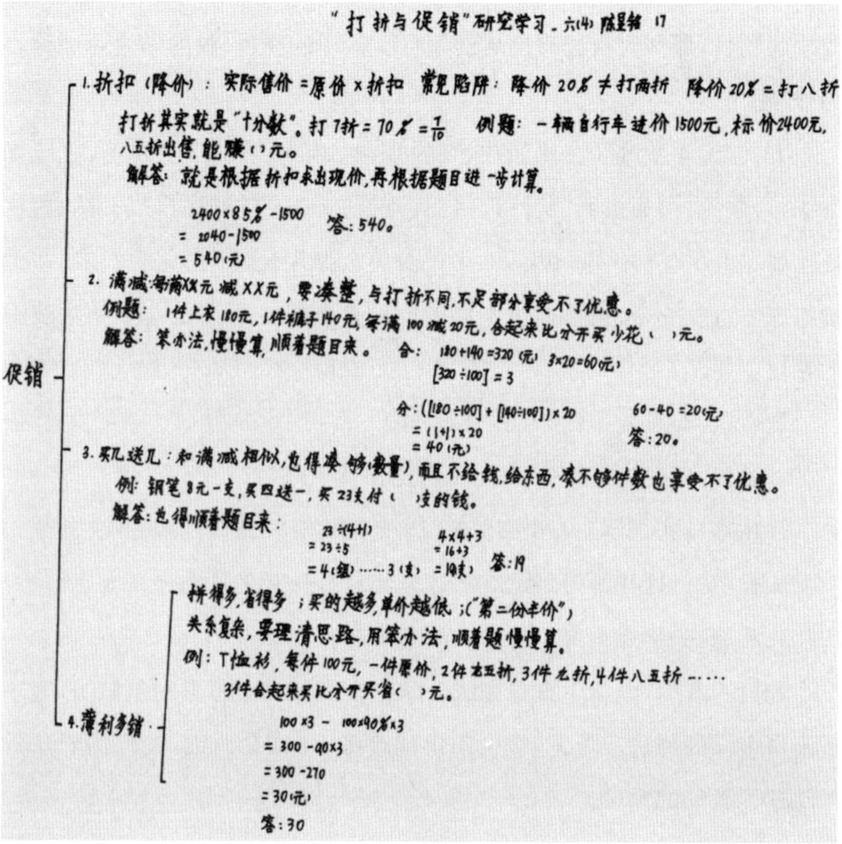

图 4

积的，除非你算错了。”有学生说：“练习四的第 2 题、第 3 题要做。因为第 2 题巩固了等底等高圆锥与圆柱的体积之间的关系，第 3 题中不仅有体积问题，还有底面积问题，不能混淆。”学生的想法有理有据。于是，全班的课堂作业就不再是完成“练一练”与练习四第 1 题，而是完成他们选择要做的练习四第 2 题、第 3 题。

再如，在《圆柱表面积和体积》练习课的前一天，我布置了这样的作业：选择不少于两道与圆柱表面积、体积有关的题目，分析并解答。学生为了选两道题目，会浏览教材、练习册以及各种教辅资料中的相关题目。他们知道，要选择那些容易出错的题目，那些看似很难、其实不难的题目，那些解决方法多样的题目，那些解法特别巧妙的题目，那些还可以变化、改编的题目，那些对自己有挑战的题目。这样的题目，我的学生习惯称之为“好题”。

方式二，学生改题。比如教学《找规律》，教师组织学生思考、完成如下练习：灰兔、白兔按照“灰、白、白、灰、白、白……”的顺序排成一队，照这样排列，18 只兔中有几只灰兔，几只白兔？如果是 20 只兔呢？之后，教师组织学生改编这道题，提出不同的问题并解答。下面是几个学生改编的题目：

夏春秋：如果是 100 只兔呢？

王骄阳：100 只兔子中，白兔比灰兔多多少只？

吕佳蕙：100 只兔，从右往左数，23 只兔中有几只白兔，几只灰兔？

陈传宇：照这样排列，第 2011 只兔后的第一只兔子是什么颜色？

沈辰谕：如果白兔有 14 只，灰兔有几只？

题目的改编，由学生自主完成。学生在充分独立思考的基础上，呈现了丰富多样的想法。可见，学生不仅能改编，而且会改编，他们的想法远远超越了教师的预设。

方式三，学生编题。即让学生结合所学内容自己编题并解答。学生所编的题目，可能有缺陷，可能有漏洞，甚至可能是错误的。以往，教师不希望这样的“败笔”出现。事实上，出现这些状况恰恰反映了学生真实的思维水平，他们暴露的问题，大部分正是教师需要关注的，需要组织学生研讨的。这些才是真正的问题，是学生学习与发展的空间所在。

让学生参与题目的提供，让学生自主地练习。这样的改变，增加了练习过程的选择性，提高了学生参与学习活动的积极性。与以往教师出题、学生练习相比，学生选题、学生改题、学生编题的做法改变了全班所练题目完全相同的格局，练习的自主权和针对性增强了。学生变“被动地等待”为“主动地参与”，从“待哺”到“觅食”，从“圈养”到“散养”，释放了学习的激情与能量。这样的改变，丰富了练习的方式，提高了练习的思维含量。我们要认识到：解答题目，是练习；选择题目，也是练习。因为学生在选择题目的时候，也就是在思考这道题目练习了什么，怎么分析，要注意什么。无疑，这些都是练习过程中不可或缺的思考。练，不一定都要动笔写出来。动脑想，是练习过程中更需要强化的。同时，课堂中组织学生分享各自选编的题目，学生是资源的创生者，也是资源的受益者。他们除了要对各自的题目如何解答进行常规式的分析，还要就所选出的“好题”做进一步分析：题目“好”在哪儿？各人提供的不同题目之间是否有联系？倘若学生提供的题目有“漏洞”，教师可以组织学生辨析，发现“漏洞”，并思考与交流如何“打补丁”。

对教师来说，这样的改变使教学过程有了更多的开放性，教学结果也变得更具实效性。我们要相信：班级学生群体的力量远远超过教师一人的力量。教学，依靠了学生，发展了学生。

(3) 练习与作业的过程，要增强思考性

概念的学习、技能性知识的学习、解决问题的学习是三种主要的小学数学学习形态。对于不同形态内容的练习，我们要注意不能简单地以“熟练”作为追求。比如，关于技能性知识的练习，提高熟练程度是合理的、必须的；但对于解决问题的练习，让学生达到“程序化”甚至“自动化”反而是有害的，这会导致学生形成思维定势，影响其将来解决问题能力的发展。

不同形态内容的练习，需要充实的是思维含量。也就是说，不要让练习成为一种简单的、机械的、重复性的操练，不要将练习单纯当作“程序性训练”，而应当让学生徜徉于数学思考中。学生不仅要“做”，更要“想”。因为“想”，题目本身以及分析解答、分享交流的过程便充满了研究性。教师要把握的是思考的难度，让学生在自己的“最近发展区”内“跳一跳摘到桃”。

比如，教学《长方形、正方形的周长》之后，我设计了这样的题目：

一张长方形纸，长 8 厘米，宽 6 厘米。

（1）我提的数学问题：________________________________

我的解答：________________________________

（2）如果将这张长方形纸分成两部分：________________

（用画示意图的方法说明分法，并算出其中一部分的周长。）

第（1）小题，学生所提的问题基本都是“长方形的周长是多少”，并列式解答。第（2）小题，是一道开放性问题。把长方形分成两部分，学生有可能“横着”分（如图 5），有可能“竖着”分（如图 6），还有可能沿着对角线“斜着”分（如图 7），或者通过长方形的中心点分（如图 8）。上述各种分法分成的是相同的两部分。其实，还可以把长方形分成一个最大的正方形和一个小长方形（如图 9），也可以分成一个正方形和另一部分“L”形（如图 10）。上述两种分法分成的是“一大一小”不相同的两部分。而以上这些都是沿着线段分的，还可以沿着曲线分（如图 11）……

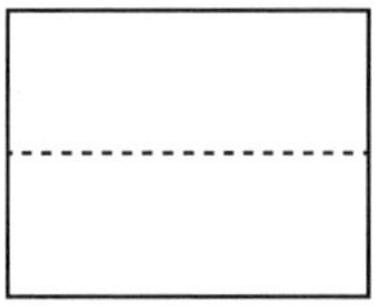

图 5

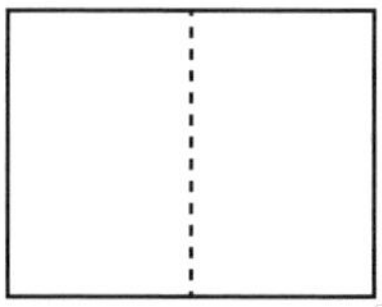

图 6

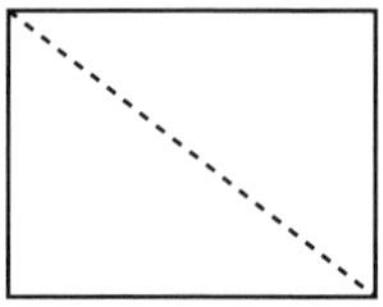

图 7

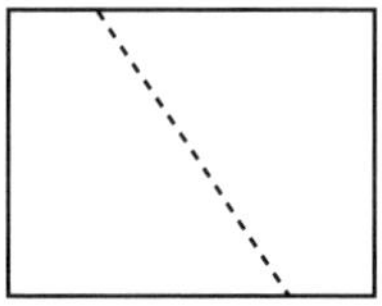

图 8

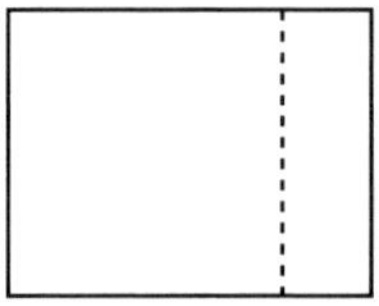

图 9

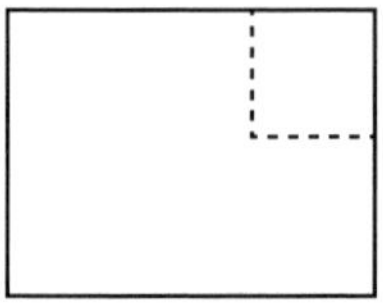

图 10

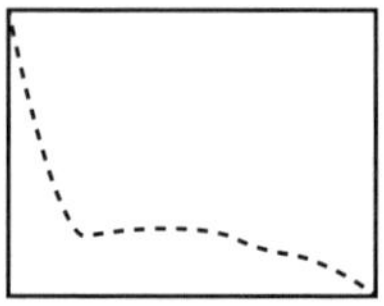

图 11

教师对学生的表现预设了三个水平层次：水平层次一，有一种分法，并能正确算出其中一部分的周长；水平层次二，有两种及两种以上分法，并能算出其中一部分周长；水平层次三，有不同的分法，能算出周长并且发现分成图形的周长与原长方形周长之间的关系。不同的学生，有不同的想法，或是想法数量上的差异，或是解决问题方法上的差异，或是思维水平的差异。但每个学生都有想法，他们在交流中获得新的认识，有了新的长进。

开放题应具有研究的特质，遵循“低入”“多思”“高出”的原则进行设计。所谓“低入”，是指题目思考的起点低，所有学生都能投入思考，所有学生都有想法，都可以完成，不是无从下手，不会手足无措；所谓“多思”，是指题目本身具有较大的思维空间，对学生具有适度的挑战性，多想一想就有更多的、更深入的想法；所谓“高出”，是指不同的学生通过思考都有相对于自己而言的高产出，可以实现完善、超越与创造，达到对自己更高的收益。

当然，开放题的研究性，追求的不是学生的想法有多么丰富，更重要的是关注每个学生是否投入了思考，是否在思考中有所长进，并且在不同想法的比较、沟通与融合中优化各自原有的想法。

总之，练习与作业要用具有一定挑战性、高思维含量的内容激活学生，用问题本身吸引学生，让学生体验数学思考的“酸甜苦辣咸”，享受智力活动的振奋与愉悦。

5. 回顾与反思：让学生更有调节地学

自我调节，指学习者系统地引导自己的思维、情感和行为，从而指向目标实现的一种过程。诸如“元认知”“自我观察”“自我判断”“自我监控”“自我评价”等，都属于自我调节中的认知行为。

（1）教师引导“向内看”

作为学生，相较于以往比较多地关注“教师教什么”，现在要关注自己在学什么、怎么学的、学得如何、有哪些收获、有哪些困惑、有哪些疑问。也就是说，学生通过“向内看”，学会自我调节。

能够自我调节的学生大多具有“元认知”意识，能够监控自己的理解和行为，评价目标进展和自身能力。自我调节的意义在于，学生可以自主地完善认知结构，能够积极投身于学习，真正做学习的主人。

比如，在完成学习任务的过程中，引导学生这样自我追问：关于这项学习任务，我已经知道了什么？我能够将之分为更小的任务，使其容易完成吗？我要独立完成还是需要与他人合作？完成这项任务，我大约需要多长时间？通过“向内看”，学生可以更好地认识自己的学习进程，有效地调节自己的学习。

（2）教师指导“回头看”

以往的教学过程，几乎是教师对某一环节、阶段、任务进行小结。而现在的学习过程，教师要组织学生“回头看”，逐渐让学生自觉开展回顾、梳理、反思的活动。

比如，在解决问题的过程中，教师要指导学生针对所解决的问题本身、解决问题的过程、解决问题的结果进行反思：解决的是什么问题？是如何解决问题的？怎样收集信息、处理信息的？为什么这样加工信息？分析时从哪里入手的？解决问题的思路为什么是这样？为什么这样算？我这样做，对吗？我为什么这样做？以后可以怎样做？

再如，计算教学中，教师要指导学生结合自身计算过程的成败经历谈谈想法：计算正确了，有什么经验，有什么好的做法？计算出现了错误，是什么原因？又有什么启示？

学生的错误不可能仅依靠正面的示范和反复的练习得以纠正，他们必须经历一个“自我否定”的过程。而“自我否定”又以自我反省，特别是内在的“观念冲突”为必要的前提。认识错误，追究错因，纠正错误，这都依靠学生的自我调节。

扫码听一听

“学为中心”课堂，教师何为

1. 做倾听者，看到学生的真实想法

好的课堂，学情分析贯穿学生学习全过程。而学情分析，要从倾听学生开始。课堂上，教师常常提醒学生“要听讲”，可学生不听、假装听的现象比比皆是。事实上，教师也要做一个倾听者。教师的倾听，不仅仅是给学生做示范，也是让“教”基于“学”的必然要求。

教师的倾听，重要的是要听到学生的真实想法。几乎很难说得清楚，或者说，不知道从什么时候起，学生在学习过程中，学会了揣摩教师的教学意图，学生觉得回答问题要说“对的”，说那些“老师想要我说的”。即便有不同想法，也不轻易表达。为何如此？大抵因为教师习以为常的“钓鱼式”的问题，让学生知道，只有符合教师预设的想法，才是所谓的“好想法”。不妨回放这样的课堂教学片段：

大半节课过去了，教师询问全班学生：“对于今天所学的内容，有什么问题吗？”全班学生异口同声地说：“没有。”教师继续娓娓道来：“真的没有？”学生依然回答：“真的，没有。”接下来，教师双眉紧蹙、满脸诧异、语气急促、音量也提高了八度：“真的吗？”此时，学生就会改口回答：“有！”

学生究竟有没有问题呢？为什么一会儿有，一会儿没有？其实，有不少的课堂，相当一部分学生已经学会了看教师的脸色、听教师的语气、揣摩教师的想法。他们“见风使舵”，其言说，已变成不是说“自己想说的”，而是说“老师想要的”。于是，学生有想法，但若不是教师想要的那样，就保持沉默不语。

教师要让学生认识到，课堂，就是大家敞亮各自的想法，在交流分享中学习。只要真是自己思考的，就是有价值的想法。教师要带领学生重新认知“错误”，让学生建立“每一种想法都有价值”的观念。以往，学生会觉得“错误见不得人，该隐藏起来”，重建的认识是“出错了，要弄清楚错在哪里”，而不是让对的想法与做法简单地覆盖原先错误的想法与做法。

教师的倾听，重要的是要听到所有学生的想法。当然，课堂也就 40 分钟，每个学生的想法都展现出来，时间上不允许，常规的组织方式也难以实现。要让学生的想法都有展示的机会，教师和学生之间必须建立“绿色通道”。如上分析，就交流的想法来看，不仅仅可以说对的，也可以说错的，关键是说自己真正所想的。交流那些错误的想法，有助于反衬，进而在对比中加深对正确想法的认识与理解。就交流的时机来看，课堂上可以，课后也可以。就交流的方式来看，口头交流可以，笔头、电话、短信以及 QQ、微信等方式也可以。我和学生的约定是：在课堂上，因为各种原因，自己的想法未能与老师、同学交流，可以在下课后找老师补充交流。这是一种积极意义的“课内不足课外补”。总之，学生的多样化想法，让师生都见到，是一定有办法的。

2. 做指导者，让“教”支持和促进学生的“学”

法国学者安德烈·焦尔当研究发现，虽然“教师不再是知识的掌控者，根据事先计划好的进度传授知识的某些方面，而是变成了知识和学生之间的‘中间人’……身为‘中间人’促进、丰富、创造着学习的条件”，因为“知识从来不是即时获得的……哪怕是一点点知识的掌握都不可能是自动发生的，它需要被促进”，所以“教师都可以有一席之地，可以是创造学习契机的那个人……教师也同样可以发挥决定性作用，因为他处在提供高质量材料的最佳位置”①。无论如何凸显学生“学”的地位，它都是在教

① 安德烈·焦耳当. 学习的本质[M]. 杭零，译. 上海：华东师范大学出版社，2015：152.

师的干预和影响下进行的。“学为中心”的课堂，并不是只要“学”而忽略“教”，而是让“教”支持学生的“学”，通过更高水平的“教”促进学生的“学”。

教师的指导，支持并促进学生在具体学科内容层面的理解走向深入。如果只是学生之间想法的互动，学习可能停滞于“白萝卜炒黄萝卜，还是一堆萝卜”的境地。教师在学生互动过程中的介入指导，能促进学生的思维向深处漫溯。比如，平行四边形面积计算的学习，学生的互动可能停留于知道平行四边形的面积计算公式，知道公式推导过程，但教师的介入，可以促使学生进一步思考：为什么要将平行四边形转化成长方形来推导面积公式？进而感悟其中的数学思想方法。

教师的指导，支持并促进学生从“学会”走向“会学”。从学生想法的发生与发展过程来看，学习分成四个阶段。一是个别想法阶段。面对学习任务或问题，学生自己思考，拥有自己的想法。教师要还给学生独立思考的时间与空间，让学生展开充分的思考。二是多种想法阶段。课堂学习和课外学习的一个不同之处就在于，课外学习时，学生往往是一个人学习，是个体状态下，相对独立的学习；而课堂学习是一群人在一起学习，是发生在群体中的，“他人在场”的学习。一个班级的学生在一起，大家通过交流，展示并呈现各自的想法，学习进入了多种想法阶段。教师要关注并指导学生大胆、自由地在课堂中敞亮自己的想法，关注并指导其他学生“听清”“听懂”多种想法。三是关联想法阶段。在多种想法呈现的过程中，学生找寻不同想法之间的不同点与相同点，既有对他人不同想法的比较，也有他人想法与自己想法的对照。教师要指导学生把握各种想法的要点与实质，关注学生是否在实时进行想法的比较与对照，是否能通过比较与对照，把不同的想法关联起来。四是拓展想法阶段。经历想法的关联，学生原先错误的想法得到修正，片面的想法得到补充，正确的想法得到强化，单一的想法得到丰富，肤浅的想法得到深化。总之，学生原先的想法发生了变化。这时，学习也就发生了。教师,不仅要看见学生的学习,还要指导学生,让他们看见自己的学习,并对自己的想法保持监控与省察,即让学生认识到“原来我是怎样想、怎样做的”,“还可以怎样想、怎样做”,“现在我是这样想、这样做的”。

3. 做反思者,让“教”与“学”对教师可见

“教为中心”的课堂与“学为中心”的课堂,有着两种不同的取向。不同之处在于:在课堂中,看见的是“教师”还是“学生”;关注的是“教”还是“学”;是教师完成了预设方案,还是学生的学习真正发生了。为此,教师要通过反思看见自己的“教”与“学”,克服高傲自大的无感无知、浑然不觉和自以为是。

教师要反思:学生的学习真的发生了吗?进一步从学生学习与发展的角度去不断认识:学生在哪儿?去哪儿?如何去那儿?怎么知道学生是否到达那儿?“学为中心”的课堂,不仅关注学生学了什么,更关注学生是怎么学的,还关注学生在学习过程中的态度如何,以帮助学生获得全面的、生动的、积极的、和谐的发展。

教师要反思:学生的能动学习活动是否成了整个课堂教学过程的中心?有这样一种课堂,教师重视学生主动参与,注重学生自学,讲授中贯穿激发学习动机的提问和讨论等,但学生的能动学习活动未能成为课堂教学的中心。正如日本学者稻川三郎所指出的,“教师依然手握着缰绳,学生被操纵着跟着教师走”[①]。这样的课堂,依然是“教为中心”。课堂教学的过程,就是教师伴着学生一起前行的过程。它有两种样态:一种,是教师在前,学生跟在教师后面,亦步亦趋;另一种,是教师相信学生有前行的愿望与能力,放手让学生自主往前走,只有当学生前行方向出现较大偏差时,教师才跑到学生前面引一引、指一指、带一带,然后回到学生中间,

① 王鉴.课堂研究概论[M].北京:人民教育出版社.2007:68.

或者退到学生的后面，甚至是站在路边为学生鼓掌。

教师要反思：在学习过程中，“教”是否真正支持、促进了学生的“学”？以学生交流过程中教师的介入性点拨与指导为例，教师要时刻反思：是否对学生的精彩想法进行“放大”？是否对学生的表达不清给以澄清？是否对学习重点、学习难点、学习关键进行聚焦？是否对学习疑点、学习误点进行关注？是否凸显对“方法”的提炼、“思想”的感悟？一句话概括，就是“教”是否是为了更好地“学”？“学为中心”的课堂，教师对学生学习的指导，不是强加，不是用“教”的活动代替“学”的活动，让学生被动依附和服从，而是因学而教、以学定教，基于学生的现实，引领和指导学生在原先的基础上得到适切的发展。“学”，不是因“教”而发生；但“学”，因“教”而更好地发生。

“学为中心”的课堂，教师需要看见“学”，也看见“教”。反思，有助于自己走出迷思，远离教学套路，审慎地对待学生的“学”。

课堂实践

我们需要怎样设计教学

——《长方形、正方形的面积》教学与思考

【教学内容】

小学数学三年级下册《长方形、正方形的面积》。

【教学目标】

1. 探索并掌握长方形、正方形的面积计算公式，能应用公式正确计算长方形和正方形的面积，并能解决相关的简单实际问题。

2. 经历长方形和正方形面积公式的推导过程，积累操作经验，发展量感、推理意识和初步的几何直观。

【教学准备】

每个学生准备 1 个 1 平方分米、20 个 1 平方厘米的正方形硬纸片。

课前，学生独立完成“研究学习”材料（如下页图 1，A4 纸打印）。材料背面印有长 4 厘米、宽 3 厘米的长方形。

【教学过程】

扫码看一看

一、揭示课题

师：这节课学什么，知道吗？

生：（齐）面积。

师：是的，学和面积有关的问题，我们要学两种图形的面积怎么去计

在下面的方格纸上，画两个面积都是16平方厘米的图形。(每个小方格的面积都是1平方厘米)

图形画得对不对，我是这样检查的：

图 1

算。猜猜看，是哪两种图形？

生：正方形和长方形。

师：刚才他说两种图形，一种图形是什么？

生：正方形。

(教师板书：正方形。)

师：还有一种图形是什么？

生：长方形。

(教师板书：长方形。)

师：长方形的面积怎么算？你会不会？会，就像他这样，把手高高举起来。

生：长加宽乘2。

生：长乘宽。

师：刚才他说什么？

生：长乘宽。

师：那前一个同学说的是什么呢？

生：长加宽乘2。

师：看看我们的桌面，桌面很接近什么形状？

生：长方形。

师：我们把它看作——长方形。用手来指一指桌面的长，再指它的一条宽。（学生用手描画桌面的一条长、一条宽）刚才我们指了桌面一条长，一条宽，把它们加起来，再乘2，你会指吗？（学生继续描画桌面的另一条长与另一条宽）一条长，一条宽，加起来再乘2，这算的是这个长方形桌面的什么？

生：长方形桌面的周长。

师：周长怎么算啊？

生：长加宽乘2。

师：说得准确点，应该是长加宽的和再乘2。这算的是什么？

生：周长。

师：对呀，今天我们要学什么？

生：面积。

师：刚才那个同学说，长加宽的和乘2，不对吧？那面积到底怎么算，你知道吗？还听到另一个同学是怎么说的？

生：长乘宽。

师：（板书：长×宽）长方形的面积，是不是用长乘宽呢？如果是，为什么要用长乘宽呢？（在之前板书的“长方形的面积”“长×宽”之间画等号，并在等号上面标注问号）这就是我们今天要学的内容了。

二、交流学习

1. 用小正方形摆、量第一个长方形的面积

师：看一看课前发给大家的材料纸背面。你觉得纸上这个长方形面积大约是多少？看一看你纸上的图，估一估大约是多少？

（4位学生分别回答：6平方厘米，7平方厘米，15平方厘米，5平方厘米。）

师：他们估得一样还是不一样？

生：（齐）不一样。

师：但有一样的地方，你听出来了吗？

生：他们用的单位都是平方厘米。

（全班鼓掌。）

师：1平方厘米有多大？（学生举起课前准备的1平方厘米的正方形）拿这样的1平方厘米摆一摆，看看这个长方形面积究竟多大？

（学生独立操作，摆放1平方厘米的小正方形测量长方形的面积。教师巡视，邀请一个学生到视频展台上操作，屏幕同步展示图2。）

师：现在看摆的小正方形，一行摆了几个？

生：4个。

师：摆了几行？

生：3行。

师：一共摆了多少个？

图2

生：12个。

师：一个小正方形面积是多少？

生：1平方厘米。

师：12个1平方厘米是多少？

生：12平方厘米。

师：把他摆的和你摆的对照一下。摆得和他不一样的，请举手。

（在视频展台上演示操作的学生邀请另一个学生到前面操作。第二个学生操作展示，如图 3。）

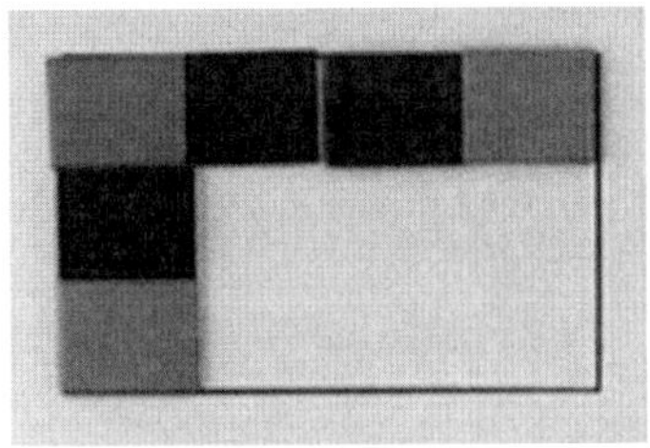

图 3

师：之前的同学用了多少个小正方形？

生：12 个。

师：他用了几个？

生：6 个。

师：像他这样摆，你能不能看出来，一行摆几个？

生：4 个。

师：要摆几行？

生：3 行。

师：他没摆满，也能看出来一行 4 个，摆 3 行。这样摆，你们知道摆满长方形，需要多少个小正方形吗？

生：12 个。

师：之前是用 12 个小正方形摆，他用了几个小正方形？

生：6 个。

师：他用的小正方形更少。热烈掌声欢送！（全班鼓掌，第二个演示操作的学生回座位）用的小正方形能不能比 6 个还少呢？谁来试一下？

（4 个学生先后在视频展台上操作展示。第一个学生的操作展示如下页图 4。教师组织学生辨析：用的小正方形个数是少了，能看出来一行要摆 4 个，但看不出来要摆多少行。第二个学生的操作展示如下页图 5。教师组织辨析：看不出来一行要摆几个，看不出来要摆几行。第三个学生的操作展示如下页图 6。教师组织辨析：看出来要摆 3 行，但看不出来一行要摆几个。第四个学生对第三个学生的操作进行调整，如下页图 7。教师组织辨析：这样摆，能看出来一行要摆 4 个，摆 3 行，用的小正方形个数比之前的 6 个少。全班鼓掌。）

图 4

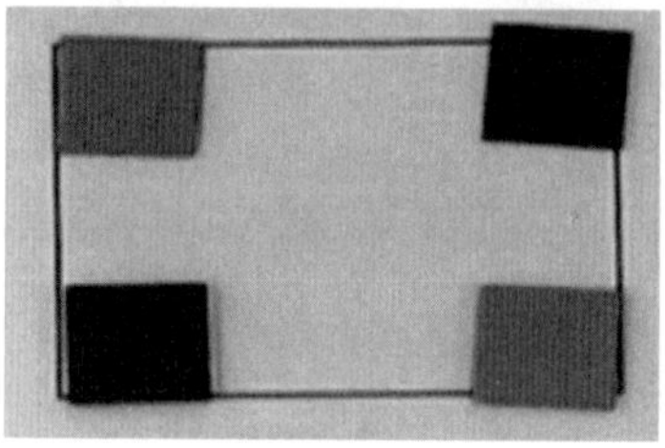

图 5

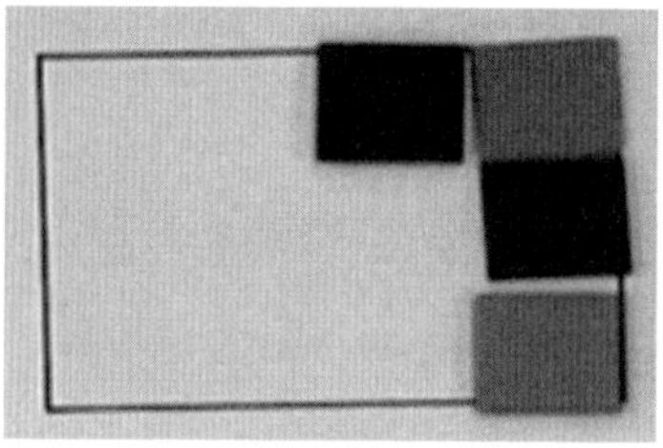

图 6

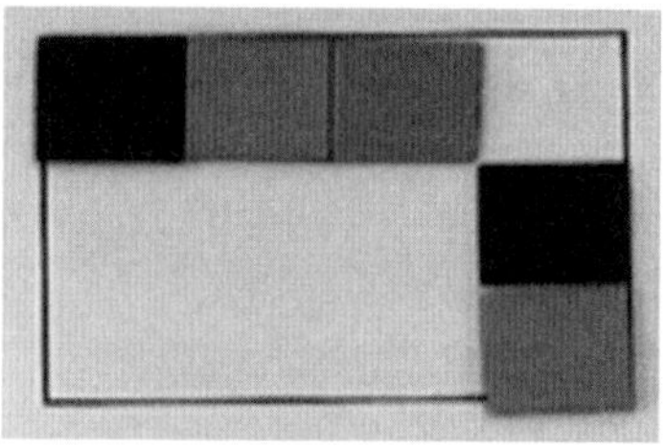

图 7

师：现在回头想想，最开始我们用了几个小正方形？

生：（齐）12 个。

师：后来用了几个？

生：（齐）6 个。

师：现在用了几个？

生：（齐）5 个。

师：都能看出来，每行——（生：4 个），摆了——（生：3 行）。如果用 4 个小正方形摆，行不行呢？这个问题，大家下课以后试着摆。但是，不管你怎么摆，一定要能看出什么呢？

生：每行 4 个，有 3 行。

师：想不想再挑战一下，就用 1 个小正方形摆？

（学生很惊讶。一个女生自告奋勇到前面操作展示，如图 8。教师指出：虽然这样摆看不出每行 4 个，有 3 行，但我们还是应该用掌声鼓励女生的探索。接着，教师操作，把一个

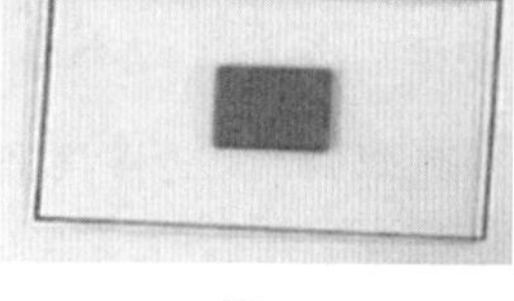

图 8

小正方形摆在长方形的左上角位置，在长边做个标记，平移小正方形，继续在长边做标记，如图 9。）

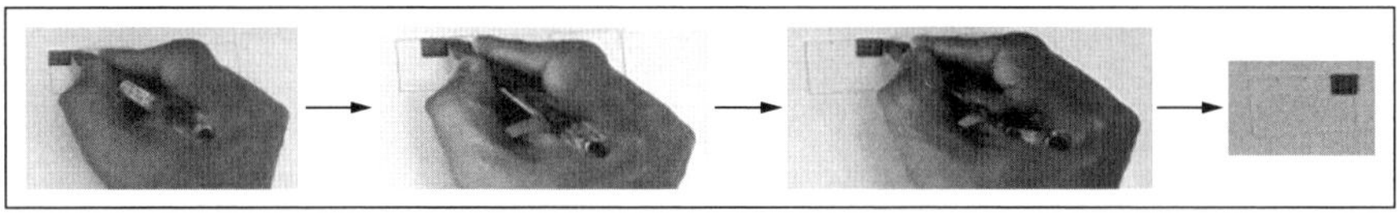

图 9

师：我用了几个小正方形？

生：（齐）1 个。

师：现在你能看出什么？

生：1 行有 4 个。

师：我这样摆，行不行？（学生说“行”，一个学生对老师竖起大拇指）不过，我没做完，谁能接着做？

（一个学生到视频展台前操作演示，在宽边用一个小正方形平移着摆，并做标记。全班鼓掌。）

师：看来，有的时候要换个想法，之前的“不可能”就变成了“可能”。现在来回顾一下。（出示表 1）一行摆了几个？（生：4 个）于是就知道它的长是多少？（生：4 厘米。学生回答后教师填写表格）摆了几行？（生：3 行）于是知道这个长方形的什么？（生：宽 3 厘米）摆满这个长方形一共需要多少个 1 平方厘米的小正方形？（生：12 个）这个长方形面积是多少？

生：12 平方厘米。

（至此，表 1 中“第一个”这一行填写了：4，3，12，12。）

表 1　长方形面积与小正方形面积关系

长方形	长/cm	宽/cm	1 cm^2 正方形/个	面积/cm^2
第一个				
第二个				
第三个				

续表

长方形	长/cm	宽/cm	1 cm^2 正方形/个	面积/cm^2
……				
任意一个				

2. 量、算第二个长方形的面积

师:(在屏幕上出示新的长方形)第二个长方形,一行要摆几个小正方形?我只要把尺子一放,你马上就能说出来。

(教师演示:摆放直尺,测量长边。如图10。)

生:6个。

师:你看到了什么?

生:我看到了有6个1厘米。

师:他看到6个1厘米,也就是长方形的长是多少?

生:6厘米。

师:马上想到,我摆的时候——

生:可以摆6个小正方形,摆一行。

师:接下来,我会怎样做?

生:量一下宽。

师:(演示:摆放直尺,测量宽边,如图11)现在你知道了什么?

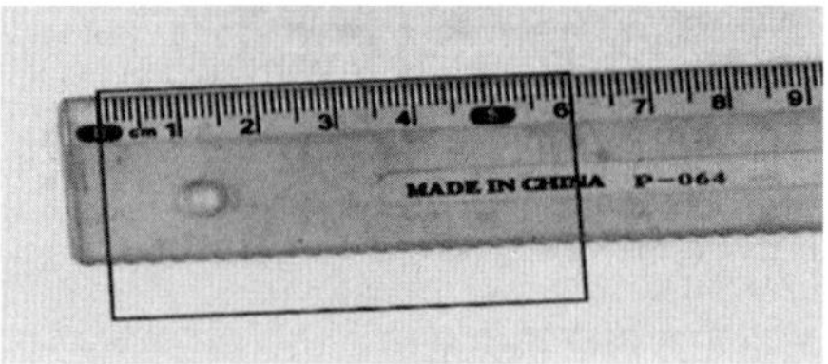

图10

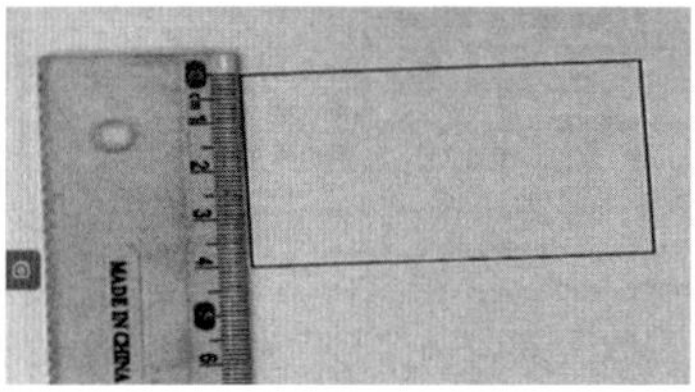

图11

生:宽是4厘米。

师:摆小正方形,可以摆几行?

生:可以摆4行。

师:这个长方形的长是多少？宽是多少？

生:长 6 厘米,宽 4 厘米。

(教师在表 1 中“第二个”这一行的“长,宽”列分别填写:6,4。)

师:这个长方形,一行要摆几个小正方形?

生:(齐)6 个。

师:要摆几行?

生:(齐)4 行。

师:摆满它需要多少个小正方形?

生:24 个。

(教师在表 1 中“第三个”这一行,“1 cm”正方形这一列填写 24。)

师:24 怎么来的?

生:6 乘 4 等于 24。

师:它的面积是多少?

生:24 平方厘米。

(教师在表 1 中“第二个”这一行,“面积”这一列再填写:24。)

3. 摆、想第三个长方形的面积

师:(在表 1 中“第三个”这一行的“长”这一列填写 8)第三个长方形,长是 8 厘米,会不会摆?

(学生独立操作。教师巡视,邀请一位学生到视频展台上操作,屏幕同步展示,如图 12。)

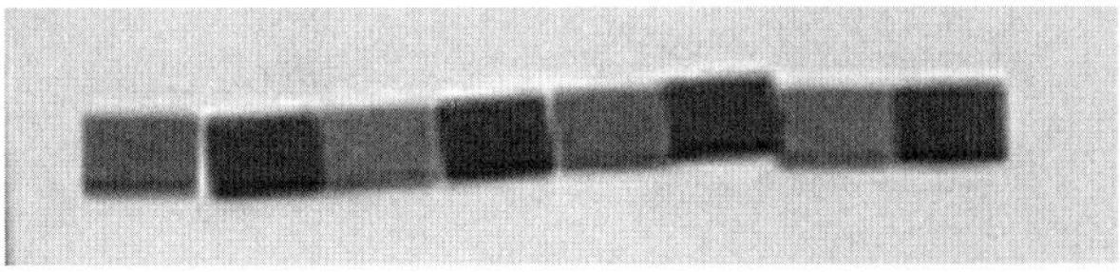

图 12

师:看这位同学刚刚摆的,她摆了几个小正方形?

生:8 个。

师:8 个小正方形摆了一行。要摆几行,知道吗?

生:不知道。

师:(在表 1 中“第三个”这一行的“宽”这一列填写 2)现在知不知道摆几行?

(操作演示的学生在第二行摆了一个小正方形,教师示意暂停。)

师:现在看到了,每行几个?

生:8 个。

师:几行?

生:2 行。

师:这个长方形有没有摆完?

生:没有。

师:你能不能看到那个长方形?用手比画一下,把长方形画出来。(学生用手比画,教师在未摆小正方形的“空缺处”补画长方形的长边与宽边)这个长方形,长多少?(生:8 厘米)宽呢?(生:2 厘米)大家注意了,屏幕上这个长方形是放大的图形,长 8 厘米、宽 2 厘米的长方形有多大,要看你在纸上摆的长方形。摆满这个长方形要多少个小正方形?(生:16 个)算式是?(生:$2\times8=16$)也可以说成“8×2”。面积是多少?

生:16 平方厘米。

(在学生回答过程中,教师在表格中“第三个”这一行分别填写:8,2,16,16。)

4. 梳理长方形、正方形的面积算法

师:像这样的长方形能摆很多。继续看,下一个长方形,长是多少呢?(在表格中“任意一个”这一行,“长”这一列填写:a)老师写了什么?

生:a。

师:这个 a 究竟是多少呢?它可能是 4 厘米吗?可能是 6 厘米吗?可能是 8 厘米吗?可能是 9 厘米吗?可能是 12 厘米吗?可能是 20 厘米吗?可能是 100 厘米吗?(学生逐个回答“可能”)你发现这个 a 怎么样?

(有学生说“未知”,有学生说“无限”)刚才有同学说“未知”,还有同学说“无限”,就是有无限种可能。你看,4、6、8、9、12、20、100,都可以。当长是4厘米的时候,你就想到一行要摆几个?(生:4个)长是6厘米,想到一行摆几个呢?(生:一行摆6个)长是8厘米呢?(生:一行摆8个)长是a厘米呢?(生:一行摆a个)长是a,宽会是多少?(生:b)宽是b,这个b可能是3吗?(生:可能)b还可能是几?(生:2、4、5、10)你发现什么?(生:b也是有无数种可能)这个长方形一行摆了——a个,摆了——b行。摆满这个长方形需要多少个小正方形呢?

生:c个。

师:(记录“c”)一种想法,还有没有第二种想法?

生:d。

师:我知道还会有e和其他更多,但这些想法都是一样的。

生:ab。

师:ab什么意思?

生:a加b。

师:他说是a加b,有没有同学给他做一个小的调整?

生:a乘b。

师:你们说c,说d,他想到了还有另外一种说法,叫a乘b。那你觉得这儿是写c还是写a乘b呢?

生:a乘b。

师:为什么呢?

生:因为如果写c,c代表的是另一个数字,而求长方形里有几个小正方形,前面都是用长乘宽,而这里应该也用长乘宽。

师:他提醒了我们,要看前面。来看看前面这12怎么来的。

(教师指表1中填入的12,学生回答“4乘3”;指表1中填入的“24”,学生回答“6乘4”;指表1中填入的“16”,学生回答“8乘2”;指表1中“任意一个”这一行的“$1\ cm^2$正方形”这一列,学生回答“a乘b”。)

师：如果写 c，那这里的 c 是不是也有无数种可能呢？

生：对。

师：a、b 确定了，摆多少个小正方形，也就确定了。用 c 表示不太妥当。而且，看不出来这里 c 和 a、b 的关系。所以，这儿摆多少个小正方形，应该怎样填？

生：a 乘 b。

师：那它的面积是多少？

生：a 乘 b。

师：（在表 1 中最下面一行逐个填写，并提问）下一个图形，长 a 厘米，一行要摆几个？（生：a 个）宽 a 厘米，要摆几行？（生：a 行）摆满它需要多少个小正方形？（生：a 乘 a）它的面积是多少？

生：a 乘 a。

师：回头再看，这个长方形有点特殊。长是多少？宽是多少？

生：长是 a，宽也是 a。

师：长和宽相等的长方形，是特殊的长方形，叫什么？

生：正方形。

（教师在表 2 中增加了一行“正方形”。至此，填写后的表 1，如表 2。）

表 2　长方形面积与小正方形面积关系

长方形	长/cm	宽/cm	1 cm^2 正方形/个	面积/cm^2
第一个	4	3	12	12
第二个	6	4	24	24
第三个	8	2	16	16
……	……	……	……	……
任意一个	a	b	$a\times b$	$a\times b$
正方形	a	a	$a\times a$	$a\times a$

师：现在我们来回顾一下。刚才我们摆了很多图形，（在之前黑板上

板书的长方形面积公式中的“长”下面板书:a)一个长方形长是 a,我们就知道了什么?

生:一行摆 a 个小正方形。

师:(在之前黑板上板书的长方形面积公式中的“宽”下面板书:b)宽是 b 呢?

生:摆 b 行。

师:那一共摆了多少个?

生:a 乘 b。

师:我们是用一行的个数乘行数,然后就知道面积是多少了。面积用字母 S 表示,S 等于什么?(学生回答:a 乘 b,教师完成板书:$S=a\times b$)用文字语言来说呢?

生:长方形的面积等于长乘宽。

师:通过摆小正方形,我们发现,长方形的面积和一行摆几个、摆几行都是有关系的;我们发现,长是几,一行就摆几个,宽是几,就摆几行。所以,长乘宽可以算出长方形的面积。(教师将之前板书中,“长方形的面积=长×宽”等号上面的问号删去)这个问号解决了,正方形的面积呢?大家说,我来写。

生:正方形的面积等于边长乘边长。

(教师完成板书:正方形的面积=边长×边长。)

师:如果写成字母呢?

生:S 等于 a 乘 a。

(教师板书:$S=a\times a$。)

师:这就是今天学的内容。计算哪两种图形的面积?

生:长方形和正方形。

三、课堂练习

1. 算小黑板的面积

(教师出示下页图 13。学生列式解答,汇报。)。

图 13

师：这个长方形黑板如果用小正方形摆，需要用多大的正方形呢？（学生举起边长为1分米的正方形）用1平方分米的正方形摆，一行要摆几个？

生：9个。

师：要摆几行？

生：6行。

师：摆满它，要多少个1平方分米的正方形？

生：54个。

2. 量、算A4纸的面积与桌面的面积

师：（出示一张A4纸）这张纸的面积大约多大？（有学生用1平方分米的正方形测量）有同学用正方形去摆了。你觉得这张A4纸，用哪一个正方形摆比较合适？

生：1平方分米的正方形。

（学生用1平方分米的正方形在A4纸上摆，边摆边做标记。之后汇报：一行摆3个，可以摆2行。所以，摆满这张A4纸，需要6个1平方分米的正方形，算式是“3×2=6”。所以，A4纸的面积是6平方分米。）

师：一张A4纸的面积大约是6平方分米。下次看到这么大的纸，就知道6平方分米有多大了。用这张纸去摆一摆你的桌面，如果摆满桌面，大约需要几张这么大的纸？

（学生操作，用 A4 纸在桌面上摆，之后汇报：长，大概有 2 张 A4 纸的长；宽，大约是 2 张 A4 纸的宽，多出一点点。）

师：如果把这个桌面摆满，大约需要几张这么大的纸？

生：4 张。

师：好，继续说，一张纸多大呀？

生：一张纸是大约 6 平方分米。一个桌面大约 4 张这个纸，那么算式就是 6×4＝24（平方分米）。

师：每位同学用手来摸一摸 A4 这张纸，这个面多大？

生：6 平方分米。

师：再摸一摸桌面，我们这个桌面多大？

生：24 平方分米。

3. 课前练习的再思考

师：（出示学生课前完成的“面积研究学习”材料）继续看。这是我们上课前做的一道题目，要画两个面积 16 平方厘米的图形。画完了以后，还要大家说说，图形画得对不对，怎么检查？很多同学都想到了一种方法。

生：数。

师：画图之后，一定要数出多少个小方格？

生：16。

师：一个小方格 1 平方厘米，16 个 1 平方厘米是多少？

生：16 平方厘米。

师：今天，我要把这个题目改一下。（教师把题目中的“图形”改成“长方形或正方形”，删去“两个”，边改边问）我把“图形”改成了什么？

生：长方形或正方形。

师：之前要你画“两个”，现在，你能画多少个就画多少个。读一读题目。

生：（齐）在下面的方格纸上，画面积都是 16 平方厘米的长方形或正方形。

师：会不会画？今天回家画。我刚才说了，能画多少个，就画多少个；画完了以后，要检查画得对不对；画完了以后，再看一看，有没有新的发现？好，这节课就到这儿，下课！

扫码听一听

【教学思考】

上课之前，教师要对课堂教学进行教学设计，这是没有异议的。但事实上，教师的日常教学设计，往往是“未做设计的教学设计”——把他人或自己曾经的教案“搬运”过来“应付任务”，在实际课堂中又是按照自己熟悉的套路，几乎“不加思索”地行动。设计教学，是在思考后行动，并用行动呈现自己的思考。

一、设计教学，心中有“书”

这里的书，不单是指教材，更是指课程标准这本书。我们应基于课程标准设计教学，而不是仅仅基于教材。我们不仅要遵循当下的《义务教育数学课程标准（2022 年版）》，还要以研究的眼光、辩证的方式看待每一节课的教学内容在往年的课程标准（大纲）以及教材中是如何被安排的。

下页表 3①②③④ 整理的是近 40 年《长方形、正方形的面积》这一内容在课程标准（大纲）中的教学安排。近 40 年，《长方形、正方形面积》的教学，不变的要求是掌握长方形、正方形的面积计算公式。变化的是，从

---

① 课程教材研究所. 20 世纪中国中小学课程标准 · 教学大纲汇编：小学数学卷[M]. 北京：人民教育出版社，2001：127，148，169，177，196.

② 中华人民共和国教育部. 全日制义务教育数学课程标准（实验稿）[S]. 北京：北京师范大学出版社，2001：16.

③ 中华人民共和国教育部. 义务教育数学课程标准（2011 年版）[S]. 北京：北京师范大学出版社，2012：19.

④ 中华人民共和国教育部. 义务教育数学课程标准（2022 年版）[S]. 北京：北京师范大学出版社，2022：29.

1992 年大纲起，“学会应用”这一目标要求被删去了。不过，我们要思考的是，不能“应用”，何谈“掌握”？掌握了长方形、正方形的面积公式，不就是为了应用。从 2001 年的《全日制义务教育数学课程标准（实验稿）》开始，多了“探索”二字，对教学方式有了新要求。而在任何一个版本的课标（大纲）中，都未提及对“几何直观”“空间观念”等的要求，但在实际教学时这些都是不可或缺的重要内容。

表 3　近 40 年《长方形、正方形的面积》教学安排

课标（大纲）版次	教学年级	教学安排
1986 年《全日制小学数学教学大纲》	四年级	理解并掌握长方形和正方形的面积计算公式，并学会应用
1988 年《义务教育全日制小学数学教学大纲（初审稿）》	三年级	掌握长方形和正方形的面积计算公式，并学会应用
1992 年《九年义务教育全日制小学数学教学大纲（试用）》	三年级	掌握长方形和正方形的面积计算公式
2000 年《九年义务教育全日制小学数学教学大纲（试用修订版）》	三年级	掌握长方形和正方形的面积计算公式
2001 年《全日制义务教育数学课程标准（实验稿）》	第一学段（1～3 年级）	探索并掌握长方形、正方形的面积公式，能估计给定的长方形、正方形的面积
2011 年《义务教育数学课程标准（2011 年版）》	第一学段（1～3 年级）	探索并掌握长方形、正方形的面积计算公式，会估计给定简单图形的面积
2022 年《义务教育数学课程标准（2022 年版）》	第二学段（3～4 年级）	探索并掌握长方形、正方形的面积计算公式

我们要深刻地认识到，教学要帮助学生深刻理解数学概念、原理及法则之间的内在联系。就《长方形、正方形的面积》一课而言，“面积”是指二维图形所占平面的大小，与两个维度的量有关。测量面积的原理，则是选择合适的面积单位，再用与被测量对象相同单位的面积计量单位个数来描述面积的大小。测量面积还可以根据图形的特征采取间接度量的方

法，即用面积计算公式计算图形的面积。从面积公式推导的过程可以发现，图形的面积计算都和两个维度的量有关，将两个维度的量相乘的结果恰好等于面积单位的个数。

由此，我们认识到，这节课的教学，不仅仅是让学生习得长方形、正方形的面积计算公式，更是对他们几何素养和空间观念的初步培养。

二、设计教学，目中有“人”

课堂，是教师组织学生一起学习。设计教学的时候，应当思考几个问题：如果学生未上课学习，学生有怎样的不同？如果教师不教，学生自主学习，学生有怎样的不同？如果教师教了，学生又有怎样的不同？教师教什么，如何教？学生应得到怎样的发展？

上这节课前，有多少学生已经知道长方形、正方形的面积计算公式呢？我在自己班上做了调查，全班 42 人，都知道长方形、正方形的面积公式。这节课的实录是借班上课的课堂实录，上课学生 46 人，课前不知道长方形、正方形面积公式的只有 7 人。也就是说，如果不上这节课，班上约 85%的学生也都知道结论了。

教材的安排是让学生在这节课探索并掌握长方形、正方形的面积计算公式，学生走进课堂时已经知道面积公式了，那还需要课堂“探索”吗？

对此，我认为数学公式揭示的是数学知识的基本规律，具有一定的抽象性和概括性，是学生数学认知水平发展的重要学习载体。因此，想要学好数学，必须对公式的来龙去脉有正确且透彻的理解，而不仅仅是结论性的识记层面的知道长方形、正方形的面积公式。为什么长方形的面积等于长与宽相乘，大部分学生说不清楚，甚至既不想也不会去思考这样的问题。而教师的任务正是以此为切入口，组织学生做、思、悟、学。

小学阶段，知识的横向联系，如长度单位、面积单位、角的度量单位等知识的学习，都有一个共同特点，那就是它们的度量方式都是由若干个度量单位的累加而得。由此，我们可以理解《长方形、正方形的面积》为什么属于图形与几何领域中“测量”主题的教学内容——长方形的面积就是看长方形内包含多少个面积单位。测量出长，就能推想出每行摆几个面积单位；测量出宽，就能推想出这样摆几行；用每行个数乘行数就能知道它的面积。解决实际问题时，人们总是在不断地求简、求优。一维的度量是最原始的，二维、三维的计量虽然可以直接计量，但大家通常都是先度量与被测物相关的一维量，然后利用一定的规则，通过计算得出结果。由此可见，用公式计算面积其实就是在间接计量的基础上，利用长度来求面积，也就是课堂教学中所用到的计量出长方形的长边、宽边分别能摆几个小正方形，然后相乘的方法。

这节课的教学过程中，用小正方形摆满长方形，是学生基于对面积和面积单位的学习之后的操作。摆满一行与一列，也是学生能想到的。“用的小正方形能不能比 6 个还少呢?”“想不想再挑战一下，就用一个小正方形摆?”教师以挑战性的任务，激发学生的好奇心、想象力和探求欲，更以此打通“直接计量”与“间接计量”，帮助学生理解利用长度求面积的原理。

目中有“人”，也就是要求教师认识到，在教学中，学生的存在先于知识的存在，教学应围绕学生而不是围绕知识组织。这节课的教学设计，在学生已知长方形、正方形面积公式的现实情况下，组织学生探索测量长和宽的长度，理解为什么将它们相乘就是面积，帮助他们掌握周长与面积的区别。比如这节课一开始，一个学生说出的是周长算法，教师以课桌面为例，以具体化的方式中让学生认识到长加宽的和乘 2 算的是周长。教学不是按照知识体系预先设计好的、线性的、按部就班的过程，而是动态生成的过程，是针对学生的状态有所调整和变化、有着丰富的可能性的过程。

三、设计教学，手中有“法”

教学有“法”，教无定“法”，手中有“法”，重在得“法”。以教学设计中的练习为例。“双减”之后，我们看到了相当多令人耳目一新的练习与作业，衬得教材中的题目有些落后、过时了，在教学过程中常常被打入“冷宫”。对于练习什么，如何练习，我认为我们不应另起炉灶，完全抛弃教材中的题目，而应守正创新，用好教材中的题目。

“小黑板的面积是多少平方分米?”以教材中的这道题目为例。在学生算出面积之后，教师可以组织学生再思考：选择多大的正方形来摆？长边摆几个，宽边摆几个？一题再思，巩固学生之前所学，促使学生进一步认识到：面积的大小由若干个面积单位累加而得。长方形的面积就是看长方形包含多少个面积单位。测量出长，就能推想出每行摆几个面积单位；测量出宽，就能推想出这样摆几行。

再看这题：“一张 A4 纸有多大?”在学生估、量之后，对 6 平方分米有了更为直观具体的感知载体，再以 6 平方分米的 A4 纸为单位，测量课桌面的面积。从练习的设计回看这节课的教学设计指导思想：基于对面积的理解，探索长方形、正方形的面积计算方法；在探索长方形、正方形的面积算法的过程中，加深对面积的理解。

这节课最后一道题源自教材中的题目。在学习了《面积与面积单位》之后，学习《长方形、正方形的面积》之前，教材中安排了一道练习题，如图 14。

在下面的方格纸上，画两个面积都是 10 平方厘米的图形。（每个小方格的面积是 1 cm^2）

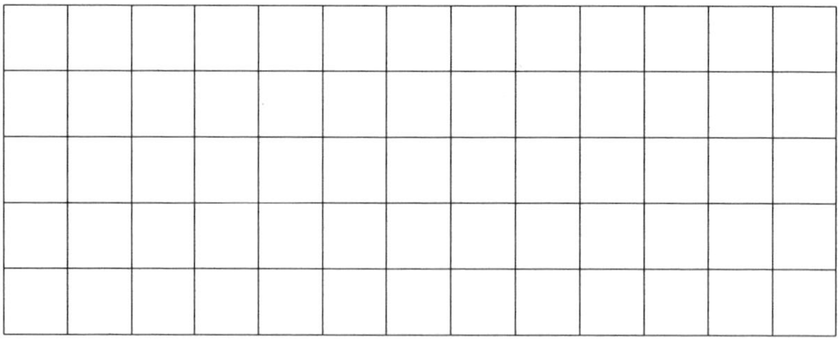

图 14

我把这道题中“10”改为“16”，题目改成“画两个面积都是 16 平方厘米的图形”，并且让学生回答：图形画得对不对，怎样检查。在学习“长方形、正方形的面积”之前作为“小研究”让学生完成，目的有二：其一，巩固已学的面积与面积单位有关内容；其二，对长方形、正方形面积的学习做前测，并为后续的学习起“孕伏”作用。

这里呈现 4 位学生的作业。

第一份作业如图 15，该生是用数方格的方法检查的。

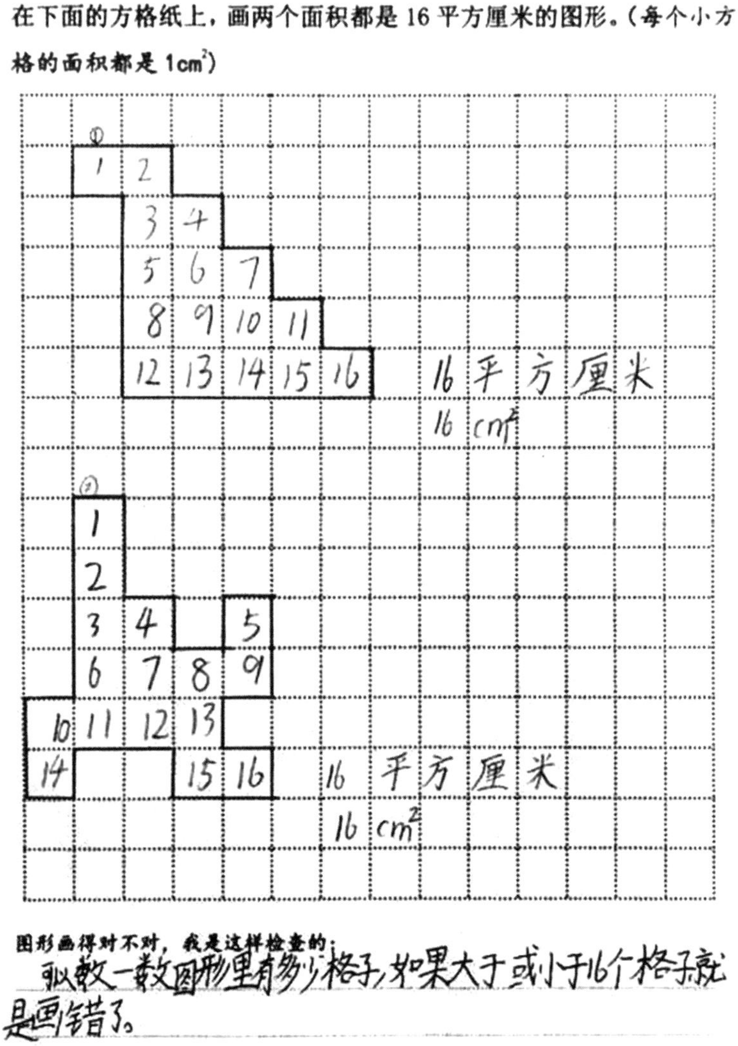

图 15

第二份作业如图 16，该生画的图形与第一份作业不同，不过也是用数方格的方法检查的。

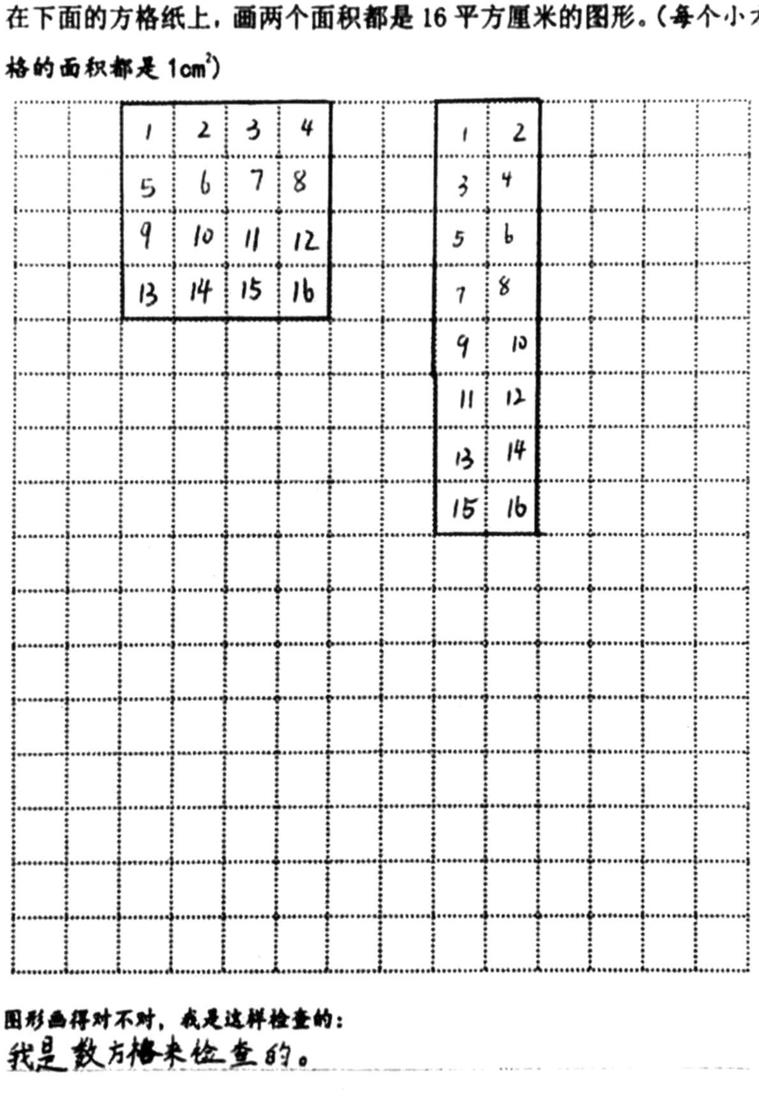

图 16

第三份作业如图 17，该生画的图与第二份作业其实是相同的，不过他根据长方形、正方形的面积公式来检查的。可见他不仅知道长方形、正方形的面积公式，而且还会应用。

在下面的方格纸上，画两个面积都是 16 平方厘米的图形。（每个小方格的面积都是 $1cm^2$）

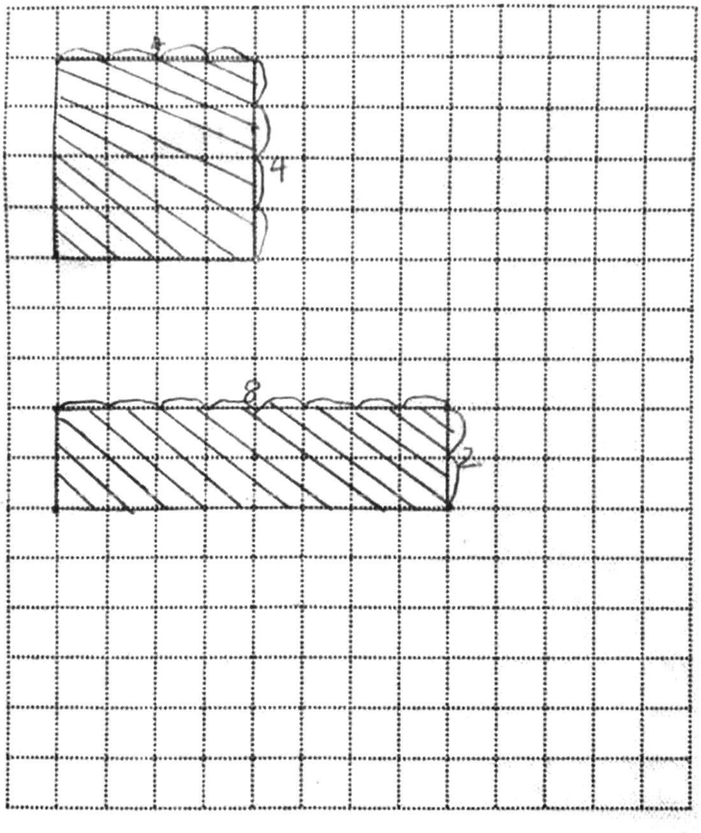

图形画得对不对，我是这样检查的：

正方形的边长×边长=面积 4×4=16平方厘米

长方形长×宽=面积 2×8=16平方厘米

图 17

第四份作业如图 18，该生不仅比较熟练地应用长方形、正方形的面积公式解决问题，并且做到了有序思考。

从学生的作业中，我们看到了《长方形、正方形的面积》这节课前学生的已知、已有。

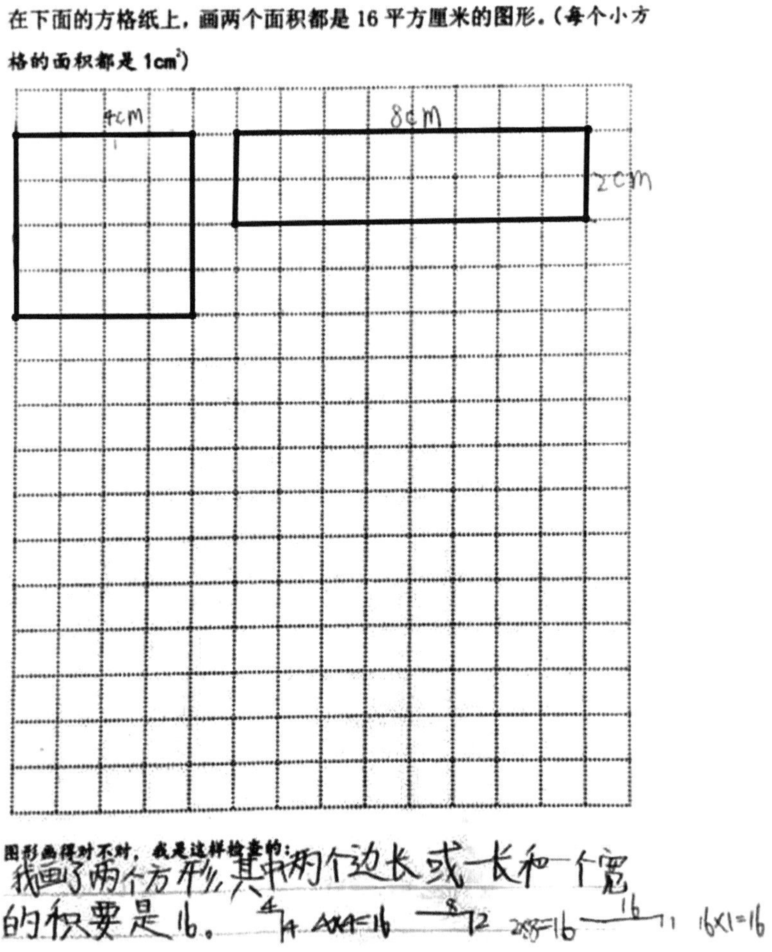

图 18

这节课的最后，把“在方格纸上，画两个面积都是 16 平方厘米的图形”这道练习题，再做改编：把“图形”改成“长方形或正方形”，把画图形的个数“两个”删去，这样，学生结合今天所学内容画图，能在应用中巩固所学的长方形、正方形面积计算。课前练习是“一用”，这里是“二用”。这道题目后续还有“三用”：再算一算、比一比，这些长方形的面积与周长分别是多少？比较这些图形的面积与周长，有什么发现？

微改编，微创新，一题多用，让练习的内容变得更为丰富，让题目的功能变得更为强大。

教学，需要设计。有什么样的设计，就有什么样的教学。心中有“书”，目中有“人”，手中有“法”，我们不仅要有这样的认知，更重要的是，我们要有这样的行动。

从公式教学到量感培养的应然转向

——评贲友林老师《长方形、正方形的面积》一课

□ 陈洪杰

扫码听一听

观看了贲友林老师《长方形、正方形的面积》一课的视频，一个判断很自然地浮现出来：从公式教学到量感培养，正是这一内容在《义务教育数学课程标准（2022 年版）》（以下简称“新课标”）背景下应然的教学转向，而贲老师的这堂课，体现了这样的转向。

一、新课标背景下，知识教学价值的转换

知识本身不是目标，至少不是目标的全部，而“以知识教学落实核心素养”才是目标。这个论断，是笔者在《寻找小学数学教学可能的共识》一文中罗列的 10 条“可能的共识”的第一条[①]。这个论断自然不是空穴来风，而是基于中国学生发展核心素养模型，义务教育课程方案、课程标准等纲领性文件及多位知名教育学者的专著及观点阐发（如余文森教授专著《核心素养导向的课堂教学》），自然得出的结论。以知识教学落实核心素养意味着对知识教学价值定位的重新审视。在今天以 AI 技术为代表的智能时代，这种重新审视不仅非常必要，而且迫在眉睫。

回到《长方形、正方形的面积》这一课的教学，贲老师的前测显示，“上课学生 46 人，课前不知道长方形、正方形面积公式的只有 7 人”，“也就是说，如果不上这节课，班上约 85%的学生也知道结论了”。学生有多元途

① 陈洪杰. 寻找小学数学教学可能的共识[J]. 小学数学教师，2025(1)：1.

径接触到知识的结论，这是当下普遍存在的事实。那么，教学这个内容的价值何在？如果教师将学生当成一张白纸，还是以重起炉灶的方式带领学生“探究”面积公式，那么，这样教学就会异化为“作假与表演”。而且，在此过程中会有学生的配合，更有教师利用角色权威对学生行为的“控制与强迫”，这都是有违教育伦理的。因此，结合这一具体内容，基于多数学生已经知道结论的学情，超越具体公式的获得，来发展学生的核心素养，才是教学的应然追求。

上述的教学价值转换，有多重的意味。

第一，教师需要对标新课标中对数感、量感、符号意识等 11 个核心素养的内涵诠释，为《长方形、正方形的面积》寻找适切的核心词——贲老师将本课作为落实量感的载体。进一步，教师教学任何一个内容，都要去思考其在培养学生核心素养上不可替代的价值，为具体内容找“那一个或几个”（一般不超过 3 个）核心词。

第二，需要将具体内容所对标的核心素养进行内涵的分解，即我们要思考贲老师以此课落实了量感的哪些具体内容。为此，我们需要重新翻开新课标去阅读量感的具体内涵并关注其中与《长方形、正方形的面积》紧密关联的部分。

第三，核心素养的落实又需要在教学活动中实现，也就是应该将“教知识”和“教素养”在实践层面合二为一。贲老师的这节课，基于多数学生知道结论的学情，必然意味着教学不能是对结论的简单操作和运用，而是要将核心素养的培养和具体的教学任务相结合，让得到面积公式结论的过程同时成为落实核心素养的过程。也就是说，当我们审视贲老师一个个的教学活动时，始终要思考的是：这一活动为什么是在落实量感这一核心素养？它具体落实了量感这一核心素养中的哪些具体内涵？

上述三点中，前两点应该成为教师的思维习惯，即不管教学什么内容，都要去思考这一内容对标的核心素养，从而确证教学该内容有“不得不教”“不得不这么教”的价值。第三点则是教师实践与修炼的重要方向，即把理念和想法通过具体的教学环节、学生的学习活动和教师的跟进反馈加以落实。在这一层次，贲老师及万千“明师”的探索为大家提供了可资借鉴的实践案例。

“以知识教学落实核心素养”的教学价值转换，本质上是各个学科（不局限于小学数学）对落实“立德树人”根本任务的回答，是应对更复杂、更不确定的未来的学科努力。

二、新课标背景下，对“面积”内容的整体思考

为了落实“以知识教学落实核心素养”的教学价值转换，还需要对“面积”这一内容进行单元整体的思考。这样一来，才能明确不同的具体课时之间的联系，也才能更好地审视贲老师这一课时教学在整体框架（培养“量感”）中的价值。

这里需要特别注意三点。第一，单元整体教学是一种强调知识之间的联系与结构的思维方式，但不能因此而“先行”地认定教材上所有的单元都必须进行结构调整。第二，单元整体教学不是为了整合内容、缩减课时，而是为了更好地落实核心素养的培育。也正因为第二点，才带来第三点，必须有“质”的改变，必须是不同的具体课时在单元整体教学中发生了不可替代的作用，才能产生“部分大于整体”的教学效能。一个有一系列课组成的教学单元（内容逻辑）才有资格被称为单元整体（教学效能逻辑）。

回到《长方形、正方形的面积》的教学上，其基本的教学序列是：理解面积的意义，认识面积单位，探索并掌握长方形、正方形面积计算公式，会进行不同面积单位的换算。从单元整体的角度，就意味着这一系列内容的教学都要体现量感核心素养的培养，同时又各有侧重。

查阅新课标，这一内容属于图形与几何领域的“图形的认识与测量”主题。在新课标不同学段的“内容要求”中，“图形的认识与测量”主题涉及的核心素养有：“形成初步的空间观念和量感”（第一学段），“增强空间观念和量感”（第二学段），“进一步形成量感、空间观念和几何直观”（第三学段）。[①] 三个学段，“量感”和“空间观念”一以贯之，也因此，贲老师将本课对标到“量感”是合适的。

进一步，我们要去审视新课标中对量感内涵的描述，从而更好地把握“面积”内容在量感目标上的教学。新课标这样描述量感：“量感主要是指对事物的可测量属性及大小关系的直观感知。知道度量的意义，能够理解统一度量单位的必要性；会针对真实情境选择合适的度量单位进行度量，会在同一度量方法下进行不同单位的换算；初步感知度量工具和方法引起的误差，能合理得到或估计度量的结果。建立量感有助于养成用定量的方法认识和解决问题的习惯，是形成抽象能力和应用意识的经验基础。”

笔者对上述量感的诠释做一分析：第一句是总括句。不过，就学生量感的发展而言，尤其考虑到高段，量感不仅有“直观感知”，也有“理性感知”。第二句的 3 个分句是具体表现，涉及对量的属性的感知，量的比较（大小比较、度量、计算、估测），量的关系（同属性量的单位换算）等内容。需要注意的是，对不同属性量的关系和推导（比如，“速度”涉及“距离”和“时间”两个量），新课标中的量感诠释几乎没有涉及。第三句则是培养量感的意义。

结合《长方形、正方形的面积》的教学序列和量感的内涵，那么，《长方形、正方形的面积》的教学基础有：学生已经理解了面积的意义（能识别出面积在哪里，知道用观察、重叠、剪拼等方式比较面积大小，有以数面积单位度量面积的经验）；学生已经认识了面积单位（理解统一单位的必要性，知道面积单位和长度单位的联系，能举例说明 1 平方厘米等几个单位的大小，能选择合适的单位估计物体面积）。进一步，当下这一课时学生需要达成的表现有：能结合面积的含义，用面积单位铺满长方形、数出个数，从而得到长方形的面积；知道密铺之外的方法也能得到长方形面积；在多

① 中华人民共和国教育部. 义务教育数学课程标准（2022 年版）[S]. 北京：北京师范大学出版社，2022：28，30，33.

元方法基础上归纳出长方形面积公式的通法，即计算面积单位的数量；在长方形面积公式基础上推出正方形面积公式。

需要强调的是，这里论述学生的已有基础及要达成的表现，都是紧扣量感的内涵来论述的，如此，我们就建立了一个观察贲老师的课是否在培养量感的分析框架。也只有基于这样的分析框架，我们才能说贲老师的课在培养学生的量感。另外，如果有教师将“面积”相关内容对标为空间观念，那么，就要去审视新课标中对空间观念的描述，且后面的“学生已有基础”“当下课时的突破点”都需要紧扣空间观念来写。

三、新课标背景下，贲老师此课的“突围”

贲老师此课，先有对面积单位的激活，以及对给定长方形面积的估算，这些活动都与量感有关。以面积单位去铺给定的长方形，则是量感培养的核心环节。我们看到，相较于一般的教学，贲老师更注意学生铺法的多样性：12 个单位的密铺，6 个单位铺一行一列，5 个单位铺一行一列。不同铺法都是用面积单位去量给定的面积，再赋予一个数，这就是“度量公理”。

进一步，由面积单位的铺到刻度尺的量长度，是量感的一次进阶，需要学生根据长度（长、宽）想象出包含多少个面积单位。这一步，贲老师用刻度尺做展示。如果时间充足，还可以画一下纵横的面积单位或用课件动态展示。另外，这里也可以为下一课的面积单位换算埋个伏笔：如果长和宽不是整厘米数呢？

由刻度尺的测量，再到表格的归纳汇总，也有其意义：因为表格中专门有“1 cm^2 正方形个数”这一列来强化面积和面积单位之间的联系。这样教学，其实强化的是“长方形面积＝长×宽×‘1’”，这里的“1”就是面积单位。而“长”“宽”取的是“数”而不是“量”，即有几个面积单位。如此，也能解释有的学生提出的疑惑：为什么一维的长度乘一维的长度就变成了二维的面积？而回到面积的度量意义，这个问题就不难解释。

贲老师此课主环节的教学，可谓是刻意延续并强化了学生已有的测量经验。而测量经验也非常有助于学生区别面积和周长——众所周知，学完面积内容后，学生容易混淆周长和面积，其中的一个重要原因就是测量经验薄弱，学生忘记了面积的度量意义。我们可以预见的是，学生经历了丰富的测量过程，尤其是那些“铺不成功”的作品也得到了展示的机会，学生更有可能理解面积的本质。

在练习的设计上，贲老师也匠心独具。用什么单位来量小黑板、A4纸、桌面，是沿用此前对面积单位的选择，强化“选择合适的度量单位进行度量”这一内涵。而让学生在方格纸中画面积是16平方厘米的图形，是继续巩固面积的度量意义。这道习题要求学生画的图像不局限于长方形，这是个亮点——不同形状的图形恰恰是等面积图形的变式，这样一来便强化了面积单位的可加性。另外，不同的图形的创作，也可看成是对“创新意识”的适度渗透。

总而言之，要看清楚贲老师这堂课，需要我们有“以知识落实核心素养”的价值判断和单元整体教学的眼光。而这两者，其实正是贲老师将课上成眼前这样的原因。

四、结语

我问贲老师，这堂课怎么好几个细节“师生一来一往”，资源反馈是线性的？贲老师无奈地说，借班上课，师生互动还在熟悉中。的确，这是上公开课的无奈！而在我心目中，贲老师的家常课其实更值得为大家推荐，因为贲老师历来坚持“学为中心”，把公开课当日常课上，把日常课当公开课上。

很多年前，记得是在北京，初出茅庐的我第一次见到贲老师，就非常认同贲老师对公开课的观点。这么多年过去，贲老师依旧坚持他的“笨”办法，把一茬又一茬的学生渡到学习的彼岸：一个更加广阔的数学世界。

（**陈洪杰**，《小学数学教师》特约副主编。）

课堂:指向学生成长

——《解决问题的策略》教学与思考

【教学内容】

小学数学六年级下册《解决问题的策略》。

【教学目标】

1. 经历解决问题的过程,初步体验选择合适的策略分析数量关系、确定解题思路的过程,形成相应的策略意识。

2. 在选择策略解决问题的过程中,体会解决问题策略的多样性,感受选择并灵活运用策略解决问题的过程,增强运用策略解决问题的自觉性,提高分析问题和解决问题的能力。

3. 在参与数学活动的过程中,形成乐于与同伴交流分享的积极情感。

【教学准备】

课前,学生独立、自主完成"研究学习"材料,如下页图1。

扫码看一看

【教学过程】

一、同桌交流学习

师:(屏幕展示空白的"研究学习"材料)课前,我们做了"小研究",上

1. 星河小学美术组男生人数占总人数的$\frac{2}{5}$，已知女生有21人，男生有多少人？

我能用不同的方法解答：

我的分析与解答	回顾分析与解答，我应用的策略

2. 我选择一道题，能应用不同的解题策略进行解答。

题目：

我的解答与我应用的策略：

图1

面的这道题目我把它写在黑板上，（教师在课前将题目摘要板书在黑板上，如图2）看黑板上的内容，再看原来题目，你发现有什么变化？

男生占总人数的$\frac{2}{5}$.女21人。男？人

图2

蒯哲源：老师把没用的文字给消除掉了，把这道题目简化了，比如把“星河小学美术组”给简化了。

师：刚才他的发言中有一个词。

生：简化。

师：换个说法，就是摘要处理了。（指黑板上的题目）回顾一下题目是什么？（学生齐读题目）遇到一道题目，我们可以把它摘要处理、简化，这就是一种策略。这道题目，你是怎么分析解答的？你的分析解答用了什么策略？同桌两人交流。稍后我们全班交流的时候，不看你的“小研究”，在黑板上一边板书一边讲解。

（学生同桌交流，教师巡视，了解学生交流情况，相机指导。）

二、全班交流学习

（教师抽签“6号”，学号为“6号”的杨斯博和同桌季凡舒到讲台前与

全班交流。教师提醒：从黑板的最左边开始板书，留点空间给其他同学。）

季凡舒：（边写边讲，板书如图3）我们想到三种方法。第一种方法，用比例做。总人数是5份，男生占其中的2份，女生就是剩下的3份。女生是21人，对应的就是3份，那么一份就是 $21 \div 3 = 7$（人），问题是男生有几人，男生是2份，一份是7人，那就是 $7 \times 2 = 14$（人）。

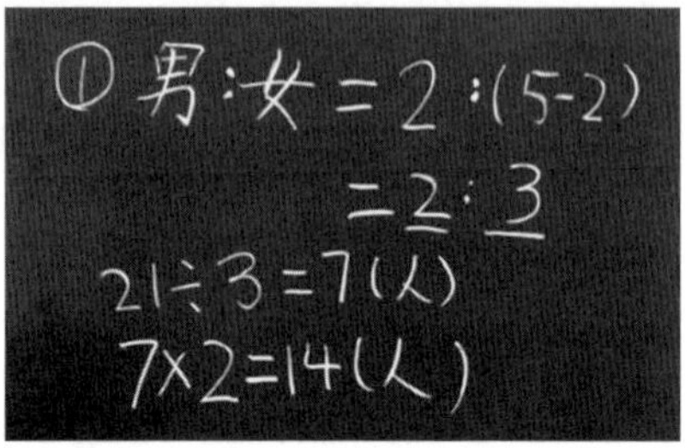

图3

（杨斯博接着讲“第二种方法”，教师示意“暂停”并指出：我们不仅要会分析、会解答，还要交流一个问题，也就是她这样的解答应用了什么策略？杨斯博回答：应用了比例的策略。此时班上有学生举手，杨斯博请何知远回答。）

何知远：刚才季凡舒应用的策略是把分数转化成比，更加清楚地看出了两者的数量关系，更加容易计算。

（全班鼓掌。）

师：裴雅寒，刚才他的发言有一个词讲得特别好，哪一个词啊？

（裴雅寒迟疑，未回答。有学生插话：转化。）

师：哪一个词？

生：（齐）转化。

师：（指着季凡舒的解答）把分数转化成比。何知远这样的发言很好，掌声送给何知远！

（全班鼓掌。）

师：（对着杨斯博和季凡舒说）你们刚才没把这点讲出来。

（教师示意杨斯博继续交流。）

杨斯博：（边写边讲，板书如下页图4）第二种方法是利用分率解答。女生是21人，男生占总人数的 $\frac{2}{5}$，所以女生就是总人数的 $1-\frac{2}{5}=\frac{3}{5}$，而女生我们知道具体的人数。总人数的$\frac{3}{5}$是女生，也就是 21 人，所以总人数就是 $21\div\frac{3}{5}=35$(人)，35 人是总人数，要求男生的人数，就是 $35\times\frac{2}{5}=14$(人)。

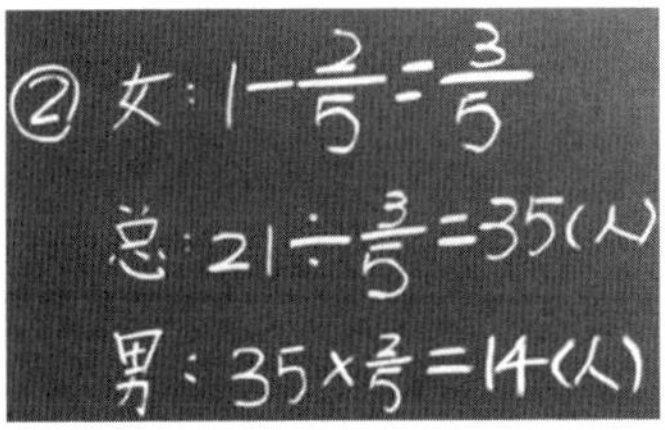

图 4

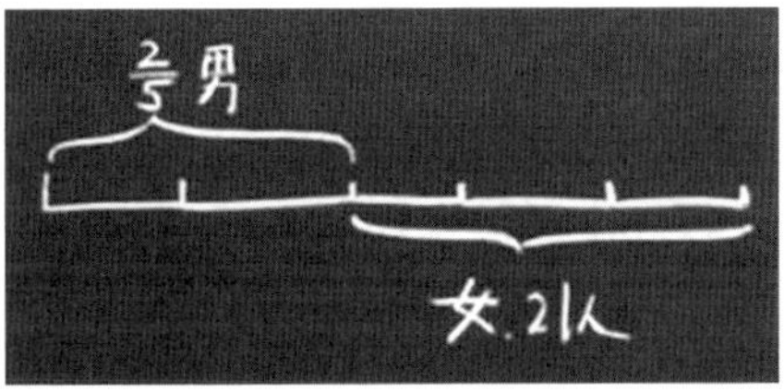

图 5

（全班鼓掌。）

师：谁对这种方法有补充？

（部分学生举手，杨斯博邀请陈昱铭发言。）

陈昱铭：我可以画个图来解释一下。（边画边讲，板书如图 5）这是 5 份，也就是总人数，单位“1”，其中男生占$\frac{2}{5}$，那么这些（指其中两份）就是男生，剩下的就是女生，总共有 21 人。

（全班鼓掌。）

师：画图，看得很清楚。这样解答，用的是什么策略呢？

袁森宸：我觉得这是通过数量关系式推导的。

师：他在想数量关系式。谁能解释一下$\frac{3}{5}$？

杨小漩：$\frac{3}{5}$指的是女生占总人数的分率。

师：把它说具体，就是女生占总人数的$\frac{3}{5}$。看原来题目说的什么？（学生读：男生占总人数的$\frac{2}{5}$）他们刚刚做的就是把这一句话转化成另一句话——女生占总人数的$\frac{3}{5}$。用了什么策略？

生：(齐)转化。

师：对呀，把什么转化成什么？

生：把“男生占总人数的$\frac{2}{5}$”转化成“女生占总人数的$\frac{3}{5}$”。

师：下次我们解答之后，还要能分析应用了什么策略。

杨斯博：(边写边讲，板书如图6)还有第三种。第三种就是方程的方法。解：设总量也就是一共有x人，我们知道男生占总人数的$\frac{2}{5}$，女生就是$\left(1-\frac{2}{5}\right)$，女生的人数$\left(1-\frac{2}{5}\right)x=21$。

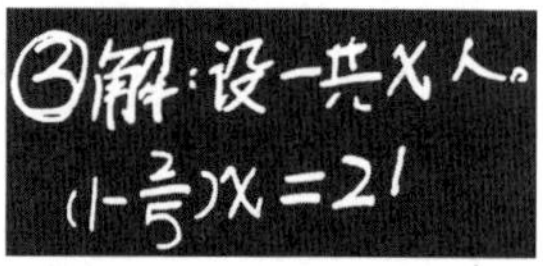

图6

(教师示意杨斯博暂不讲解方程如何解答。杨斯博指着解法2和解法3继续讲解)这两种方法都是通过部分和总量的关系，先求出总量，然后再求出男生，也就是一个部分的量。(指着解法2)这个是逆向思维，(指着解法3)这个是顺向思维，(指着解法1)这个是通过部分与部分的比例做出来的。

(全班鼓掌。)

师：刚才你发言中有一个词我要纠正一下，不是“比例”，应该是什么？

生：比。

师：刚才杨斯博还把解法2与解法3进行了比较，他发现有相同的地方，都是先求的什么？(生：总人数)然后再求什么呢？(生：男生人数)他说，(指着解法2)这是算术方法，(指着解法3)这是什么方法？

生：方程。

师：其实，方程也是一种策略。

(有学生插话：假设、解方程。)

师：有同学看出来了，方程在干什么？

生：假设。

师：把总人数假设为多少？

生：x。

师：把未知的当成已知的来解决问题，对吗？（转向杨斯博、季凡舒）还有不同的解法吗？

（学生表示没有，其他学生举手，杨斯博邀请钱天伊发言。）

钱天伊：我觉得可以把他的第一种方法进行优化。

师：欢送杨斯博、季凡舒两位回座位，欢迎钱天伊到前面来和大家交流。（全班鼓掌）钱天伊想到一个词，叫什么？

生：（齐）优化。

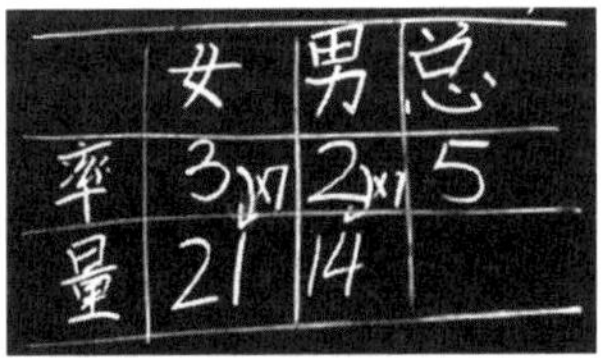

图 7

钱天伊：（边写边讲，板书如图 7）我用的是前几节课学的表格的方法。首先这边是女，这边是男，这边就是总人数，现在男生是 2 份，总人数是 5 份，那女生就是 3 份，（指第二行）这边是率，（指表格第三行）这边就是量。我们现在知道女生是 21 人，就可以发现，（指第二列）这边是乘了 7，（用黄色粉笔标注，指第三列）那这边就应该也乘 7，男生就是 14 人。

师：刚才她第一句话就说清楚了，她的策略是什么？

生：列表。

师：列了这样一个表格，把问题分析解答出来了。

（韦泽宇举手，教师邀请他发言。）

韦泽宇：我用的还是方程的方法。我是设男生有 x 人。

（学生七嘴八舌，有的说猜到了假设男生的方法，有的说不好求，有的说这也算是一种方法，还有的说有点麻烦……教师示意学生暂停讨论，追问：他说的策略是什么？学生回答：方程。教师示意韦泽宇继续讲解。）

韦泽宇：（边写边讲，板书如下页图 8）假设男生 x 人。男生加女生一共是 5 份，我们把一份看作等量，所以 $x÷2=21÷(5-2)$。

师：(示意韦泽宇暂不解方程了，问全班)可以吗？

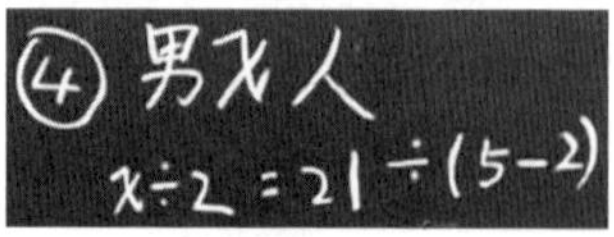

图 8

(全班鼓掌。又有学生举手，教师邀请刘沐颉。)

刘沐颉：刚刚韦泽宇的方法跟第一种方法差不多，如果设男生为 x 人，我还有一种列法。

师：掌声邀请刘沐颉。(全班鼓掌)在刘沐颉讲解之前，我要表扬一下刘沐颉，刚才刘沐颉分析了韦泽宇的方法和谁的方法是有联系的？

生：杨斯博，(学生随即改口)季凡舒。

师：解法几？

生：解法 1。

师：(指着韦泽宇所列的方程)当这儿写 2，这儿写(5 － 2)的时候，他把 $\frac{2}{5}$ 转化成了什么？

生：2∶5。

师：(指黑板题目)男生——2 份，总人数——5 份，女生——3 份。这是刚刚韦泽宇的分析。我很期待我们在讲自己想法之前，先分析别人的想法。

刘沐颉：(边写边讲，板书如图 9)我的等量关系是男生占总人数的 $\frac{2}{5}$。男生是 x 人，总人数是(x ＋21)，然后用交叉相乘就可以解方程。

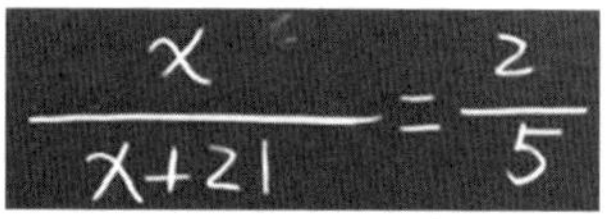

图 9

(全班鼓掌。)

师：(指着刘沐颉列的方程式)，看一下，x，男生人数；x ＋21，总人数；等于——$\frac{2}{5}$。

(蒯哲源举手，教师示意他发言。)

蒯哲源:我还有一种策略是画图。(学生小声议论,认为黑板上已经有线段图)但是我们同桌两个人画的图不一样。

师:来,展示一下。黑板上有画图吗?

生:有,陈昱铭的线段图。

师:在他展示之前我们先想一想,画图,除了画线段图,还有什么样的图?

(有学生脱口而出“扇形统计图”,有学生接着说“条形图”。教师指出:都想到统计图那儿去了。这个问题,可以做个“小研究”:数学上,画图是一种策略,数学上画的图,有哪些图?这个问题留给大家课后研究。教师示意蒯哲源和全班交流。)

蒯哲源:(展示自己和曹恩铭各自画的图,分别如图 10、下页图 11)我

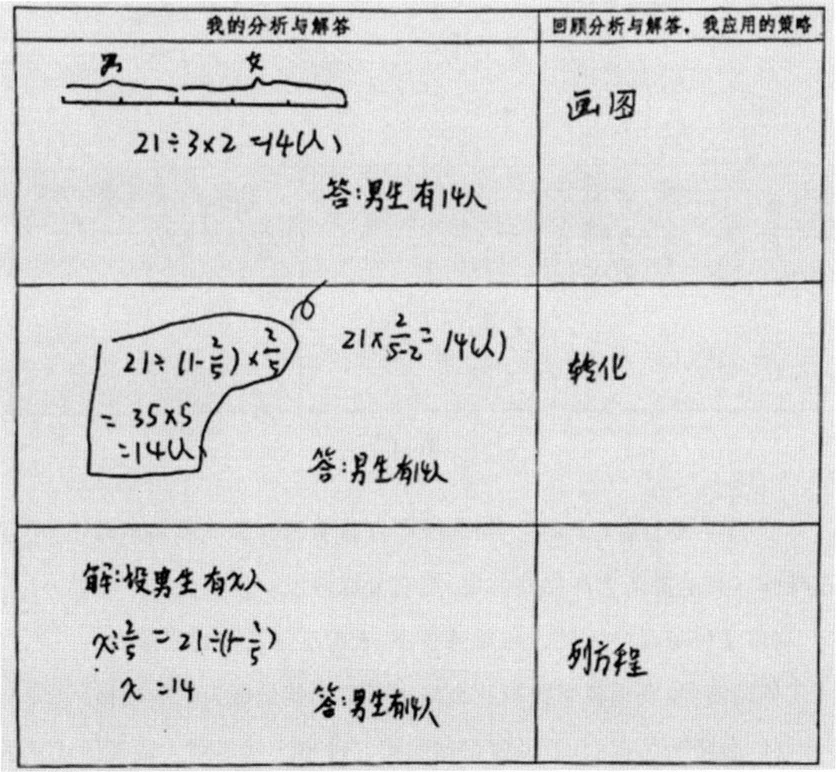

图 10

的这个图的特点是可以把男生和女生的份数与总人数的关系更加明确地表示出来。（全班鼓掌）曹恩铭的图跟我画的不一样，我画的是一条线段，他画的两条线段，一个表示男生，一个表示女生，这个图的优点是可以直接比较男生和女生的份数，它们的关系会更明显了一点。

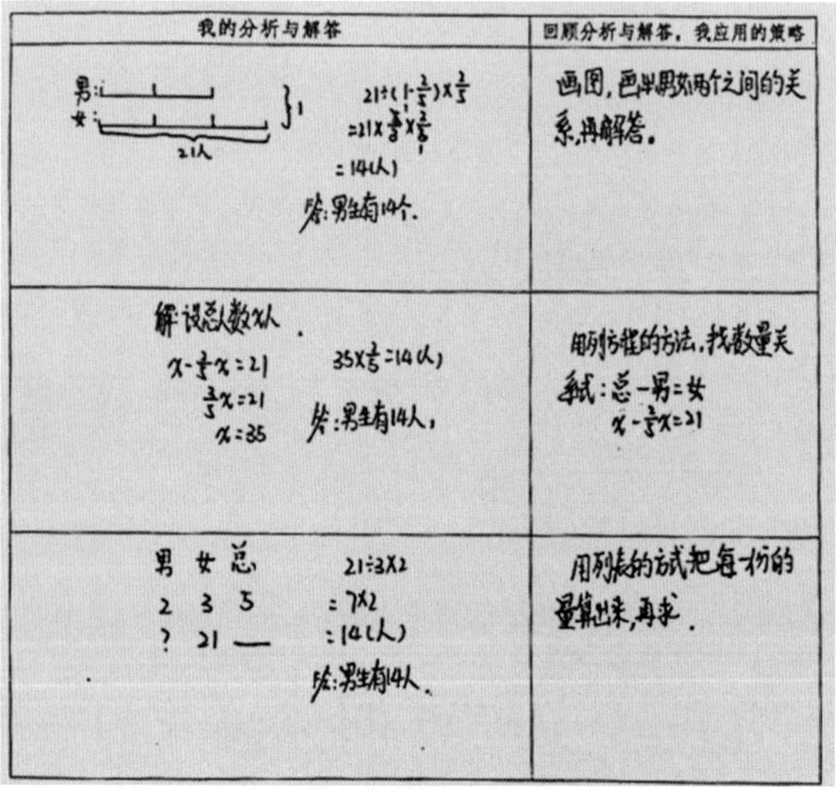

我的分析与解答	回顾分析与解答，我应用的策略
男： 女： 21人 1 $21\div(1-\frac{2}{5})\times\frac{2}{5}$ $=21\times\frac{5}{3}\times\frac{2}{5}$ $=14$（人） 答：男生有14个.	画图，画出男女两个之间的关系，再解答。
解：设总人数x人. $x-\frac{2}{5}x=21$ $\frac{3}{5}x=21$ $x=35$ $35\times\frac{2}{5}=14$（人） 答：男生有14人.	用列方程的方法，找数量关系式：总－男＝女 $x-\frac{2}{5}x=21$
男 女 总 2 3 5 ? 21 — $21\div3\times2$ $=7\times2$ $=14$（人） 答：男生有14人.	用列表的方式把每一份的量算出来，再求.

图 11

师：掌声欢送！（全班鼓掌）线段图，（指着黑板上陈昱铭画的图）可以这样画，（指着屏幕曹恩铭画的图）把它分成两段，可以吗？

（学生纷纷说“可以”。杨斯博举手，教师邀请杨斯博发言。）

杨斯博：我发现曹恩铭第三个格子里写的就是钱天伊的表格。

师：眼睛蛮厉害的，他说曹恩铭的第三种想法就是刚才钱天伊优化的这种想法，是吗？那曹恩铭的第二种想法，策略是什么？

生:方程。

师:这道题目,到现在为止已经有几种解法了?

(师生共同数出 7 种方法。汪子涵举手,教师示意他发言。)

汪子涵:方程也可以是 $x+21=\frac{5}{2}x$。

(教师请汪子涵再说一遍,然后板书记录,如图 12)设男生 x 人,$x+21=\frac{5}{2}x$。

图 12

陈杞菡:其实他的这个方法跟第二种方法是差不多的。

师:(指方程中的“$\frac{5}{2}x$”)要把这儿解释清楚吧。

董歆然:它的等量关系是总人数等于总人数,左边是男生人数加女生人数等于总人数,右边,男生人数占总人数的$\frac{2}{5}$,那总人数是男生人数的$\frac{5}{2}$。

(全班鼓掌。)

师:这个式子,也用到了转化。把哪一句话转化成哪一句话?

生:把“男生人数占总人数的$\frac{2}{5}$”转化成“总人数是男生人数的$\frac{5}{2}$”。

师:看到这样的转化以后,我突然想到,(指着黑板刚开始的题目)女生 21 人,男生多少人?题目中说男生占总人数的$\frac{2}{5}$,是不是还可以转化成男生是……

张宸睿:男生占女生人数的$\frac{3}{2}$。

(有学生提醒是“$\frac{2}{3}$”,张宸睿改口说“$\frac{2}{3}$”。)

师:男生占——2 份,女生占——(5−2)份,所以这儿应该是——$\frac{2}{3}$。

有人说$\frac{2}{3}$，也就是$\frac{3}{5-2}$，(这是教师口误，有学生立马纠正说“2”)发现老师出错的，请举手。

陈思玮：男生是这样的2份，女生是这样的3份。

师：男生是2份，应该是$\frac{2}{3}$。(教师板书，如图13)这么一转化，接下来的算式是什么？

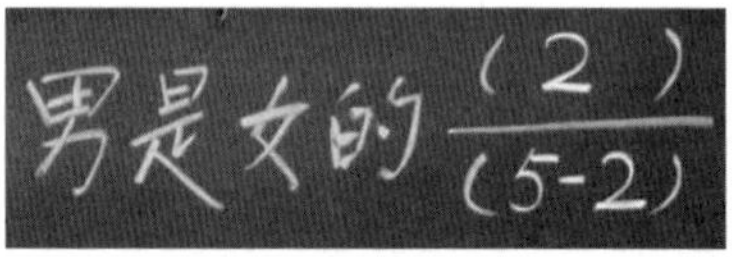

图13

生：$21\times\frac{2}{3}=14$(人)。

师：这个算式，很简单，对吧？我们先交流到这儿，还有想法，下课之后再和我交流。我们现在回头看一下，这么多解法，究竟用了哪些策略？

(教师指黑板上的解法3、解法4，学生回答：方程。教师指黑板上陈昱铭画的线段图，学生回答：画图。教师指黑板上钱天伊的表格，学生回答：列表。教师指黑板上的解法1，学生有的说“转化”，有的说“按比分配”。)

师：说“转化”的话，要说清楚，把什么转化成什么？

生：把分数转化成比。

师：也可以说，把分数的问题转化成了——份数的问题，也就是整数的问题。(指着黑板上的解法2)这儿也完成了一个转化。

生：把“男生占总人数的$\frac{2}{5}$”转化成“女生占总人数的$\frac{3}{5}$”。

(教师指图13。)

生：转化。

师：这里，转化得最简单了。把“男生占总人数的$\frac{2}{5}$”转化成什么？

生：男生是女生人数的$\frac{2}{3}$。

师：列的算式是什么？

生：$21\times\frac{2}{3}$。

师：看来，每一种策略，都可能带来不同的解法。

三、课堂练习

1. 交流第一题

（教师出示图 14，组织学生读第一句话。）

一本书，已经看了$\frac{3}{8}$，
美术组人数与合唱队人数的比是 4∶9。

图 14

师：可以转化成比吗？

李唯瑞：可以转化成比，一本书已经看的页数和总页数的比是 3∶8，已经看的页数和未看的页数的比是 3∶5，未看的页数和总页数的比是 5∶8。

（全班鼓掌。）

师：这个分数还能转化成其他的分数吗？

陈昱铭：这个分数可以转化成$\frac{5}{8}$，就是未看的是全书的$\frac{5}{8}$。

（全班鼓掌。）

陈杞菡：已看的是未看的$\frac{3}{5}$。

许芸溪：那未看的是已看的$\frac{5}{3}$。

（全班鼓掌。教师组织学生读第二句话。）

师：比可以转化成什么？

李思源：美术组人数占合唱队人数的$\frac{4}{9}$，合唱队人数占美术组人数的$\frac{9}{4}$，美术组人数占两个组总人数的$\frac{4}{13}$，合唱队人数占总人数的$\frac{9}{13}$。

（全班鼓掌。）

吉子言：美术组人数比合唱队人数少$\frac{5}{9}$，合唱队人数……

师：暂停一下，刚才吉子言说什么？

生：美术组人数比合唱队人数少$\frac{5}{9}$。

师：这个$\frac{5}{9}$怎么来的？

生：9减4的差除以9。

钱天伊：美术组人数比合唱组人数少总人数的$\frac{5}{13}$。

（全班鼓掌。）

师：刚才听到了两个分数。吉子言说的分数是多少？

生：$\frac{5}{9}$。

（教师板书：$\frac{5}{9}$。）

师：钱天伊说的分数是多少？

生：$\frac{5}{13}$。

（教师板书：$\frac{5}{13}$。）

师：都是美术组比合唱队少的吗？

生：单位"1"不一样。

师：$\frac{5}{9}$是——

生：合唱队的$\frac{5}{9}$。

师：$\frac{5}{13}$是——

生：总人数的$\frac{5}{13}$。

师：请把掌声送给吉子言、钱天伊！

（全班鼓掌。）

2. 交流第二题

（出示图 15，学生在课堂作业本上独立完成这两题解答。）

> 科普书比文艺书少$\frac{2}{3}$，故事书比文艺书多$\frac{3}{4}$。如果三种书共 74 本，那么文艺书有多少本？
>
> 一个圆柱体，侧面积是 75.36 平方厘米，半径 3 厘米。求体积。

图 15

师：把题目摘要记录下来，解答时，先思考：用什么策略来解决这个问题，才能把这个问题变得简单而且不容易错。

（学生独立解答，老师巡视了解学生答题情况。之后，组织全班交流第 2 道题。）

王桧露：因为侧面积等于底面周长乘高，如果我们想求体积，有了半径，我们就需要知道它的高是多少，所以我们先求出这个圆柱的底面周长，就是“3×2×3.14”。接下来求高，用 75.36 除以周长算出高，然后可以算体积。

（全班鼓掌。）

师：思路很清晰，有没有不同想法？

（刘沐頔、杨斯博举手，教师示意杨斯博先说。）

杨斯博：也可以用方程做，设高为 x 厘米，然后用“$3\times2\times3.14\times x=75.36$”计算。

师：用方程做，可以吗？

（全班鼓掌。刘沐頔举手，教师邀请刘沐頔回答。）

刘沐颉：还有一种方法，也是根据它的公式，侧面积的公式是 $2\pi rh$，体积是……

师：慢一点，你说我写。

（教师记录，同步视频展示。）

师：（在"$2\pi r$"下面画线）这算的是什么啊？

生：底面周长。

刘沐颉：体积是 πr^2h。

（教师记录体积公式后，在"πr^2"下面画线。）

师：这算的是什么啊？

生：底面积。

刘沐颉：所以体积是"75.36÷2×3"。

（教师记录算式，完整记录如图 16。）

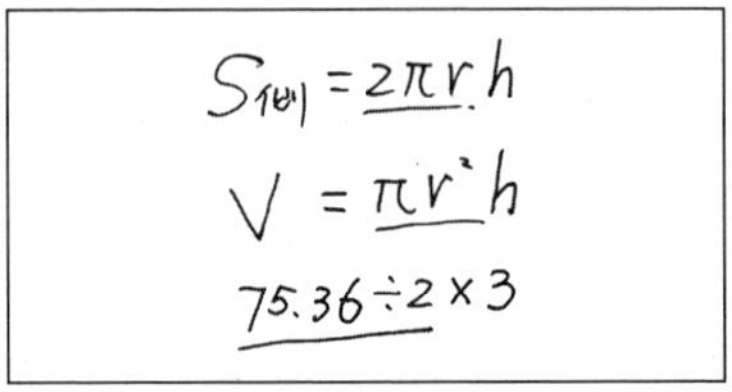

图 16

师：刘沐颉说了一个算式，"75.36÷2×3"，（教师停顿，让学生自己感悟算式算理，稍后，掌声响起）75.36 是什么？

生：侧面积。

师：除以 2 之后呢？

生：πrh。

师：再求体积，就需要再乘一个——r。这个想法怎么样？（全班鼓掌）特别简单！刘沐颉真厉害，我也没想到。解这道题目，我有一个策略。（教师在记录的公式边上画圆柱和长方体，如下页图 17，边画边和学生交流）圆柱，我们在探讨它的体积怎么算的时候，可以沿着它的直径平均分成多少份?

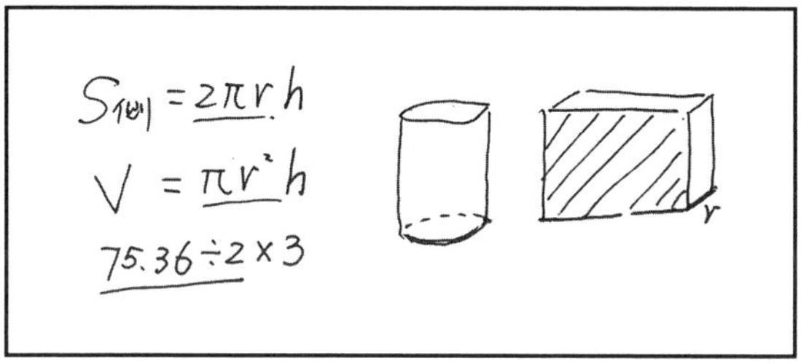

图 17

生:16 份。

师:16 份,甚至更多,沿着直径把它分成多少等份?

生:若干等份。

师:拼成什么?

生:长方体。

师:分的份数越多,越接近一个长方体,长方体的长是多少?

生:直径的 1.57 倍。

师:长方体的长是原周长的——一半,也就是直径的——1.57 倍。这个长方体的宽呢?

生:圆柱半径。

师:高呢?

生:和圆柱的高相等。

师:(指图 17 中的圆柱)看这个图,它的侧面积指哪儿啊?

生:周围一圈。

师:(指图 17 中的长方体)看这个图。圆柱的侧面积在哪儿呢?

生:前后两个面。

师:(用斜线标出长方体的前面)那前面这个面的面积是多少呢?

生:75.36 除 2。

师:(指着长方体的前面)这个面的面积是 75.36 除 2,(指着长方体底面的宽)这儿的面积是几?

生:3。

师:怎么求长方体体积?

生:(恍然大悟地)75.36除2乘3。

师:当我画出这个图的时候,和刘沐颉的方法就一样了吧?运用了什么策略?

生:转化。

师:这是线段图吗?

生:不是。

师:今天这节课留下一个什么问题?

生:画图。

师:数学上的画图,究竟有哪些图?大家围绕这个问题做"小研究",要举例子来分析。这节课就到这儿,下课!

扫码听一听

【教学思考】

这节课的教学内容是苏教版小学数学六年级下册《解决问题的策略》例1。课前,学生独立、自主完成教师设计的"研究学习"材料。从学生完成的材料看,全班42人,都能用1—3种方法正确解答。组织学生课前独立思考与解答例1,可以将课堂中学生思考、探索解决问题的环节前置,既给学生留有充分的时间开展思考活动,也让课堂上的交流互动时间与机会更为充裕。教师通过研读学生课前完成的"研究学习"材料,对学生的学情能有更为精准的了解与把握。

当全班学生都已经对例1作出了正确解答,那在课堂中的学习,应学习什么?学生要获得怎样的成长?这些,是这节课的教学必须要考虑的。

课堂教学,我们不仅要关注学生是否达到教学目标的要求与标准,更要关注学生经过学习活动后获得多大程度的进步和成长,还要关注教师在帮助学生成长方面发挥了怎样的实际作用。

一、研读教材,寻找学生的成长点

苏教版小学数学教材从三年级上册起,每册都安排一个单元集中学习"解决问题的策略"。到六年级第二学期,学生积累了比较丰富的解决现实生活中数量关系问题的经验,并对整理已知条件和问题、分析数量关系、解决问题的一般步骤,以及列举、转化、假设等常用解决问题的策略有了比较深刻的体悟,而且形成了一定的分析问题、解决问题的能力。

教材例 1 呈现的是一道稍复杂的分数实际问题,其问题的结构与学生已经学过的分数实际问题差异不大,学生能够利用已有的相关经验来解决问题。从学生课前完成的"研究学习"材料可见,学生的能力已经"达标"。并且,学生能根据不同条件的实际问题,从不同的角度分析数量关系,提出不同的解决问题的思路。不过,不同的学生在这方面有着差异化的表现。

与教材配套的《教师教学用书》指出:要帮助学生进一步积累分析数量关系的经验,提高解决问题的能力;促进学生对以前学习的有关解决问题的策略进行整理,获得更深刻的体验,增强灵活运用解题策略分析数量关系、确定解题思路的意识和能力,形成相应的策略意识。① 由此可见,例 1 的设计,不应满足于让学生学会解答,或者能做到一题多解,而应让学生以例 1 的分析解答、回顾反思过程为载体,获得在解决问题经验、策略层面的成长。

学生在这节课中的成长,表现为对解决问题的"重新理解"。南京师范大学涂荣豹教授指出:"重新理解"这个心理操作性思维动作,是把具有共同特征的不同对象加以联系,把具有共同本质特征的不同对象互相转

① 南京东方数学教育科学研究所. 义务教育教材数学教师教学用书(六年级下册)[M]. 南京:江苏凤凰教育出版社,2014:71.

化的过程。实际上是用综合贯通的认知结构在不同对象间建立实质性联系的过程。[1]

二、研读学生,确定学生的成长点

课前完成的“研究学习”材料,鼓励学生用不同方法解决问题,反思解决问题的策略。让学生用不同方法解题,不是为了一题多解,而是为了给学生弹性的空间,促使他们在用不同方法解决问题的过程中获得对策略的“重新理解”。一题多解的意图并不在多解,而是对“多解”的再认识,积累关于解决问题策略的经验,深化关于解决问题策略的认识。从学生完成的材料中,教师看到了学生不同的想法,既有解题思路方法的差异,也有对解法认识的差异。这些差异,也就成为课堂交流学习的资源。

课堂中的交流学习,教师组织学生围绕下面两个问题展开:“你是怎么分析解答的?用了什么策略?”尽管教师对课堂交流提出了明确的要求,学生在“研究学习”材料中也给出了不同的解法,但交流过程中学生仍只是讲解自己如何分析解答的,未从策略层面做进一步的分析,对解决问题过程与方法的反思与认识不足,对不同解法之间的联系缺乏主动认识。教师在学生交流过程中应加以介入,对学生的交流与思考作出指导。在课堂中,学生相互补充,多向互动,教师追问,促进认识不断深化。

这节课,学生在课堂交流中又生成新的问题,对画图问题再研究,对解决问题的认识深化。对“画图”的研究,学生可以用一个星期的时间完成。这项“长作业”,让学生的成长源自课堂,成在课外。

这节课,用多种解法激活学生思维,用策略追问深化学生的认识,用互动交流促进学生的学习体验。

这节课,学生成长,教师与学生一起成长。

这节课,一道题目,学生独立思考、同桌交流之后,呈现了多样化的想法。

---

① 涂荣豹.数学教学设计原理的构建:教学生学会思考[M].北京:科学出版社,2018:374.

同时教师也需思考，当学生的想法丰富之后，如何走向深刻？课堂中学生呈现各种想法，是否一定要按照由易到难、由错到对、由浅到深的顺序来组织安排呢？培养学生呈现多样化想法的价值是什么？

这节课的板书（如图 18）是由学生完成的，呈现了他们的想法。在这个过程中，教师又做了些什么呢？从这样的板书中，能否看出教学过程的“学生主体、教师主导”呢？

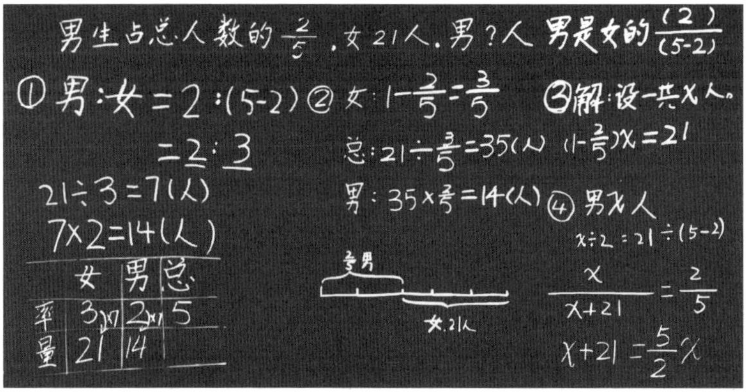

图 18

课堂教学，我们从对“教”的关注转向对“学”的关注。课堂，指向学生的成长。教师要学会“看见”学生的成长，并与学生共同成长。

学习，不仅要追求“达标”，更要追求成长。

扫码问一问

三个“关注”，让策略教学魅力无限

——评贲友林老师《解决问题的策略》一课

□ 周卫东

扫码听一听

听友林的课，是一种享受。

苏教版教材从三年级开始，每一册都编排了《解决问题的策略》，目的是为了让学生把解决问题的一些具体经验上升为数学思考，不断增强运用策略解决问题的有效性和灵活性，进一步提高解决问题的能力。六年级下册的《解决问题的策略》一课，是小学阶段策略教学的最后“一站”。它与前几册相关内容的编排不一样，没有具体的单一策略的教学，而是对小学阶段所学策略的回顾、整理与勾联，其目标在于“选择策略解决问题的过程中，体会解决问题策略的多样性，感受选择并灵活运用策略解决问题的过程，增强运用策略解决问题的自觉性，提高分析问题和解决问题的能力”。

友林在认真分析教材编排的意图、洞悉教学内容意蕴的基础上，实现了符合自身教学追求和风格的完美呈现。这节课，做到了三个“关注”，给我们带来了很多启迪与收获。

一、关注策略机理的建构过程

“如果不能抓住知识的根本道理，不以‘讲理’为前提，那么，单纯转变教学方式（或者其他方面的教学改革），只能带来表面的效益，而不能在根本上改进教学。”“揭示知识的内在联系（本质联系），讲清知识的内在道理，以‘讲理’的态度去讲理，是教学的一条重要‘道理’。”[①]这节课中，学生对策略的体验与理解，是形成解决问题的能力的中心环节，亦是保底环节，必须让学生充分经历策略机理的形成过程，在“理”上做足文章。这节课中，重视让学生呈现解决问题的思考流程与操作步骤，引导学生逐步把握相关策略的主要含义与基本特征，让学生在充分亲历应用相关策略解决问题的探索过程中，获得灵活选择解决问题策略的直观感受，并形成初步的理性认识，逐步完成对小学阶段所学策略的完整建构。为帮助学生理解不同策略的机理，友林安排学生进行前置性研究，给予学生充裕的时间和空间进行探索，并特别提醒“回顾分析与解答，我应用的策略是什么”，即不仅做到“用不同的策略”，更要做到“应用了什么策略”，以获得充分的感性认识和活动经验。在随后的课堂上，对简化、转化、方程、画图、列表等 7 种策略逐一剖析，并加以提炼和升华，帮助学生建立起“策略是解决问题的重要途径”“每一种策略一般适合解决一种特定的实际问题”“同一个问题可以包含多种策略”“同一种策略可以解决多个问题”的心理基础。在教学过程中，正推反证、渐层推进，形成了强大的“思维场”，促进了学生对策略机理的深度理解，进而实现对知识的有效建构。

二、关注知识“价值性”的有机渗透

北京教育学院季苹教授在《教什么知识——对教学的知识基础的认识》一书中指出，每个数学知识都兼有事实性、概念性、方法性、价值性四个侧面。知识的事实性指人们在日常生活中对此的感悟和总结；概念性指若没有概念去概括，客观的事实或现象只能是经验；方法性指若没有方法去运用，概念或原理只能是词语符号；价值性指没有价值取向的揭示，方法只能是机械的步骤。而这种价值取向，在数学学科更多地体现在揭示数学知识背后的数学思想及知识间的内在联系。

关于《解决问题的策略》的教学，许多教师将教学目标定位于引导学

① 郭华. 教学即“讲理”——兼论变异教学理论在教学中的应用[J]. 教育学报，2013，9(5)：38—46.

生学会“如何列举”“如何画图”等具体的方法，忽视了“策略背后的价值”及“多种价值之间更上位的联结”。

在友林看来，方法、策略、思想是三个递进的层次，数学方法上升到一定的高度便形成策略，数学策略进一步凝炼便形成数学思想。可见，数学思想是数学学科的核心元素。眼界决定境界，高度决定力度。友林的数学课总是充满浓浓的“思想味”而焕发无穷的张力。在本课中，围绕“男生人数占总人数的$\frac{2}{5}$”“一本书，已经看了$\frac{3}{8}$”等条件，让学生进行多种联想，用多种方法解题，从而让学生体会数学思想：在多种含分率的句子的自由转换中体会“变与不变”的思想；在画图中体会“数形结合”“化归”等思想；在列表中体会“有序思考”“一一对应”等思想；在用方程解题的过程中体会假设、转化和代数等思想。在此基础上，体会过程或运算的可逆性以及相应的互逆关系。

好的数学教学一定是有所突破、指向深处的。这节课的突破之处有二：第一处是对教材既定策略的补充。教材在三到六年级共编排了 7 个策略，从条件想起、从问题想起、列表、画图、列举、转化、假设，其实，这样的策略还有许多。课前，教师巧妙地将题目摘抄在黑板上，然后让学生观察有什么变化，提示“简化也是一种策略”；在学生列出方程后，告诉学生“方程也是一种策略”。第二处是精选练习的题目。我一直欣赏友林的练习设计，内涵丰富、包摄性强。“一个圆柱体，侧面积是 75.36 平方厘米，半径 3 厘米，求体积。”学生基本的算法（先求底面周长再求高）中蕴含了“从条件想起”或“从问题想起”的策略，用方程解的算法中蕴含了假设的策略。更为巧妙的是，友林引导学生把图形“变形”（即从圆柱体变成长方体），并在两个图形中找到了关联（即长方体前面的面积相当于圆柱体侧面积的一半），这样，利用长方体的体积公式快捷地求解，这一过程蕴含了假设、转化及等积变形等解决问题的策略。

三、关注教学方式的根本改变

就传统的课堂教学状况，数学教育家弗赖登塔尔曾戏称：“每一个人都在睡觉，仅有一个人在讲，这种状态就是教学。”“我真想对他们（指数学教师）大喊一声，不要对学生正在做的事情横加干涉！你们能做的事就是观察！站在旁边认真地观察！”走出这样的课堂，需要勇气，需要才气，更需要底气。

这节课中，友林“讷于言而敏于行”，没有华丽词藻等故作姿态的“炫技”，更多的是一些提示性的、启发式的、鼓励式的提示语。友林很善于“造势”，让学生主动出击，充分表达各自的所思所想，并“顺其势而改其路，四两拨千斤”。这种相机穿插于儿童自主学习过程中的引导，把握方向性，具备整体观，做到服务儿童的学，促进儿童的学，而不是遮蔽儿童的学，替代儿童的学。

美国经济学界和政界划时代的学者约翰·肯尼思·加尔布雷有一句名言：“当人们证明改变思想和没有必要改变思想的选择时，人人都忙着证明后者。”是的，思想的改变才是行动改变的前提。友林的“学为中心”课堂，让我们承认，学习在本质上是学生自己的事情，教学所应发挥的作用应该是帮助、促进和催生，而不是替代；让我们承认，教学促进学生的可持续发展，兴趣和好奇心、方法与能力对学习力的培养至关重要；让我们承认，学习不只是知识的累积，更是自我的完善与创造，只有会学习、会思考、会探索，爱提问、爱沟通、爱合作、爱交流，学生的灵性才能得到舒展，智慧才能得到绽放。

（**周卫东**，特级教师，正高级教师，南京师范大学附属小学。）

课堂学习：多声对话的世界

——《异分母分数加减法》教学与思考

【教学内容】

小学数学五年级下册《异分母分数加减法》。

【教学目标】

1. 探索并掌握异分母分数加减法的计算方法，理解算理，能正确地进行计算。

2. 在思考与交流过程中学习如何学习。

【教学准备】

课前，教师让学生用数对表示自己的座位，并记录在作业纸上。

扫码看一看

【教学过程】

一、口算练习

师：（出示图1）我们先做一组口算，直接写得数。

32＋46＝	57－4＝	780－200＝
0.3＋0.52＝	0.03＋0.52＝	0.95－0.81＝

图1

（教师组织学生“开火车”报得数，其他学生判断对错，并同步给自己批改。批改之后，教师让全对的学生给自己鼓掌，出错的学生诚实地起立，告诉全班哪一题出错了、错在哪里。）

二、新课学习

1. 学生试做

师：（出示图 2）大家各自把题目读一遍。

> 明桥小学有一块长方形试验田，其中$\frac{1}{2}$种黄瓜，$\frac{1}{4}$种番茄。黄瓜和番茄的面积一共占这块地的几分之几？

图 2

（学生读题。）

师：会列算式吗？会算吗？在作业本上先列式，再试着算一算。

（学生独立列式计算。教师巡视，记录学生的不同想法。）

2. 同桌交流

师：同桌两人都做完的，相互交流一下，说说你是怎样列式的，怎样计算的。在交流的过程中，如果发现做错了，怎么办？（有学生说“改正”）可以改，但不要把原来做的擦掉、涂掉，可以在原来做的地方打个小叉，然后重新写在下面。要注意，你要说清楚错在哪儿。我的话说清楚了吗？好，同桌之间交流一下。

（学生同桌间交流。）

3. 全班交流

（教师请听课教师任意抽、报学生的座位号。一位听课教师报座位号“3，5”，该学生到前面与全班交流。）

师：（问全班）展示者叫什么名字？

生：蒋祉涵。

师：蒋祉涵在和大家交流的时候，你们要仔细听她是怎样想的，在听她的想法的时候，你要和你的想法对照，如果发现你的想法和她不一样，怎么办？

生：补充。

师：如果发现她讲得是对的，怎么办？

生：鼓掌。

蒋祉涵：（展示，如图 3）[①]我觉得这一题的答案是$\frac{3}{4}$。$\frac{1}{2}$等于两个$\frac{1}{4}$，所以$\frac{2}{4}$加$\frac{1}{4}$等于$\frac{3}{4}$。$\frac{1}{2}$是黄瓜的面积，$\frac{1}{4}$是番茄的面积，$\frac{1}{2}$化成$\frac{2}{4}$，它们的分母变成一样的，这是通分。$\frac{2}{4}$加$\frac{1}{4}$等于$\frac{3}{4}$。

（全班鼓掌。有学生举手，教师让蒋祉涵邀请举手的同学继续发言。）

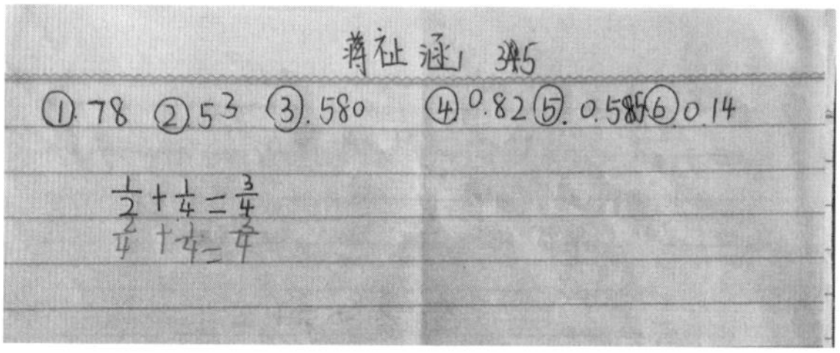

图 3

谢芊儿：（出示图 4）我觉得应该跟小数是一样的，先把横线照写，然

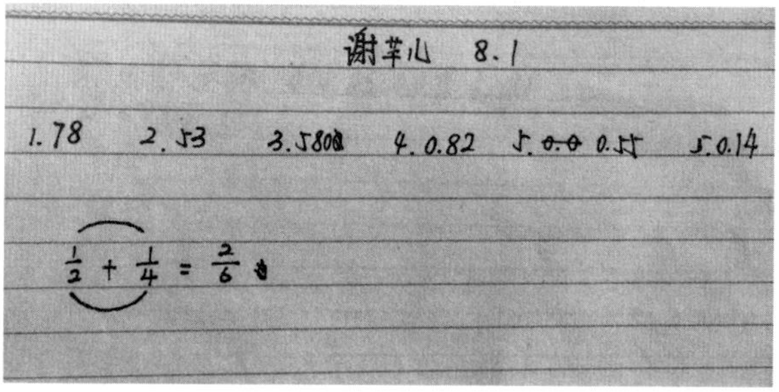

图 4

① 最初展示的材料，没有下面一行用红笔写的算式。算式$\frac{2}{4}+\frac{1}{4}=\frac{3}{4}$是在讲解的过程中边讲边写的。

后分母加分母，分子加分子。我觉得蒋祉涵讲得是对的，但我这样做也没有错，2+4=6，写在横线的下面，1+1=2，合起来就是$\frac{2}{6}$。

（有学生举手，谢芊儿请钱桂智发言。）

钱桂智：我觉得你讲得不对。首先要把$\frac{1}{2}$的分子、分母同时乘2，这样就变成$\frac{2}{4}$，把它们的分母变成一样的才好算，$\frac{2}{4}$加$\frac{1}{4}$等于$\frac{3}{4}$。不是你想的，分母和分母相加，分子和分子相加。

师：刚刚钱桂智的想法，说的是谁的想法？

生：蒋祉涵。

师：掌声送给他，也送给在座的大家。（全班鼓掌）这说明你们很会听，听懂了他说的想法就是蒋祉涵的想法。可刚才谢芊儿说了，蒋祉涵是对的，我这个也没错，她的方法是分母加分母，分子加分子。

李胤睿：我想说的是，$\frac{2}{6}$为什么比原来的$\frac{1}{2}$要小呢？

师：谁听懂他的话了？

（大部分学生没有反应。教师请李胤睿再讲一遍。在他讲之前，教师组织全班学生回顾谢芊儿的算法，并板书：$\frac{2}{4}+\frac{1}{4}=\frac{2}{6}$。）

生：（指着刚刚教师板书的算式）你们看，这里的$\frac{1}{2}$是不是比$\frac{2}{6}$大？

（教师让李胤睿再请一个学生讲一讲，看是否真的听懂了，李胤睿邀请杨子墨发言。）

杨子墨：（在黑板上边画图边讲解。）假如这是一块菜地，把它平均分成两份，$\frac{1}{2}$就是这一份。如果分成6份，大概就是这样子。（板书如下页图5，先指右图中表示$\frac{2}{6}$的2份，然后指左图中表示$\frac{1}{2}$的1份）这两块比这一块还要小，所以$\frac{2}{6}$这个答案是错误的。

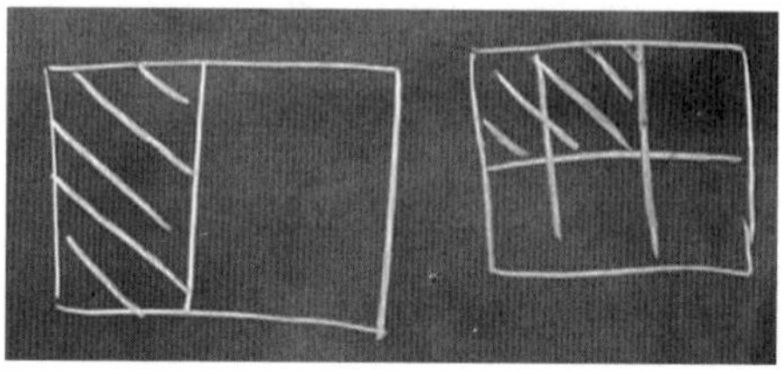

图5

师：我听懂了刚才两位同学的想法。一个加数是——$\frac{1}{2}$，还有一个加数是——$\frac{1}{4}$，按照我们以往的经验，得到的和应该比加数——大。黄瓜地已经占了——$\frac{1}{2}$，再加上番茄地的面积，合起来却比$\frac{1}{2}$还要小，这不对。另外，看到$\frac{2}{6}$，马上想到另外一个分数。（学生口答：$\frac{1}{3}$。教师板书）这样更容易比较，$\frac{1}{3}$和$\frac{1}{2}$比，是大了还是小了？（学生回答：小了）刚才，他们用这样的方法说明，这样的算法不对。（教师在刚才板书的算法后面打叉）刚才杨子墨讲解的时候，还用了一个办法。（学生回答：画图）对，画图看出$\frac{1}{3}$比$\frac{1}{2}$小，很直观。他们的表现怎么样？（全班鼓掌）也感谢谢芊儿，学习就要这样，我怎么想的，我就怎么说。（对李胤睿说）我看到你的纸上开始还写了一种算法，愿意展示给大家看吗？

李胤睿：（出示下页图6）我开始写的是$\frac{1}{6}$，因为我想的是分母加分母等于6，分子相同的，还是1，我就写了$\frac{1}{6}$。

师：你后来怎么觉得不对的呢？

李胤睿：$\frac{1}{6}$比$\frac{1}{4}$还要小，怎么可能越加越小呢？就感觉不对了。

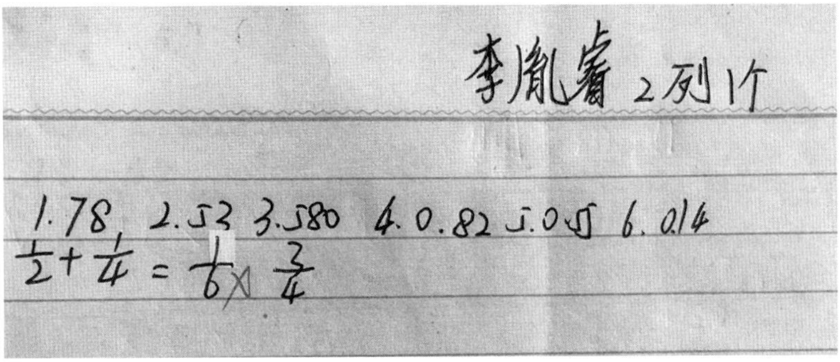

图 6

师：大家听懂他的意思了吗？（学生纷纷表示“听懂了”）其实就是刚才他说的，两块地合起来，应该比$\frac{1}{2}$、$\frac{1}{4}$大。（对着李胤睿说）自己发现了错，改过来，非常棒！我喜欢这样的发言，我原来怎样想的，后来发现错了，说清楚哪儿错了，然后改过来。现在，我们班已经出现了几种算法？

生：三种。

师：有没有第四种算法？

（有学生举手，李胤睿邀请宗知行和全班交流。）

宗知行：（出示图 7）我看到$\frac{1}{4}$就想到把长方形平均分成 4 份，看到$\frac{1}{2}$又想到要分一半，所以把长方形平均分成 8 份……

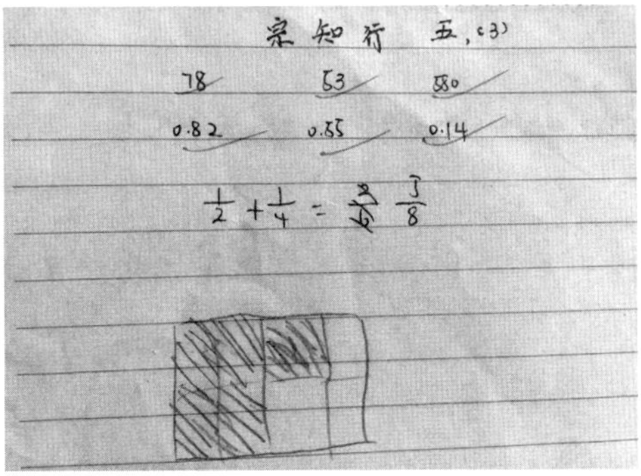

图 7

师：（让宗知行暂停讲解）像这样讲，别人可能听不明白。这个图怎样来的，可以边画边讲。

宗知行：（在黑板上画图，边画边讲，先画一个长方形，如图 8）有一个长方形实验地，题目中说$\frac{1}{2}$种黄瓜，所以先把它分一半，（在左右居中位置画一条竖线，如图 9）又说$\frac{1}{4}$种番茄，（把右半部分分出约 4 份中的 1 份，如图 10）这一半平均分成 4 份，（把左半部分平均分成 4 份，如图 11）就相当于把$\frac{1}{2}$分成了 4 个$\frac{1}{4}$①，（指右半部分中之前分的一份）再加这边$\frac{1}{4}$，就有 5 个$\frac{1}{4}$，（指左半部分）因为它之前这一半有 4 个$\frac{1}{4}$，（将右半部分分成 4 份，如图 12）这里再把它分成 4 份，一共分成 8 个$\frac{1}{8}$，就可以得到$\frac{5}{8}$。

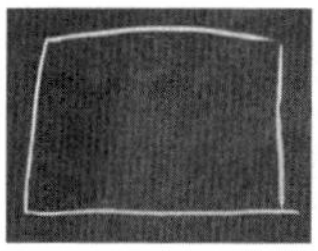

图 8

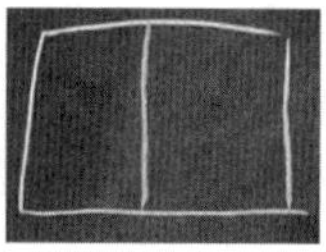

图 9

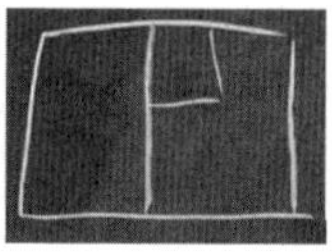

图 10

图 11

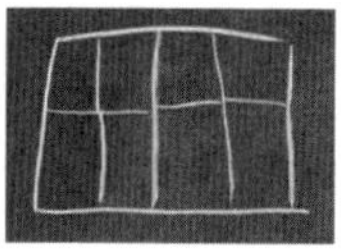

图 12

（有学生举手，宗知行请陈云和回答。）

陈云和：（到黑板上画图，先画一个长方形，然后平均分成两份，再把右边一半平均分成两份）番茄占$\frac{1}{4}$。（在右半部分的上面圈画出一个小长方形，如下页图 13）②$\frac{1}{4}$不是这么多。

---

① 这里是学生口误，应该是 4 个$\frac{1}{8}$。后面的 3 个“$\frac{1}{4}$”亦为口误。

② 圈画的小长方形的外扩的两条线是接下来添画的。

图 13

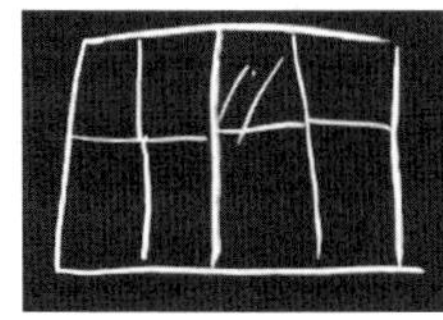

图 14

宗知行：我只是画得不标准。

陈云和：（把刚刚画的小长方形又放大了一些）[①]你画的是$\frac{1}{8}$，不是$\frac{1}{4}$。

宗知行：（指着他之前自己画的图的右半边中的一份）长方形分成一半，这一半里，4 份里的 1 份，就是$\frac{1}{4}$。我只不过没用尺，画得不标准。

陈云和：不是一半的$\frac{1}{4}$，是整块田的$\frac{1}{4}$。你说的是一半的$\frac{1}{4}$，它是整块田的$\frac{1}{8}$。

（陈云和将宗知行之前画的图 12 中的那一份画上斜线，如图 14。）

宗知行：（迟疑了一会儿）我觉得你说的有道理。

师：（对宗知行说）那你说说，你原来错哪儿？

宗知行：我之前把它想成了，有一块试验田，先种了黄瓜，我就先把黄瓜排除掉，（用手遮着图 14 的左边一半，再指右半部分）取这一半的$\frac{1}{4}$种番茄，这是整块田的$\frac{1}{8}$。

师：现在大家听懂他是怎么想的了吗？$\frac{1}{2}$是谁的$\frac{1}{2}$？

生：整块田的$\frac{1}{2}$。

① 前页注②中添画的两条线为"放大"。

（教师指导宗知行同步在黑板上指一指。）

师：把长方形试验田平均分成 2 份，是整块田的$\frac{1}{2}$。那$\frac{1}{4}$种番茄呢？是把谁平均分成 4 份？

生：整块地。

师：还是把整块地平均分成 4 份。刚才宗知行在画的时候，他画的是谁的$\frac{1}{4}$？

生：剩下的。

师：他画的是剩下那一半的$\frac{1}{4}$，于是得到了$\frac{5}{8}$。（对着宗知行说）现在你明白错在哪儿了吗？自己小结一下。

宗知行：我没弄清楚是这块长方形试验田整个的$\frac{1}{4}$种番茄。我是先去掉黄瓜，然后用剩下的$\frac{1}{4}$种番茄，这样就错了。

师：（指屏幕上的题目）这道题目说得太简洁了，容易让我们误解。那$\frac{1}{2}$种黄瓜，是谁的$\frac{1}{2}$种黄瓜？

生：（齐）是整块田的$\frac{1}{2}$。

师：是整块田的$\frac{1}{2}$，因为是把这块试验田平均分成 2 份。那$\frac{1}{4}$呢？

生：是$\frac{1}{2}$的一半。

师：$\frac{1}{2}$的一半，是$\frac{1}{4}$。$\frac{1}{4}$是把谁平均分成 4 份？

生：还是整块田。

师：还是把整块田平均分成 4 份，分的不是剩下来的一半。两位同学的表现怎么样？（全班鼓掌）真好！我们明白了这个$\frac{5}{8}$是怎么错的，就不会再犯这样的错了。

（又有一个女生举手，教师邀请她接着和全班交流。）

吴子婧：（出示图 15）我的答案是一样的，但我觉得在算式中要先分开来，再计算。

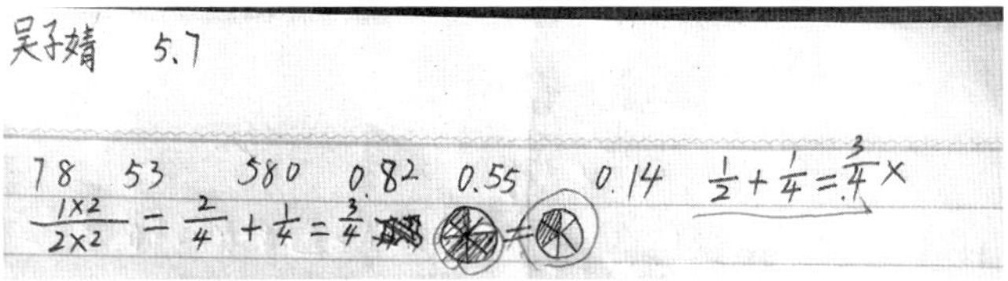

图 15

师：她说，答案是一样的，但怎样写，写法是不一样的。我发现，她后面还画了图，能把图解释给大家听听吗？

吴子婧：这幅图是我刚才听他们交流时心里想的图。先画出一个$\frac{2}{4}$，然后加上$\frac{1}{4}$，然后就应该等于$\frac{3}{4}$。（指着图 15 中的“$\frac{1}{2}+\frac{1}{4}=\frac{3}{4}$”）我之前是这样做的，我的同桌告诉我这样做不对。

师：我真听懂了她的想法了。之前她写“$\frac{1}{2}+\frac{1}{4}=\frac{3}{4}$”，为什么打叉呢？因为她觉得要把过程写出来。她画了图，用图表达了想的过程。中间还用了什么符号？（学生插话：不等于）它们相加不等于$\frac{2}{6}$。她要说明，之前算的$\frac{2}{6}$是不对的。看懂她的意思了吗？掌声欢送。

（全班鼓掌。）

生：我给吴子婧提个建议，题目中说是一块长方形试验田，我建议吴子婧画成长方形。

（全班学生笑了。）

吴子婧：我接受你的建议。

师：我在想，那个长方形试验田，一定要画成长方形吗？

（学生七嘴八舌地说：不一定。）

生：我觉得也不一定。因为表示的方法是一样的，不一定都要是长方形的。

生：我觉得不一定要画长方形的。因为它表示的都是一个整体，而不是一个图形。

（全班鼓掌。）

师：听你们发言，我在想，画长方形是有道理的，就像那块田。但她说，把那块长方形田看作一个整体，接下来用什么图形表示整体，长方形可以吗？（生：可以）圆呢？（生：可以）线段呢？（生：也可以）它们都可以表示那块田作为一个整体。我们现在梳理一下，（板书：$\frac{1}{2}+\frac{1}{4}$）$\frac{1}{2}+\frac{1}{4}$答案是多少？

生：$\frac{3}{4}$。

师：这个$\frac{3}{4}$怎么得到的？

（学生七嘴八舌地表示：把$\frac{1}{2}$转化成$\frac{2}{4}$。）

师：怎么写呢？刚才有争议。我们一般这样写。

教师板书，如图 16。指着之前的板书（$\frac{1}{2}+\frac{1}{4}=\frac{2}{6}=\frac{1}{3}$）$\frac{1}{2}+\frac{1}{4}=\frac{1}{3}$对不对？

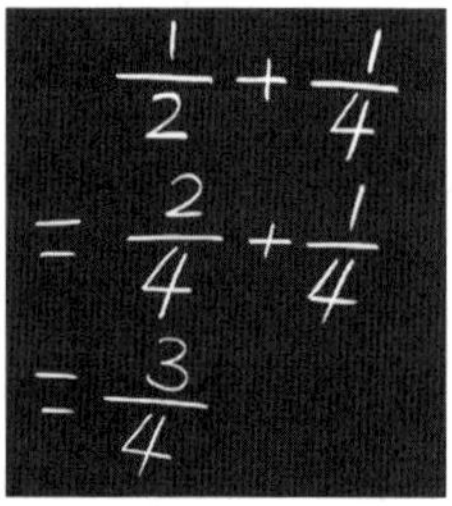

图 16

生：错。

师：分母加分母，分子加分子。

生：错。

师：还记得之前一个同学的想法，分子不变，分母相加，对不对？

生：也错了。

师：还有$\frac{5}{8}$，提醒了我们，$\frac{1}{2}$，$\frac{1}{4}$，都是把谁平均分的？

生：都是把整块田平均分的。

师：（再次出示图 15）这幅图更有意思。这幅图，让我们看明白了为什么要把$\frac{1}{2}$转化成$\frac{2}{4}$。长方形图画过了，圆画过了，我想请一位同学在黑板上画线段图讲一讲$\frac{1}{2}+\frac{1}{4}$。

（一个女生到黑板上，先画了一条线段并讲解：这条线段代表一块田。将线段平均分成两份，标注大括号和"$\frac{1}{2}$"，讲解：种黄瓜的是$\frac{1}{2}$，接下来还有种番茄的$\frac{1}{4}$。将右边的一半平均分成 2 份，标注大括号和"$\frac{1}{4}$"。教师指着图中分成的 3 份，并记数：1 份、2 份、3 份，答案是$\frac{2}{3}$，对吗？全班沉默。板演的女生把左边的"$\frac{1}{2}$"那一段又平均分成了 2 份，如图 17。然后她依次指着由"$\frac{1}{2}$"分成的两个"$\frac{1}{4}$"，讲解：这是$\frac{1}{4}$，这是$\frac{1}{4}$，3 个$\frac{1}{4}$是$\frac{3}{4}$。所以加起来是$\frac{3}{4}$。全班鼓掌。）

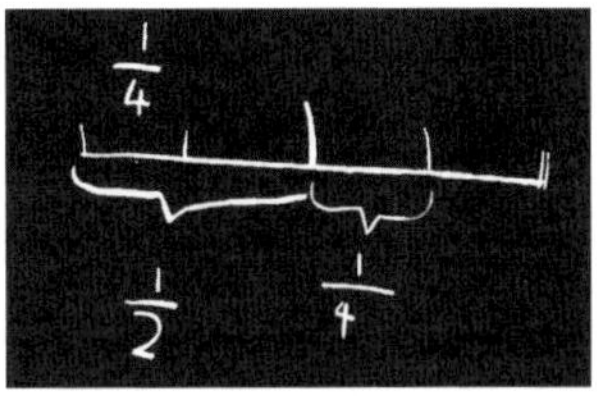

图 17

师：可我刚才那个问题，你没有解答。这块地分成 3 份，黄瓜地、番茄地占了 2 份，不就是$\frac{2}{3}$吗？

顾宇智：这不是$\frac{2}{3}$，因为它们分的份数不一样，要把它平均分。这块田的$\frac{1}{2}$，比那两段都要大。

生：不是$\frac{2}{3}$的原因是，它们的单位不一样。

师：你说单位不一样，是什么意思啊？

生：它们的分数单位不一样。

生：就是把它都算成$\frac{1}{4}$，就有 4 个$\frac{1}{4}$。它的一半就有两个$\frac{1}{4}$，再加上 1 个$\frac{1}{4}$，就是$\frac{3}{4}$。

师：几个同学已经把这个问题基本讲清楚了。刚才他说，$\frac{2}{3}$是不对的，因为——没有平均分。（指着图 17）这里的 3 份不一样多。女生动作很快，她马上画了一条线，这样$\frac{1}{2}$就变成了 2 个$\frac{1}{4}$，就是$\frac{2}{4}$。（指着板书的计算过程中的$\frac{2}{4}$）刚才男生说分数单位，我们来看，（指着板书中的计算过程）$\frac{2}{4}$的分数单位是——$\frac{1}{4}$，$\frac{1}{4}$的分数单位是——$\frac{1}{4}$，$\frac{2}{4}$里有——2 个$\frac{1}{4}$，$\frac{1}{4}$里有——1 个$\frac{1}{4}$，合起来是——3 个$\frac{1}{4}$，那就是$\frac{3}{4}$。（指板书的算式$\frac{1}{2}+\frac{1}{4}$）我们再看，$\frac{1}{2}$的分数单位是——$\frac{1}{2}$，$\frac{1}{4}$的分数单位是——$\frac{1}{4}$，它们的单位不一样，能直接加吗？

生：（齐）不能。

4. 梳理算法

师：说了这么多，回头看，今天这节课，我们学习了什么问题？

生：分数加减法。

（教师板书课题：分数加减法。）

生：分母不同的分数加减法。

师：分母不同的分数，可以说得简洁点。“不同”，用一个字来说。怎么说呢？

（有学生说出“异”，教师完成课题板书：异分母分数加减法。）

师：异分母，就是说，两个分数的分母——不同，那怎样计算？

生：先通分。

师：通分，就是把异分母分数怎么样？

生：把不同的分母变成一样的分母。

师：说得简洁点，就是把异分母变成——同分母。（板书：同分母，并在“异”与“同”之间画上箭头）变的过程，数学上叫——通分。大家会做异分母分数加减法吗？（学生齐答“会”）大家会做之后，还要想想这样的问题。学习数学，经常要想想三个字。（有学生说出“为什么”）这个问题该怎样问呢？

生：为什么要通分？

师：对呀，为什么要通分？为什么要把异分母分数加法变成同分母分数加法？

生：因为这样分数单位才相同。不然就会像刚才那个线段图那样，看不懂了。

（全班鼓掌。）

师：谁再说一遍？

生：我觉得是因为分数单位不一样的话，就像刚刚的线段图一样，大家都看不懂了。

师：分母不同，就想到它们的分数单位——不同。（指板书的线段图）看这幅图，能说是$\frac{2}{3}$吗？所以先通分，分母相同，也就是分数单位相同，2个$\frac{1}{4}$加1个$\frac{1}{4}$等于3个$\frac{1}{4}$，$\frac{3}{4}$。今天学的是分数加减法，还记得口算题吗？（出示课始练习的口算题）口算题的第一行。

生：整数加减法。

师：第二行呢？

生：小数加减法。

师：今天我们探讨了加法，还没有交流减法。加法会了，减法会不会？

生：（齐）会。

师：我们来看看，32＋46，你怎样算的？2 加——6，为什么不是 2 加 4 呢？

生：因为个位和十位要对齐。

生：因为它们的单位不同。2 和 6 都在个位上，3 和 4 在十位上，不能放在一起加。

师：第一个同学的意思我们明白，但表达有些不准确。应该说个位和个位对齐，十位和十位对齐。第二个同学，说到了一个词。（学生插话：单位）2 表示——2 个一，6 表示——6 个一。2 个一加 6 个一等于 8 个一。

（教师同步在口算题下面记录：2 个一，6 个一。然后指“57－4”中的“7”，学生口答：7 个一。教师指“4”，学生口答：4 个一，7 个一减 4 个一等于 3 个一。教师指“780－200”中的“7”和“2”，学生口答：7 个百减 2 个百等于 5 个百。教师指“0.3＋0.52”中的“3”，学生口答：3 个 0.1。教师指“5”，学生口答：5 个 0.1。教师在口算题下面记录：3 个 0.1，5 个 0.1，如图 18。学生口答：3 个 0.1 加 5 个 0.1 等于 8 个 0.1。教师指“0.03＋0.52”，学生口答：3 个 0.01 加 2 个 0.01 等于 5 个 0.01。）

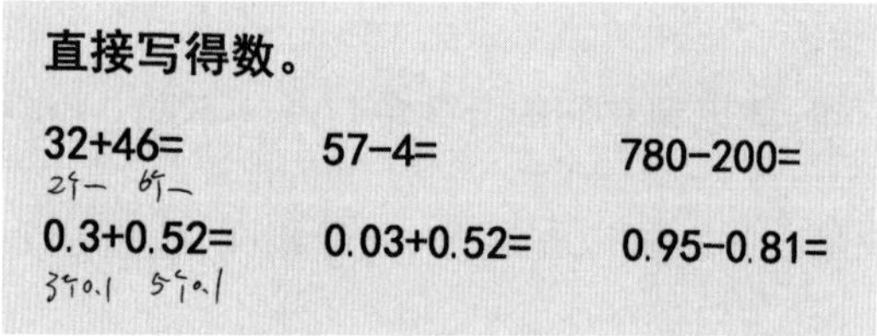

图 18

师：现在发现，整数加减法、小数加减法计算时都要注意什么？

生：数位对齐。

生：单位相同。

师：那分数加减法呢？

生：也是单位相同。

师：这，好像是一样的。即将下课，这节课我们学习了什么？

生：异分母分数加减法。

师：我们就研究了一道题目。这道题目弄懂了，其他题目会做吗？（学生齐答“会”）我们要把异分母分数怎么办？

生：通分，转化成同分母分数。

5. 引发再思

师：（指板书的算式$\frac{1}{2}+\frac{1}{4}=\frac{2}{6}$）能不能用分母加分母，分子加分子？

生：（齐）不能。

师：我一直在想一个问题，大家一起来看。（出示图 19）女孩占几分之几？

生：（齐）$\frac{1}{2}$。

师：（出示图 20）女孩占几分之几？

图 19

图 20

生：（齐）$\frac{1}{4}$。

师：（将两幅图合并在一起）合起来，女孩占几分之几？

生：（齐）$\frac{2}{6}$，约分后得$\frac{1}{3}$。

师：（同步指黑板上板书的算式$\frac{1}{2}+\frac{1}{4}=\frac{2}{6}=\frac{1}{3}$中各数）图 19，女孩

占——$\frac{1}{2}$，图 20，女孩占——$\frac{1}{4}$；合起来，女孩占——$\frac{2}{6}$。（学生表情非常惊讶）怎么会这样的呢？这个问题，留给同学们下课后琢磨。这节课就到这儿，下课！

扫码听一听

【教学思考】

《异分母分数加减法》这节课，学生学什么、如何学，我的预设是：知法——会计算异分母分数加减法；明理——理解为什么要先通分；建构——联系整数、小数加减法，初步感受计算时单位要相同，建立整体认知结构；解疑——明晰为什么不能分母相加、分子相加；引思——$\frac{1}{2}+\frac{1}{4}=\frac{2}{6}$，怎么又“对”了？这样的预设，在课堂实境中会演绎出怎样的故事呢？

课堂，教师和一群学生“在一起”学习。面对数学问题，一个班级的学生，经过独立思考，每人都有自己的想法。他们的想法可能相同，也可能不同，当想法有所不同时，多样化也就出现了。当学生拥有多种想法时，课堂应成为多声对话的世界，正如钟启泉教授所言：课堂，不是懂的人向不懂的人告知现成的“知识”的世界，而是相互倾听、共同求索未知问题的探究的世界。[①]

一、课堂中，能听到“多声”吗

为了保证学生的想法多样化，教师要还给学生充分的独立思考的时间与空间。“多声”是课堂应有的面目，但在实际教学中，我们能遇见真实的“多声”吗？学生有着多样化的想法，课堂上他们会真正地呈现其全貌

① 钟启泉．课堂转型[M]．上海：华东师范大学出版社，2018：165.

吗？现实中，通常会有三种情况阻滞学生多样化想法的呈现。

第一种情况，学生不让教师看到。课堂中，教师提出问题，学生作出回答。如果学生的回答符合教师的“预设”，教师会给予肯定或表扬。如果学生的回答不符合教师的“预设”，教师往往“启发”班级其他同学：还有不同想法吗？大家还有补充吗？日复一日，教师对学生发言的不同教学处理，让学生“懂得了”课堂中要说老师需要的答案。课堂中，学生的发言，原本是“我有什么想法，就说什么”，但现实却变成了学生不让教师看到自己的真实想法，“老师要什么，我就说什么”。

第二种情况，教师并不想看到。在课堂教学过程中，呈现与教师预设一样的想法，还是呈现学生自然而然生成的，包含教师预设之外的多样化想法？显然，后者对教师教学的挑战性更大。教师内心所期待的是，学生直奔教师预设的路径和那些想法。当学生说出教师所预设的那些想法，课堂“顺顺当当”，师生双方“万事大吉”。即使是多样化的想法，也是教师所需要的多样，那些不需要的“多样”是不会“公开亮相”的。一切都按教师的计划进行，在教师的预设之中，在教师的可控范围内。即使呈现了一些多样化想法，也只是作为装点课堂门面的点缀。还有一种可能，教师当时未能真正读懂学生的想法，如何应对心中无底，便以“视而不见”的方式把学生的想法屏蔽了。

第三种情况，课堂难以让师生看到。课堂，仅仅40分钟，展现每个学生的想法，时间上不允许；课堂，是一位教师与一群学生在一起交流，展现每个学生的想法，组织方式难以实现。这些，都是现实，但关键是，面对这些问题时，教师是否在寻找解决问题的办法。课堂，是完成线性的预设流程，还是在展示、交流多种想法的过程中，让课堂成为多声对话的世界，还原课堂丰富的过程？这个问题是每位教师在成长路上都必须经历的。

二、课堂中，如何能听到“多声”

课堂中听到“多声”，需要教师有意为之，需要创设安全、自由、坦诚的课堂文化，让学生把自己的真实想法“说”出来。

这节课虽是借班上课，但教师在和学生交流的过程中不断给学生释放“把自己真实的想法敞亮地和大家分享”的信号。

在这节课的开始，教师组织学生完成一组口算练习，核对答案，自己批改。然后，教师让全对的学生给自己鼓掌，出错的学生诚实起立并告诉全班同学自己哪儿出错了。这样的反馈，传递给学生两点信息：其一，教师相信每个学生，师生之间的信任是课堂教学的根本；其二，课堂上，不仅可以说正确的想法，错误的想法也同样可以说出来。

在学生独立完成计算，同桌交流前，教师指导：“在交流的过程中，发现自己做错了，可以改，但不要把原来做的擦掉、涂掉，可以在原来做的地方打个小叉，然后在下面重做，还要注意说清楚错在哪儿。”这样的指导，改变了学生对“错误”的认知。课堂，是可以出错的地方。学习，与错误相伴而行。错误，不是“见不得人的”。出错了，接下来要弄明白错在哪里，再纠错、改错，从错误中学习。和同学交流以，既可以交流正确的想法，也可以交流出错的地方，还可以交流对错误的分析以及反省等。

教师要鼓励、接纳、宽容、尊重学生的每一种想法。教师和学生，一同是倾听者。教师的倾听，要保持开放的心态，要认识到学生想法的“合情合理”。当学生出错时，教师不要立即作出对或错的评判。因为学生说出自己的想法时，他并不知道自己的想法是对是错。如果一个学生已经知道自己的想法出错了，他不会不纠正自己的想法。修正错误的过程，不应简单地由教师“代替学生”完成改正，也应由学生自己完成。

尽管教师会对课堂做预设，预设课堂（尤其是公开课）中各种可能发生的情况。但我们会发现，无论课前的预设多么充分，当遇上现实的课堂、真实的学生时，在丰富、复杂多样的现实面前，预设显得十分“骨感”。

学生的想法也可能是，在学习同分母分数加减法时，掌握了算法：同分母分数相加减，分母不变，分子相加减。像$\frac{1}{2}+\frac{1}{4}$这样的同分子分数相加或相减时，学生把同分母分数加减法的算法“迁移”过来：分子不变，分母相加减。

三、课堂中，仅仅听到“多声”是不够的

“多声”是开始，对话是关键。“多声”对话，是为了让学生的学习真正发生，让学生在课堂中学会学习。

“多声”对话，是与他人对话，与自己对话，与学习内容对话。这里的对话并不是指说话，而是要将各自的“话对上”，是指大家的想法相互联系并发生作用，彼此影响着。“多声”对话，不仅仅是各自发出不同的声音，更为重要的是多种不同声音表达的想法，及其想法之间的沟通对“多声”各方原先想法的改变。

教师要指导学生“会听”“会讲”，即听与讲的过程中要将不同的想法进行比较，将他人的想法与自己的想法进行对照。这节课上，第一个学生与全班交流之前，教师指导全班学生：“蒋袦涵在和大家交流的时候，你们要仔细听她是怎样想的，在听她的想法的时候，你要和你的想法对照，如果发现你的想法和她不一样，怎么办？”“如果发现她讲得是对的，怎么办？”教师这样的指导，就是让学生学会听、学会讲，更学会互动性的听与讲，从而把看似没有关联的想法串联起来。

再如，这节课上，蒋袦涵先展示了通分算法，谢芊儿接着发言，交流了分母分子分别相加的算法，并指出蒋袦涵的算法是对的，自己的想法也没有错，然后钱桂智作出评述。教师介入，问全班：“刚刚钱桂智的想法，说的是谁的想法？”教师的追问，倒逼学生关注别人的想法，也是“放大”学生的发言表现，让更多的学生学习如何“对话”。

“多声”对话的过程，教师不是旁观者；而且，教师不仅与学生对话，也与自己对话。这节课上，出现了我闻所未闻的算法“$\frac{1}{2}+\frac{1}{4}=\frac{5}{8}$”，而且学生在黑板上画图讲解，有条有理，有理有据。通过交流，我发现学生这样想法的生成是因为题目的表述过于简洁，让学生在理解题意时产生了歧义。再后来，我发现，学生这样的想法，和教师设计的课末问题有所关联。

在师生对话中，我们“想到一块儿去了”。

这节课上还出现了我没有想到的想法，有学生指出：“题目中说是一块长方形试验田，我建议吴子婧画成长方形。”这是非常儿童化的问题，恰恰反映了儿童具体形象的思维特征。而这，也成了这节课学生学习的一个新的生长点。

在这节课的“课堂复盘”时，我发现，评述“分母加分母、分子加分子”的是学生李胤睿，他的想法是把两个数相加的结果和加数比较，当他讲出自己的想法之后，全班大部分学生一时都没有反应。从课堂后续交流的过程中可以发现，李胤睿自己最初的算法是分母相加、分子不变，后来自己发现“怎么会越加越小的呢”，自我纠错的经历就迁移到了这里。

课堂上，正是因为学生对不同想法的对照与比较，自我纠错的过程才会发生。“多声”对话，让课堂学习有了纵深感、推进感、生长感。

最后，我们必须关注一个值得重视的问题：课堂中的“多声”，教师是否对学生的想法始终保有好奇。教师应当参与“多声”对话的过程，教师的肯定激发学生的思考，学生的想法打开教师的思考，师生共同开启“活泼泼”的课堂，共享共识，互学共进。

扫码问一问

从“多声”到“共声”

——评贲友林老师《异分母分数加减法》一课

□ 马云鹏

扫码听一听

贲友林老师执教《异分母分数加减法》，我在现场听了这节课，印象深刻的是学生在课堂中的“多声”使教学氛围浓厚，让学习过程具有深度，充分体现出学习的主动性和对问题的深入理解。在课堂中需要听到不同的声音，也要使学生敢于发出不同的声音。利用学生的“多声”，鼓励学生独立思考，认真倾听别人的想法，对有疑义的想法提出疑问。这样逐步由“多声”到“共声”，学生不仅能够切实理解和掌握所学内容的本质，综合素养也得到发展。

一、“多声”的产生

“多声”是从开放的教学环境中产生的，一定是在学生有不同的想法的时候才会产生的。这节课课始的两个重要活动“独立计算”和“记录学生不同的想法”，都具有较好的开放性。“独立计算”活动中，教师让学生计算新的问题，既可以实现学生的全员参与，又引发了学生的独立思考，并尝试完成新的任务。学生独立计算后的同桌交流则是常用的教学方式，教师可以通过学生的同桌交流和“记录学生不同的想法”，了解到他们的不同做法，为之后的教学活动积攒必要的信息。

“多声”是不是越多越好，值得思考。在可能产生“多声”的时候，由谁来先发声，也是一个需要思考的问题。本节课的全班交流方式比较有新意，是请听课教师任意指定学生。随机选择是一个有趣的尝试，这样可以引起所有学生的关注。一般来讲，教师课前会有一定的预设，而学生的不同想法可能在教师的预设之中，也可能出现预想不到的情景。这样的任意指定容易打破教师的预设，使课堂上出现较多“预想不到的情景”，从而出现“多声”。这对教师是一个考验，也是从“多声”到“共声”的教学活动的起点。

什么时候把“多声”聚焦，盯住目标和疑难点探讨问题，需要教师把握教学的节奏和分寸。本节课使用的任意抽取方式虽有新意，但如果教师没有处理好，教学的目的性可能会受到限制。请哪位或哪几位学生在全班交流要与教学目的一致，目的在于解决问题，而不是简单的展示。同时，请哪位学生交流，也反映了教师处理不同学生想法的取向。请做对的学生，还是请做错的学生，请什么地方做错的学生来交流，达到的目标和效果可能是不同的。

二、“多声”如何聚焦学习内容

“多声”要多而不杂，才能聚焦学习内容的本质。本节课有大段、长时间的教师和学生的讨论、辩论和争论，这是一个真实的教学活动过程，也反映了学生的学习过程。这个过程看起来比较复杂，似乎有点“乱”，中间有七八个学生在说话，但他们始终围绕着一个目标，就是怎样计算“$\frac{1}{2}+\frac{1}{4}$”这个式子。学生都在表达自己的想法或对别人的想法表示赞同或质疑，从中可以看到学生投入到真正的学习之中，也可以看到贲老师是如何收放自如地引导学生聚焦学习内容的。“多声”不是一下提出许多问题让学生全部解决，而是一个问题、一个问题地逐个解决，每个问题都在集中解决一个方法是“对”还是“不同”。

学生蒋祉涵说“$\frac{1}{2}$等于两个$\frac{1}{4}$，所以$\frac{2}{4}$加$\frac{1}{4}$等于$\frac{3}{4}$”，这几乎已经是标准答案，或者说听起来是正确的答案——因为在没有解释清楚为什么正确，或者解释的确切是算理之前，都不能认为是正确的。如果沿着这个答案追问下去，可以引导学生理解“为什么要把$\frac{1}{2}$化成$\frac{2}{4}$”“为什么分母一样就可以相加”等问题，从而更好地理解算理。所以她的展示，是在把一个对的方法说清楚了。怎样使学生意识到“她的方法是对的”，沿着这个思考逻辑，可以走向问题的本质(即相同单位相加)。

学生谢芊儿说了一个错误的答案“分母加分母，分子加分子”，但听起来有一定道理，因为她说“蒋祉涵的是对的，我这个也没错”。这个想法很有意思，一个“是对的”，一个“也没错”。接下来要思考的就是一个问题是否会有两个答案——除非是以后到中学时会有多解的问题，在这里只能是一个正确的答案；况且求的是面积，也只能是一个答案。如果只有一个答案，那么其中一个一定是错的。怎样使学生认识到“两个方法只能有一个是对的”，也是一种思考逻辑，也能走向问题的解决。

于是，有两个学生马上对这个答案提出了质疑，并用“和不能比一个加数小”说明这个方法是错误的。他们的想法都是好的，从道理上说得通，但也有不充分的地方。第一种只说$\frac{2}{6}$比$\frac{2}{4}$小了，但为什么小了，没有说清楚；第二种是画图，但他画了两块地，这是怎样比较大小的呢？如果画在一块地中应该怎样表示呢？出现这种情况，主要是因为学生还是没有解决算理的问题，但已正在慢慢接近正确的答案，也在逐渐思考这个问题的算理。

学生宗知行此时又说“有$\frac{1}{4}$种番茄”，弄错了“整体的$\frac{1}{4}$”和“剩下的$\frac{1}{4}$”，得出了答案$\frac{5}{8}$，说明他对分数的意义还是不太清楚。搞清楚了$\frac{1}{2}$，搞不清楚$\frac{1}{4}$，似乎将思路又一次引入了歧途。于是有了接下来一系列的师生之间的讨论和争论，包括可以用不同的图形展示(体现几何直观的重要性)，最后确定了正确的方法。

三、“多声”到“共声”，让数学学习真正发生

“多声”让每一个学生都参与到学习过程之中，从而使不同的想法不断地出现和碰撞，最终揭示本质，凝聚共识，形成“共声”。

在这个过程中，学生独立思考，创造性地解决问题。有了独立思考，才有不同的想法，才能产生思维的碰撞、思考的质疑，才能去伪存真。在这个过程中，学生对问题提出疑问、提出不同的意见。对不同的方法产生质疑是学生深入思考的结果，对不同的答案的质疑是产生新想法的基础，论证的过程不可缺少，更是学生批判性思维养成的重要条件。在这个过程中，学生逐步聚焦问题的本质——“同样的分数单位才能相加减”，承接整数加减法相同数位相加的算理，蕴含着通分的道理。在这个过程中，学生学习和体会用几何直观等方法解决问题，思考解决复杂的问题时什么样的图更能反映问题的本质，更有助于解决问题，从而不断探索和改进，发展几何直观。

如此，从“多声”到“共声”，揭示数学知识的本质与联系，改变学生的已有认知，让数学学习真正发生。

让学习真正发生，只有学生“多声”是不够的，教师的声音也不可少。课堂上，教师以亲切的声音“不断给学生释放信号”，表明希望同学们“把自己真实的想法敞亮和大家交流”，为课堂的“多声”创造宽松、安全、开放的环境。在想听、会听、善听学生“多声”的基础上，教师需要充分发挥引导、组织的作用，走进学生的心灵世界，探知学生思维“在哪里”，到达何种程度，会出现哪些问题，以自己的声音把学生的思维引向深入，帮助学生克服根植于头脑中的学习误区。教师的声音要“高”于学生，既聚焦本节课的核心内容，也将其与已学知识联系贯通（如本节课上贲老师把分数的同分母相加与整数相加的数位对齐联系起来，让学生深刻理解共同的算理）；既倾听学生的“多声”，也不是任其“漫”“散”，而是及时发现学生“多声”中折射出的问题，抓住疑点、难点，突出重点、关键点，一抓到底，弄个

水落石出。如本节课上，学生得出“$\frac{1}{2}+\frac{1}{4}=\frac{5}{8}$”这个错误答案，是贲老师课前不曾预设到的。他抓住这个疑难问题，紧追不舍，引导学生深入探讨，终于弄清了问题的症结——“对整体或单位1的理解有误”。而这，恰恰是分数学习的一大难点。

这样，学生、教师的“多声”都有了。从“多声”到“共声”，回归问题的本质，就构成了一个完整的课堂。

（**马云鹏**，教授，博士生导师，东北师范大学。）

明明白白地教，清清楚楚地学

——《比的认识》教学与思考

【教学内容】

小学数学六年级上册《比的认识》。

【教学目标】

1. 在具体情境中理解比的意义，掌握比的读、写方法，知道比的各部分名称，会计算比值。

2. 在认识、理解比的意义过程中，进一步体会数学知识之间的联系，培养观察、分析、比较、综合、抽象、概括等能力，感受数学的应用价值。

【教学准备】

课前，学生独立、自主完成“研究学习”材料，如图 1。

1. 搜集生活中看到的“比”，用自己的话解释这些“比”。

2. “比”与我们学过的什么数学知识有联系？

3. 关于“比”，我还知道什么？

4. 关于“比”，我的疑问：________________。

图 1

【教学过程】

扫码看一看

一、揭示课题

师：这节数学课，我们交流学习什么？（生：比的认识。教师板书：比）我们一起来认识比，看到“比”这个字，会想到一个词。

生：比较。

生：我想到的是对比。

生：比例。

师：刚才说到哪三个词？

生：比较、对比、比例。

二、交流学习

1. 交流关于“比”的已有认识

师：（指屏幕上展示的“研究学习”材料）课前我们做了这份材料，第一题，搜集生活中看到的比，并且要怎么样？（生：解释）有一位同学，她收集的比，给我留下很深刻的印象，我们一起来看看。掌声有请33号同学和我们交流。

生：（出示图2）我找到的是，一杯饮料中果汁和水的比例是8∶3，我的身高是我爸爸的$\frac{5}{6}$，爸爸比我高$\frac{1}{5}$。

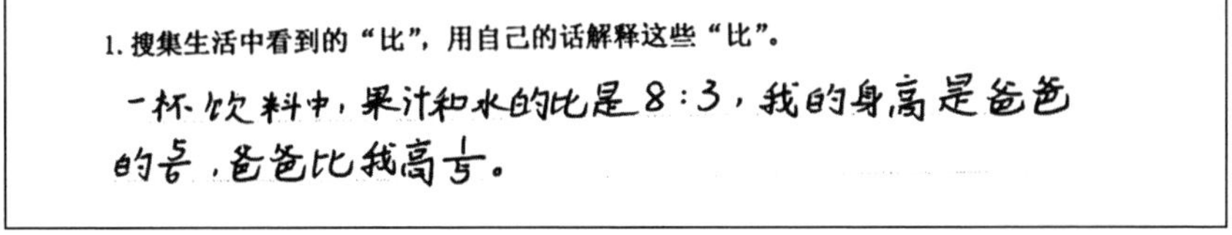
1. 搜集生活中看到的“比”，用自己的话解释这些“比”。

一杯饮料中，果汁和水的比是8∶3，我的身高是爸爸的$\frac{5}{6}$，爸爸比我高$\frac{1}{5}$。

图2

师：（教师示意学生暂停交流，并用白纸遮住展示的内容）她找了两个例子。第一个例子，你记得吗？

生：一杯果汁中果汁和水的比是8∶3。

师：我简要记录一下，（教师板书“果汁”“水”“8∶3”。然后指着中间的比号）中间这两个点叫什么知道吗？

生：比号。

师：比号前面的数，叫什么？

生：前项。

（教师板书：前项。然后指后项“3”，学生口答“后项”后，教师板书“后项”。再展示学生的材料，即图2。）

师：这是她的第一个例子。第二个例子讲的是什么？

生：身高。

师：她的身高和她爸爸的身高，有比吗？我们一起来看看，她是怎么说的。

生：我的身高是爸爸的$\frac{5}{6}$。

师：$\frac{5}{6}$是一个什么数？

生：分数。

师：“我”的身高是爸爸身高的$\frac{5}{6}$，能不能根据这个分数写出一个比？

生：5∶6。

师：你怎么想到5∶6的？

生：$\frac{5}{6}$就是5÷6，像刚才的8∶3也可以说成是三分之八。

师：你说到了前面的例子。先看$\frac{5}{6}$，“我”的身高是几份？爸爸的身高呢？

生：“我”的身高5份，爸爸身高是6份。

师：于是得到一个比——5∶6。（板书“我”“爸”“5∶6”）第二个例子，没写比，但是看到了比。“我”的身高与爸爸身高的比是——5∶6，“我”的身高是爸爸身高的——$\frac{5}{6}$。

师：刚才从这个分数想到了什么？

生：比。

师：再读一下。

生：5∶6。

师：（指8∶3）再读这个比。

生：8∶3。

师：从这个比，你能不能像他那样想到分数？

生：果汁是水的$\frac{8}{3}$。水是果汁的$\frac{3}{8}$。

师：她的两个例子，前一个例子写的是“比”，从“比”我们想到了什么？（生：分数）后一个例子写的是“分数”，从“分数”又想到什么？（生：比）掌声欢送。（在全班学生的掌声中，学号33号的学生回到座位）她的例子，大家都看到了，再看你的例子和她的一样还是不一样，不一样的举手。

生：中国人数和美国人数的比约是14∶3。

（教师板书“中”“美”“14∶3”。）

生：苹果的价格是5元每斤，橙子每斤价格比苹果每斤价格多5元。

师：说出比了吗？

生：应该是10∶5或者5∶10。

师：要说清楚谁和谁的比。10∶5是谁和谁的比？

生：10∶5是橙子的单价比苹果的单价，苹果单价和橙子单价的比是5∶10。

师：他这么一说，恰恰提醒了我们，比的前项与后项的位置是可以交换的。（指板书的“14∶3”）例如刚才的14∶3，如果写成3∶14，那是谁比谁了？

生：（齐）美国人数与中国人数的比。

师:(示意举"苹果与橙子"例子的学生的同桌发言)你的例子是什么?

生:这场比赛的比分是5∶7。

生:我觉得这不算比。如果有场比赛有一方是0分呢?如果这么写后面会有一个索性就不需要写了吗?如果是0的话,就根本不需要写。

师:谁听懂他的意思了?

生:他的意思是,如果比赛中有一个队伍没有得任何1分的话,是不是就可以不写了?

师:我们举个例子。乒乓球比赛,熟悉吗?(生:熟悉)乒乓球比赛一局得多少分为赢?(生:11分)甲、乙两人比赛,第一局,甲赢了。猜猜比分。

生:11∶9。

生:有没有可能是11∶0呢?

师:第一局11∶9。(板书"甲""乙""11∶9")第二局,还真是11∶0。他的意思是第二局的比分就不要写0了,只要写个11,这样可以吗?(学生纷纷表示"不行"。教师板书"11∶0")其实这两人水平很接近,第一局11∶9,甲赢了。第二局,乙发挥怎么样?(生:失常)这个词用得好,乙发挥失常了,所以是11∶0。第三局,乙的状态又回过来了。但很遗憾,第三局比赛非常激烈,最后甲险胜了乙。猜猜第三局的比分。

生:13∶12。

师:有没有同学要补充?

生:他总共才要得11分,所以是11∶10。

师:乒乓球比赛还有一个规则,比赛两方最后得分必须至少相差两分。11∶10,比赛没结束。接下来猜猜比分是多少?

生:12∶10。

师:(板书:12∶10)乒乓球比赛,五局三胜,现在是谁胜了?

生:甲。

师:我们会说,甲几比几赢了?

生：3∶0。

（教师板书：3∶0。）

2. 生成新问题

师：我们说着说着，交流了这么多比。一起来读一读，看这些比，有没有觉得哪些比还有点特殊，或者，你有什么问题。

（学生齐读黑板上的“比”。）

生：老师，比可以转化成分数，分数也可以转化成比。（指12∶10）但是这两个双数，不可以约分吗？

师：会思考！之前的第一个例子，这个比可以转化成分数，我们说果汁是水的——$\frac{8}{3}$，水是果汁的——$\frac{3}{8}$，分数和比是可以相互转化的。他的问题，12∶10，如果按照分数那样约分的话，就变成几比几了？

生：6∶5。

师：你觉得有问题吗？

生：甲只比乙多1分，应该要多2分才能赢。

师：看来这里不能约分。我们再看果汁和水，把它可以像约分那样约的话，8∶3调整成8∶4，可不可以约分？

生：可以，是2∶1。

师：你觉得这个可以。问题来了，（指果汁与水的比）这儿可以像约分那样去做，（指乒乓球比分12∶10）这就不行了。这是怎么回事呢？他的想法恰恰让我们产生了新的问题，是不是？掌声送给男孩！

（全班鼓掌。）

生：既然比可以转换成分数，那3∶0该怎么转换成分数？

师：（指果汁和水的比）刚才这转换成分数是多少的？（生：$\frac{3}{8}$或者$\frac{8}{3}$）但0不能作为分母，又有新的问题了。学习，就应该像刚才两位同学这样，看一看，想一想，是不是有新的问题。

3. 认识“比表示相差关系与倍数关系”

师：咱们回到“比”来思考。说到“比”，大家想到第一个词就是“比较”，我们很早就会比较。比如一个苹果大，一个苹果小，你会比大小。上小学以后，一年级我们怎么比较呢？举个例子，我有 20 本书，他有 5 本书，为了便于表达，这样说，甲有 20 本书，乙有 5 本，会比较吗？

生：可以，20∶5。

师：这是六年级的比较，一年级是怎样比较的？

生：20 比 5 多 15，20－5＝15(本)。

师：我们会说，甲比乙多 15 本。乙比甲——少 15 本。甲与乙——相差 15 本。这其实就是说的甲和乙之间的一种关系，这是一种——相差关系。(板书：相差关系)二年级，我们会怎么比呢？刚才用减法算的。

生：用除法算，算式是 20÷5＝4。

师：比较的这句话，全班一起说。

生：甲的本数是乙的 4 倍。

师：二年级会用 20÷5，到五年级还会用 5÷20。也就是说，乙的本数是甲的——$\frac{1}{4}$。两句话，我们再说一遍。

生：甲的本数是乙的 4 倍，乙的本数是甲的$\frac{1}{4}$。

师：这说的是两人本数的什么关系？

生：倍数关系。

师：(板书：倍数关系)对，这说的是倍数关系。回头看看这些比，你有没有感觉到，有些比，它只能表示相差关系，不能是倍数关系。

生：打乒乓球的分数的比只能是相差关系，不能是倍数关系，因为如果是倍数关系的话是可以约分的。

师：(指 3∶0)甲比乙多赢了几局？(学生回答“3 局”。教师指乒乓球比分 12∶10)差几分？(学生回答“2 分”。教师指乒乓球比赛的 4 个比)

刚才女孩发现，这些比都是什么关系？（生：相差关系）它不是倍数关系，所以就不能像约分那样来约分。当它们表示相差关系的时候，这后项可以是 0 吗？

生：可以。

师：数学上，我们通常不研究这样相差关系的比，（在相差关系与倍数关系之间画上分隔线）我们研究的是什么？

生：倍数关系。

师：我们再读读这些比，体会一下。

（学生读黑板上板书的前 3 个比。）

4. 认识“比表示对应关系”

师：（出示图 3）再看我找的例子，自己读。（学生自由读）有比吗？

> **走一段 900 米长的山路，小军用了 15 分钟，小伟用了 20 分钟。**

图 3

生：15∶20。

师：（板书：15∶20）他说的比，15 是什么？20 呢？

生：15 是小军用的时间，20 是小伟用的时间。这个应该可以约分。

师：像约分一样化简，也就把前项、后项同时除以 5，就等于多少？（生：3∶4）他说这个可以约分，是不是应该有掌声鼓励一下？（全班鼓掌。教师板书：20∶15）说到 15∶20，马上想到 20∶15，可以吗？

生：可以。

师：这是谁比谁？

生：20 是小伟用的时间，15 是小军用的时间。小伟用的时间与小军用的时间之比是 20∶15。

师：这两个比写出来，想到之前有同学也提醒我们了，前项与后项的位置可以怎样？（生：交换）但表示的意思一样吗？

生：不一样。

师：（分别指着板书的 15∶20 和 20∶15）这是小军的时间比小伟的时间，这是小伟的时间比小军的时间。有了两个“比”，还有“比”吗？

生：小军的速度和小伟的速度。

师：他说了一个词——速度。小军的速度是多少？

生：小军的速度是 900÷15。

师：刚才他说 900÷15，我能不能写成 900∶15 呢？

（板书：900∶15。）

生：感觉可以，比号可以当除号使用。

师：他说比号可以当除号使用，换句话说，这个比号就相当于什么？（生：除号）900∶15，能算出来吗？

生：60。

师：小军 15 分钟走了 900 米，那 60 的单位是什么？

（学生口述，教师板书：米/分。）

师：说完了“小军”，马上能说什么？

（教师随机抽报学号 39 号的学生回答。）

生：小伟是 900∶20，是 45 米/分。

师：（板书：900∶20＝45 米/分）刚才我们说比号前面的数叫什么？（生：前项）比号后面的数呢？（生：后项。教师指“60”“45”）那这两个数叫什么呢？

生：比值。

师：（板书：比值）“值”就是“大小”的意思，比值就是比的大小。怎么算比值呢？（生：前项除以后项）我们发现了，比和除法有关系，比和分数有关系。这两个比，一起读一读。（学生齐读。教师依次指板书的 4 个比的前项与后项）900 是——长度，15 是——时间，单位是——分钟；再看，20 是——时间，15 是——时间。14 亿——人数，3 亿——人数。“我”的身高是5份，5份是150厘米，可以吗？“我”的身高是150厘米，那爸爸的身高呢？

生：180厘米。

师：果汁和水的比是8∶3，8份果汁是80毫升，那水是多少毫升？

生：30毫升。

师：说完这些，回顾一下你有没有新的发现？

生：只有900∶15和900∶20，它们前项和后项的单位不同。

师：刚才他说什么，你听到了吗？

生：他说前项和后项的单位不同。

师：哪两个比的前项和后项单位不一样？

生：900∶15，还有900∶20。

师：前面的那些比呢？

生：前项、后项的单位都是一样的。

师：单位一样的量，我们通常称为什么？

（教师板书：同类量。）

生：同类量。

师：同类量，你是分钟，我也是分钟；你是厘米，我也是厘米。那单位不一样的量叫什么呢？

生：不同类量。

（教师板书：不同类量。）

师：刚才我们说了，比可以表示同类量之间的——倍数关系。那不同类量呢？

（教师板书：对应关系。）

生：（齐）对应关系。

师：对于小军来说，15分钟对应的是——900米，1分钟对应的是——60米，2分钟对应的是——120米，3分钟对应的是——180米。对于小伟来说，20分钟对应的是——900米，1分钟对应的是——45米。

不同类量，它们前项与后项之间是什么关系？

生：对应关系。

三、学习回顾

师：（指板书，如图4）现在来回顾一下，今天这节课我们认识了什么？

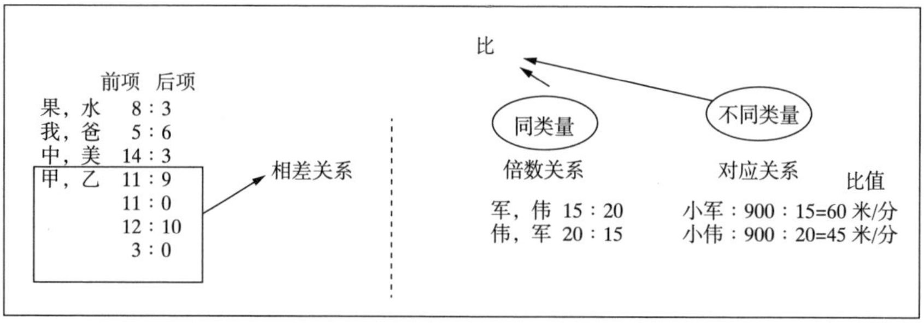

图4

生：比。

师：有一种比，我们数学上不研究，这种比的前项与后项是什么关系？（生：相差关系）如体育比赛的那些比。我们研究的比，如果前项与后项是同类量，它们表示什么关系？（生：倍数关系）如果前项与后项是不同类量，它们表示什么关系？（生：对应关系）把这几个词读一读，体会一下。

生：（齐）同类量，倍数关系；不同类量，对应关系。

师：比，表示一种关系。

四、课堂练习

1. 完成第一组题

（教师出示下页图5。学生填写之后，教师请学生汇报是如何填写的。教师在展示的材料中填写：9∶10，$\frac{9}{10}$；13∶20，$\frac{13}{20}$；15∶3，5；10.8∶2，5.4。其他学生核对自己填写是否正确。）

练一练

1. 小强和大强投篮情况如下表：

	小强	大强
投篮次数	10	20
投中次数	9	13

(1)小强投中的次数与投篮总次数的比是__________，比值是________。

(2)大强投中的次数与投篮总次数的比是__________，比值是________。

2. 两种苹果的总价和数量如下表：

品种	总价/元	数量/千克
A	15	3
B	10.8	2

(1)A 品种苹果的总价与数量的比是__________，比值是________。

(2)B 品种苹果的总价与数量的比是__________，比值是________。

图 5

师：我们看这里的 4 个比。9∶10 和 13∶20，它们是倍数关系还是对应关系？

生：倍数关系。

师：为什么？

生：因为是小强投中次数与投篮总次数的比，它们是同类量。

师：9 是 9 次，10 是 10 次，9 次、10 次，是同类量还是不同类量？

生：同类量。

师：13∶20 是什么关系？

生：倍数关系。

师：再看 15∶3 和 10.8∶2。

生：对应关系。前项是总价多少元，后项是数量多少千克，它们是不同类量，表示对应关系。

师：我们再看看，小强与大强，谁投篮投得准？

生：小强。

师：看比值看出来了，对吧？其实也就是在比较两个比的比值大小，那A苹果与B苹果，谁贵？

生：B苹果。

师：怎么看出来的？

生：看比值。

师：看比值，也就是看比。再看小军与小伟，谁快？

生：小军。

师：也是看比值、看比，对吧？我们发现通过比，能比出谁投得准，谁价格贵，谁跑得快。比，就像我们用的什么？（板书：尺子）比像尺子，可以去进行比较。

2. 完成第二组题

师：（出示图6）看这个图，你能想到哪些比？

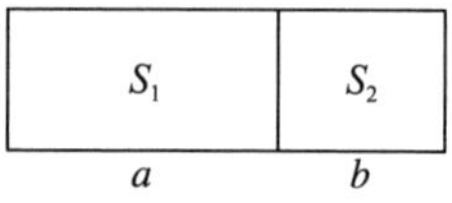

图6

生：$a:b$。

师：她说了一个比，$a:b$，赞同就应该怎么样？有不同想法要怎么样？

（学生鼓掌后纷纷举手。）

生：$S_1:S_2$。

生：$S_1:a$。

生：$(a+b):(S_1+S_2)$。

生：$S_1:b$。

师：我们回头看，两个长方形，a 表示什么？

生：长度。

师：b 表示什么？（生：长度）S_1 表示什么？（生：面积）S_2 表示什么？（生：面积）现在我们看，$a:b$ 就是左边长方形和右边长方形什么的比？

生：长度的比。

师：这表示什么关系？（生：倍数关系）再看，S_1 是左边长方形面积，

S_2 是右边长方形面积，$S_1 : S_2$，什么关系？

生：倍数关系。

师：再看 $S_1 : a$。

生：对应关系。

师：用面积比长就得到什么？

生：宽。

师：不过，要是 $S_1 : b$，怎么解释？想一想，能不能解释清楚？单位不同的量，叫什么？

生：不同类量。

师：两个不同类量的比，表示什么关系？（生：对应关系）S_1 和 b，它们是不是对应的？这幅图，还可以写出很多比。例如，说到 $a : b$，可以想到 $b : a$。有没有想过，这里有没有哪些比是相等的？这个问题留给大家下课以后琢磨。好，下课！

【教学思考】

扫码听一听

什么叫“比”？作为数学教师，我们会作出怎样的回答？我们很熟悉苏教版小学数学教材中的一句话：“两个数相除又叫作两个数的比。”不过，当下不同版本的数学教材中，这句话的表达略有差异。让我们对其稍做比较：人教版教材，两个数的比，表示两个数相除①；北师大版教材，两个数相除，又叫作这两个数的比②；苏教版教材，两个数相除，又可以叫作两个数的比③。我们是否有过追问：既然两个数相除又叫作两个数的比，那有了除法，为什么还要有比？

以往教学中，教师让学生举例在哪儿见过“比”，有学生举例比赛中的

① 人民教育出版社课程教材研究所小学数学教材编委会. 义务教育教材数学（六年级上册）[M]. 北京：人民教育出版社，2022：47.

② 刘坚，孔企平，张丹. 义务教育教材数学（六年级上册）[M]. 北京：北京师范大学出版社，2014：69.

③ 孙丽谷，王林. 义务教育教材数学（六年级上册）[M]. 南京：江苏教育出版社，2014：54.

“比”。例如足球比赛的 3∶0，篮球比赛的 68∶53 等。教师会指出，这不是数学上的“比”。为什么体育比赛中的“比”就不是数学上的“比”？教师会解释，数学上的比的后项不能为 0。学生很纳闷，但就这样糊里糊涂地记住：体育比赛中的比，不是数学中的比。

对于“比”，是否存在教师并没有深刻理解“比”的含义的情况？也就是说，上完这节课的学生所知晓的内容，会不会是不清晰、不全面的？

因此，教学“比”，教师先要认识“比”，才能引导学生认识“比”。

一、教师“先学后教”，认识比

对于比是什么，王永老师做了梳理，有三种解释。一是 1999 年版《辞海》：比是表示两个量倍数关系的记录。二是大陆小学数学教材：比是表示两个数相除关系的记录。三是台湾小学数学教材：比是表示两个量对等关系的记录。王永老师指出，比源于度量，度量解决了物体可度量的属性的可比性，比却能够解决物体不可度量的属性的可比性。① 这就是比的本质。

张奠宙教授对比作出了 6 点分析：(1) 比是一种数量关系。比不是除法运算，只是在求比值时才要用除法。(2) 比是为比例做准备，并可以扩展为一种变量之间的正比例函数关系。这种比例关系，其含义远超“除法”。(3) 比原本是同类量的比较关系，但是也可以推广到不是“同类量”的情形。不过，同类量之比是“源”，不同类量之比只是“流”。(4) 不同类量的比，不宜作为比的主要情境引入。(5) 同类量的比值没有量纲，不同类量的比值一定会有量纲。(6) 把“两个数相除，又叫作两个数的比”作为比的定义，乃是舍本逐末。②

学生常常会问“比是谁发明的？什么时候有了比？”这样由来性的问

① 王永. 比是什么——台湾地区关于“比”的教材改革的启示[J]. 小学教学(数学版)，2009(6)：43—44.

② 张奠宙，巩子坤，任敏龙，张园，殷文娣. 小学数学教材中的大道理[M]. 上海：上海教育出版社，2014：173—176.

题。为此，我们需要梳理一下“比”的发展历程。

古希腊欧几里得给出了18个关于量、比和比例的定义[①]其中一部分如下：

（1）当一个较小量能尽一个较大量时，把较小量叫作较大量的部分。

（2）当一个较大量能被较小量尽时，把较大量叫作较小量的倍量。

（3）两个同类量之间的大小关系叫作比。

（4）当一个量几倍以后能大于另一个量，则说两个量有一个比。

（5）有四个量，第一量比第二量与第三量比第四量叫作有相同比，如果对第一与第三量取任何同倍数，又对第二与第四量取任何同倍数，而第一与第二倍量之间依次有大于、等于或小于的关系，便有第三与第四倍量之间相应的关系。

（6）有相同比的四个量叫作成比例的量。

郜舒竹教授对古今中外有关“比”的文献做了梳理研究，他指出，从历史的视角看，比最初的意义，是几何中同类量之间的“关系（Relation）”[②]。同类量，指的是相同类别度量单位的量，因此长度和长度之间存在比；而长度和面积属于异类量，二者之间不可比，即不存在比。

19世纪英国数学家德·摩根，认为欧几里得关于“比是关系”的说法过于笼统，是“无意义（Nonsense）”的定义，应当用“包含（Contain）”表述这样的关系。即两条线段长度的比，实质是看较长的线段包含多少较短的线段。

诸如此类的认识，使得比从几何领域逐渐进入算术领域，而且与算术中除法运算的被除数包含除数的意义非常接近，因此在算术中往往把比与除法划等号。比的意义经历了逐步进化的过程，从最初的认识是几何中同类量之间的关系，逐渐发展为与算术中的除法运算建立联系，除法运

---

① 欧几里得. 几何原本[M]. 兰纪正，朱恩宽译. 梁宗巨，张毓新，徐伯谦校. 西安：陕西科学技术出版社，1990.

② 郜舒竹. 释“比”[J]. 教学月刊（小学版），2021(6)：4—8.

算成为表达这种关系的方法。

比的意义主要表现为两种：一种是“关系说”，即“比是关系”；另一种是“运算说”，即“比是除法”。从比的“关系说”和“运算说”的关系来看，两者不是非此即彼的排斥关系，而是相互补充、相互依赖的关系。而两个异类量之间比的出现，是建立在欧几里得提出的“同类量之间存在比”的基础上的。

美国加利福尼亚麦克劳出版社于 2008 年出版的数学教材《加州数学》中，对“比”是这样定义的：比是运用除法对两个量的比较。这个定义综合了比的“关系说”和“运算说”两种意义，将比视为比较的认知活动，将除法运算视为比较的工具或手段。也就是说，比首先不是运算，是对事物之间量的比较的过程，比较过程中发现关系，而后对关系进行表达，运算是这一过程中可能使用的工具和方法。

至此，我们梳理一下对比的认识。比具有“关系”和“运算”两种意义，当下数学教材中呈现的是比的“运算”意义。而课堂教学，应将“比是关系”与“比是除法”辩证对待，让学生有机会经历“比是关系”的认知全过程。

再梳理一下“比”与“除法”的不同。首先，比与除法的概念不同，除法是一种运算，a 与 b 的比指的是“$a : b$”这个式子。其次，比与除法的目的不同，除法的目的是求商，比的主要目的不是求比值，我们一般将比化成最简整数比，这是为了表示两数之间的倍数关系或它们在总数中所占的份数。三个或更多的数的连比不能看作连除，也不能看作除法算式，只能表示几个数之间的倍数关系或它们在总数中所占的份数。因此，我们在教学过程中，不能简单将比与除法进行类比迁移。

当教师对比有了进一步的认识之后，对于课堂中学生学什么，头脑中的思路也就更清晰了。“先学后教”，是否还可以做这样的解释：教师先“学”，然后“教”学生学。

二、教师“顺学而教”，引导学生认识比

比，要学什么？比的定义，比的各部分名称，求比值，比与除法、分数的关系，比的基本性质，化简比，按比例分配，比例……当我们一下子将教材中的这些内容罗列出来时，我们要确定核心学习内容，在《比的认识》第一课时，聚焦比的意义，认识“比是关系”，渗透其他相关内容的学习。将所学内容看作一个整体，在整体观念下，以“辨”的方式认识比，以“带”的方式学习比的各部分名称，求比值，渗透比例思想。理解在课堂教学后，学生要对比形成怎样的认识，也就解决了“学什么”“教什么”的问题。接着，再探寻学生如何学，教师如何教的问题。

比的学习，如何基于学生已有的数学现实？学生对比有怎样的了解？就我设计的课前任务而论，搜集生活中看到的比，并且用自己的话解释这些比。随后的课堂中，先组织学生展示他们所搜集的比，认其形，并在解释与交流的过程中初步将比与分数、除法关联起来，生成新的问题：比，能否像分数那样约分？由此，形成学生对比的第一次认知冲突，推动学生从“形”的认识走向对其意义的理解。

“比”这一概念的本源是比较。对于数量关系的比较，通常有两种方法：一种是比较两个数量的差数；另一种是比较两个数量的倍数（其结果称为比值）。学生回顾一至五年级与“比较”有关的数学问题，梳理出“相差关系”与“倍数关系”。再回看之前交流的比的例子，学生认识到体育比赛中的比表示的是相差关系。至此，对于体育比赛的比是不是表示倍数关系的比这个问题，学生也能游刃有余地解答清楚了。

之后，教师出示一段文字材料，让学生从中找出比，并把学生找出的不同类量的比与之前的同类量的比进行比较，提出“回顾一下，你有没有新的发现”。由此生成学生对比的第二次认知冲突，进而认识同类量之间的比表示“倍数关系”，不同类量之间的比表示“对应关系”。此后的练习，进一步加深学生对“比表示关系”的认识。

这节课，学生对“比是关系”的认识，经历由迷惑到明白，由模糊到认

清的过程。他们的思维从平衡到失衡，再到形成新的平衡，深度建构了对学习内容的理解。

回顾《比的认识》这节课的教学，如果教师不明白比，能教明白吗？当教师教不明白时，学生能学清楚吗？教师还要明白：教师明白不等于学生清楚。教什么，学什么，如何教，如何学，这都是教师要不断探索并解决的问题。而这，不仅仅在于比的教学。

扫码问一问

儿童的“大观念”是如何诞生的？

——评贲友林老师《比的认识》一课

□ 吕林海

扫码听一听

“大观念”可谓当前课程改革的一个热词。如果我们超越对于这个概念的“形式化论争”，如内涵、特征、类型等，而走向一种更深的“机制性探讨”或“学习化探讨”（即儿童如何生成“大观念”或如何通过学习去建构“大观念”），或许这是一个对一线教学实践更有启示意义的视角。从学习科学的最新发展也可以看到，学习科学家们都秉持着“‘大观念’对于儿童形成更深的意义理解非常关键”这一共识理念，但“何以生成‘大观念’”，其实着墨并不多，这恰是一个“研究的缝隙”。当人类对于某种“生成机制”尚不清楚的时候，“走进案例”其实是一条有效的探究路径。“大观念”的生成机制，同样需要在真实课例的启发下才有可能形成更深的内涵建构，本文基于特级教师贲友林的一节《比的认识》课例解析，探究如下关键问题：儿童的“大观念”究竟是如何诞生的？

一、“大观念”：一种更深的意义建构

“大观念”，是一种比较性的表达，它一定是“相对某种对象而言”的“大观念”。在《比的认识》这节课中，学生要建构的“大观念”就是“相对于比而言的大观念”。而在这个“相对”的过程中，“比”是下位的，“比的大观念”是上位的；“比”是表层的，“比的大观念”是深层的。学生在本节课中，不仅仅要学习比的各种知识，如定义、特征、符号等，还要走到比的背后去，去建构比的更深的、更具有解释力的意义，这就是在建构“比的大

观念”。

如果用建筑做比喻，那么，看得见的楼房是表层的，支撑楼房的地基与框架则是深层的，它们是决定楼房特征的根本，它们就是楼房的“大观念”。因此，只停留于对楼房的外观浏览，观看者只能是一种浮光掠影地观其大略，甚至难以领悟其中堂奥。比，不仅仅是一种比例、比值，也不仅仅是除法，这只是一种知识意义上的表层特质；比本质上是一种“关系”，这种关系不是一种“相差关系”，而是一种“倍数关系”和“对应关系”。如何让学生更深地建构出“比的非相差关系”这一“大观念”的内蕴深意，恰恰是贲友林老师本节课的设计要点。

哲学家约翰·杜威指出，“儿童的概念是从他看过、听过的等所积累的经验开始的……概念始于经验”。经验是儿童赖以建构“大观念”的基础。儿童从经验出发，不断对自身的经验加以改造，最后生成对自身过往经验的超越，其实就是“大观念”生成的基本路径。在这里，我们看到了杜威思想的穿透力，他所说的“经验的连续性”就在表明着一种教育持续向前的生长样态。正如他所说的，“经验的连续性原则意味着，每种经验既从过去经验中采纳了某些东西，同时又以某种方式改变未来经验的性质”，所以，这一过程即意味着，“教育过程即是生长过程”。儿童经验的生长，其实就是不断地为自身的经验赋予新的意义，这就是一种“基于自身经验的意义建构”。教师教学的价值恰恰在于，努力地推动学生的经验生长以及意义建构向着更有价值的方向展开，这个方向就是“大观念”的方向，它也是成人经验优于儿童经验之所在，更是教育存在的意义。

二、经验的自然激活：“大观念”的建构基础

“比的非相差关系”这一“大观念”，需要从学生的经验中自然地生成，这是“大观念”诞生的基础。每一个学生都有自己“初始的”“比的经验”。有的学生看到的比是“自己的身高与爸爸身高的比”，有的则看到“果汁和水的比”，有的则看到“美国人口与中国人口的比”，这些经验是“每一个”学生加工和建构的基础。“经验的激活”的意义，在于激发每个儿童在经验中形成联想，找到“暗示(suggested)”。

当一个学生说，自己的身高是父亲的身高的“$\frac{5}{6}$”时，他此时的经验是一种“整体且模糊的经验”，他其实已经或多或少地“想到了”其中蕴含着一种“基于份数的比较关系”。此时，他从自己身高 150 厘米和爸爸身高 180 厘米的现实“感知”中，初步地建构以“30 厘米为一份”的“份数比较”的意义。从“$\frac{5}{6}$”中能“暗示”出什么呢？教师此时的引导就是在启发着学生生成一种“暗示”，一种把“份数比较”的意义更加强化的过程。贲老师问:“如果‘我’的身高是 5 份，那么爸爸的身高是几份?”此时，学生的思维其实经历了一个小小的跳跃，即，他要在“猜到”“父亲身高为 6 份”的基础上，把除法与比联系起来，把除号和比号联系起来。

当贲老师鼓励性地问道:从这个除法关系和份数关系中能够想到什么呢？学生大胆地表达了自己的猜想——比。随后，贲老师在黑板上把“$\frac{5}{6}$”写成了“5∶6”。此时，学生的“除法经验”就上升为了“比的经验”。这个上升的过程，蕴含了“暗示”“猜想”“验证”等各种要素。但这个上升的过程，并没有特别的思维挑战度，从除法到比，这个思维的连接已经隐含在儿童过往的除法学习中了。虽然不用比来命名除法，但除法中的份数比较之思想，已经将这两者之间的思想通路基本搭建起来了。

在通过除法引发了比的意义之后，学生形成的“比的观念”又通过两个新经验(中国人口与美国人口的比、苹果单价与橙子单价的比)的应用而得到了验证。这个过程其实就是一个“思维的验证过程”。暗示，是一种联想，由“除法的经验”联想到了“比的意义”这一“大观念”。但思维的真实过程，是一种连续的过程，“比的意义”还需要在下一次的行动中或经验中得到论证。在新的下一次行动中，学生需要不断地为这个“大观念”添加证据。中国人口和美国人口的比，苹果的单价和橙子单价的比，这些新经验的激活，就是在对已经形成的“大观念”进行论证，提供“证实的证据”。

如果学生能够用前面得到的“比的意义”之“大观念”，来形成与新的“人数之比”“价格之比”相一致与协调的解释，那么，“比的意义”之“大观念”就初步稳定下来了，也算初步形成了。

三、从经验中寻找冲突:“大观念”建构的“关键一跃”

我们需要看到，儿童的经验是不断向前的，不断获得解放的。人的认识过程，就是不断地基于自身经验的再建构、再发展。学生此时对于“比的意义”的经验或理解，其实就是一种除法关系，一种基于份数的“除法机制”。但这个“大观念”是有局限性的，是可进一步发展的。但经验的进一步发展，仍然需要产生新的“暗示”。这种新的“暗示”，必须起于疑难、生于冲突，并由疑难和冲突而产生联想，这是新一轮的思维活动。

教师存在的重要意义，就在于他能够通过“安排那种不使学生厌恶、能引起学生活动兴趣的经验”，使学生的经验不断生长。杜威特别反对那种否定教师作用的“极端儿童经验主义”，他认为，“认为成年人的知识和技能对于未成年人的经验没有指导的价值”之观念，是一种“极端的非此即彼的哲学”。由此，教师的任务就在于，他能看到一种经验所指引的方向，他能用自己较为丰富的见识去帮助儿童组织经验的各种条件，“他要机敏地看到儿童的哪些态度、哪些习惯、哪些见识正在形成”。

比的除法机制，仍可进一步精致，以生成更加深刻的观念。但新的“暗示”仍然需要产生于经验，但这时的经验，需要对过往使用的经验形成一定的冲突与挑战。贲老师此时一直在等待班级中的这个“新经验”，直到一个学生说到了“体育比赛的比分之比”。此时，贲老师适时地引出了“他一直期待”的“经验追问”：乒乓球比赛中的 6∶5 和身高上的 6∶5 是否有差异？试图通过这样一个经验冲突之问，引发学生对于比的更深入的认识。

很明显，贲老师通过各种比分之比，如“11∶9”“12∶10”“11∶0”等，引发学生生成一个矛盾性的“暗示”——比赛中比分之比和前面的“可作为除法的比”是不一样的。特别是，极端的例子“11∶0”更是作为一个论据支撑“矛盾性的暗示”。由此，对于比的“大观念”初步诞生了，有两种类型的比：相差关系的比和相除关系的比。比赛得分的比是“相差关系的比”，而其他的比则可以转化为“相除关系的比”，这个“相除关系的比”才是数学意义上需要研究和关注的比。

本质上而言，儿童的“大观念”的建构过程是一种“信念的建构过程”。儿童所认为的“比是一种相除关系而非相差关系”之观念，是他们基于大量事实经验基础上的一个“信念”，需要不断地通过证据来证明这个“信念的正当性与正确性”。因此，关于比的“大观念”，对于儿童而言，是超越了各种“比的事实”之外而对这些事实经验的价值和意义所作出的测定，是对事物、原则或定律的性质所作出的一些断定。“比的信念”，起始之时包含着并无确定的知识，但同时却包含着“理智的和实际的信仰”，这种“信仰”引导着儿童或早或晚地去进行调查研究（即寻找支撑观念的论据），找出它们所依据的理由。

这节课中，果汁的比、身高的比，都让学生相信“比的可除性”，他们“想到的可除性”，其实就是源于他们“相信比就是这样的”，因此，“这样的相信”引导着学生提出其他的可支撑的论证证据与支持性信念并采取行动。比如，他们提出了颇具变化的“比分的比”，并进一步相信“这是不可除的比”，因而不是真正意义的“数学之比”。

四、对新经验的进一步精致：“大观念”的细节化建构

学生对于比的“大观念”之建构，此时已经初步生成。但杜威指明，经验是连续向前发展的。儿童的学习，就是一个经验不断生长的过程，也是一个观念不断得到澄明的过程。这里的经验生长，是一个“想象＋严密的思维”反复勾连的机制。在“大观念”形成的思维过程中，想象的活动（即为“暗示”的活动）总是出现于严密的思维之前，并为严密的思维做好准备。由此，可以认为，思想或观念是关于某物、某事、某种经验的心理上的印象，是主体建构出来的一种联想，是主体的一种思想跃迁活动，而严密的思维是这类印象（或联想、或暗示）的连续。

对于“相除关系的比”这一“大观念”，还可以引导学生继续展开联想，并进一步促发“严密推理”。此时，贲老师抛出了问题，“走一段 900 米长的山路，小军走了 15 分钟，小伟用了 20 分钟，这里有比吗”。学生自然会利用先前的经验——相除关系的比，来进行思考与建构。但这里有两种类型的比，一种是“时间之比”，即“15 ∶ 20”；另一种则是“路程与时间之比”，即“900 ∶ 15”和“900 ∶ 20”。贲老师随后引导，“这两类比有什么区别”。这需要引发学生的联想或猜想。学生首先要观察，差异究竟在哪里。突然，有学生想到，差别并不在形式上（都是比的形式），而是在前后项的单位上。“时间之比”的前后项单位是一样的，都是“分钟”；“路程与时间之比”的前后项单位是不一样的，即分别为“米”和“分钟”。尽管这两类比都是比，但它们都是比的不同类型，是比的进一步类化。此时，贲老师引出了分类——“倍数关系的比”和“对应关系的比”，前者如“时间之比”，后者则如“路程与时间的比”。直到此时，学生有关比的“大观念”达到了一个颇为“精致化”的阶段，他们不仅理解了“比的可相除性”，而且更深入地，理解了“比的两种关系”（倍数关系和对应关系）。

儿童有关比的经验的不断拓进，是随着疑难而生的。疑难常常源于教师的“方向性的启示或引导”。通过引导，儿童的“大观念”由生成到逐渐精致化。我们可以看到，真正的数学课堂，往往是由一条“大观念思想”所牵引的课堂。在这样的课堂中，“大观念”始终或隐或显地渗透在课堂的师生活动之中，师生完整的活动构成的是“单元”，而不是“碎片化的成分”。连贯的、有着精神主轴的课堂才是“单元课堂”，而彼此关联不大的活动构成的课堂，只能是“成分课堂”。通常，在碎片化的成分课堂中，学生的经验总是无法实现“连续向前的生长”，这“便不能激发他们的主动的好奇心，阻断了他们的理解力，于是他们开始采用另一种衡量学校课业价值和现实意义的尺度，这种尺度同衡量充满生机的实际生活的尺度绝不相同”[①]。在“单元课堂”中，一根潜藏其中的精神主轴就是“大观念”，它不仅引发着学生的经验不断生长，其自身也在此过程中不断“精致化”。

（**吕林海**，教授，博士生导师，南京大学教育研究院。）

① 约翰·杜威. 我们怎样思维·经验与教育[M]. 姜文闵，译. 北京：人民教育出版社，2005.

深入浅出地教,浅入深出地学

——《小数的意义》教学与思考

【教学内容】

小学数学五年级上册《小数的意义》。

【教学目标】

1. 在观察、比较、交流、分析等活动中,理解小数的意义,会进行小数的读写,发现小数与十进分数的联系。

2. 经历小数意义的探索过程,积累数学活动经验,发展数感,提升抽象、概括的能力。

3. 初步感悟整数、小数十进制计数法之间的关系,体会数学知识之间的联系,激发学习小数的兴趣。

【教学准备】

学生在课前独立、自主完成“研究学习”材料,如下页图1。

扫码看一看

【教学过程】

一、揭示课题

师:这节课我们学习什么?

生:小数的意义。

1.（1）1 分米等于几分之几米？写成小数是多少米？3 分米呢？

1 分米 $=\frac{(\quad)}{(\quad)}$ 米 $=(\quad)$ 米　　　3 分米 $=\frac{(\quad)}{(\quad)}$ 米 $=(\quad)$ 米

我是这样想的：________________。我是这样想的：________________。

（2）1 厘米等于几分之几米？写成小数是多少米？4 厘米呢？12 厘米呢？

（3）1 毫米等于几分之几米？写成小数是多少米？86 毫米呢？105 毫米呢？

（4）我的发现：____。

2. 小数和分数有什么联系？

3. 小数和整数有什么联系？

4. 我的疑问：____。

图 1

师：我们在三年级就学习了小数，今天我们继续认识小数，通过今天学习，大家要想一想，有什么新的想法、新的认识。

二、交流“研究学习”材料第 1 题的前 3 个小题

师：（屏幕展示空白的“研究学习”材料）课前做过这份材料。第 1 题，同桌两人互相交流一下：我是怎样想的，我是怎样做的。

（同桌交流后，有学生陆续举手。请听课教师任意报一个学生的座位号，该学生到前面与全班交流。）

生：（展示材料，如图 2）1 米分成 10 份，10 份的 1 份就是 $\frac{1}{10}$ 米。也就是 0.1 米。

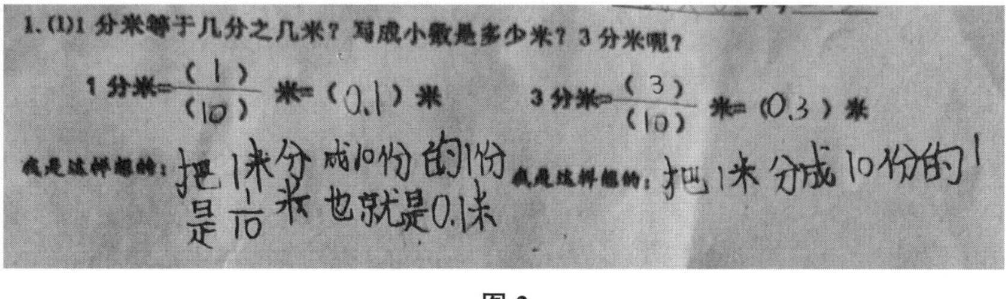

图 2

（教师请一个学生说说听懂了什么，该学生表示没听明白。教师请之前发言的学生再讲一遍，之后该学生陈述了出来。教师指出：上课，听明白了，就能说出来了。如果没有听明白，要告诉老师。）

师：（出示一把米尺）知道这根尺子多长吗？（生：1 米）把 1 米怎么样？（生：平均分成 10 份）这一份是多少？（生：$\frac{1}{10}$米）我们想到了一个分数，$\frac{1}{10}$。10 是分母，表示什么呢？（生：一共有 10 份）也就是平均分成了 10 份。分子 1 表示什么呢？（生：这 10 份里的 1 份）我们再来读一下这个分数$\frac{1}{10}$。（学生齐读）10 表示平均分的份数，1 表示其中的 1 份。还想到了一个小数是 0.1。（教师板书：$\frac{1}{10}=0.1$）谁能这样说说第二个算式？

生：3 分米$=\frac{3}{10}$米$=0.3$ 米。把 1 米平均分成 10 份，取其中的 3 份也就是$\frac{3}{10}$米，小数就是 0.3 米。

师：特别表扬一下，他说把 1 米平均分成 10 份，加上了"平均"两个字，这是之前漏掉的，这时候添上了。学习就是这样，之前表达有缺漏，后面要修正、完善。你再请一个同学说说你刚才是怎么讲的。

生：把 1 米平均分成了 10 份，取其中的 3 份就是$\frac{3}{10}$米，也就是 0.3 米。

（全班鼓掌。教师板书：$\frac{3}{10}=0.3$。教师出示"研究学习"材料第 1 题的第（2）小题，遮去学生课前所写的内容。）

生：1 厘米$=\frac{1}{100}$米。我是把 1 米平均分成 100 份……

师：暂停，他刚才说什么？

生：（齐）把 1 米平均分成 100 份。

师：马上想到了什么？（生：$\frac{1}{100}$）把 1 米平均分成 100 份，分数的分母就是 100。取其中的 1 份，那分子就是 1。把这个分数写成小数是多少？

生：零零点一米。

（教师愣了一下，然后让学生板书，学生板书：00.1。）

师：大家都是这样写的吗？

生：零点零一。

（教师让学生板书，学生板书：0.01。）

师：还有不同的写法吗？

（学生举手，陆续在黑板上写下了不同的写法。教师将各种写法分别标注序号，如图 3。组织学生小组讨论：你认为把$\frac{1}{100}$写成小数应该怎样写？你觉得哪种写法合理？哪些写法不对？为什么？学生讨论之后汇报交流。）

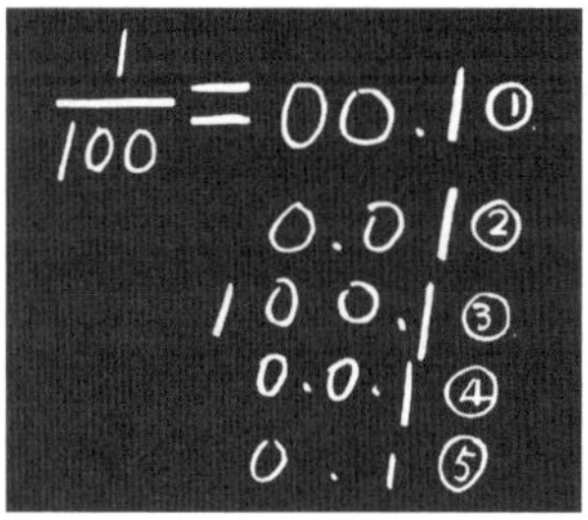

图 3

生：0.0.1，这种写法不对，小数里只应该有一个小数点。

师：小数点的作用是什么？

生：把小数的整数部分和小数部分分开。

师：如果有两个小数点，那整数部分、小数部分如何区分呢？如果写两个小数点，那是不是还会写 3 个小数点，4 个小数点……

（学生笑了。）

生（之前说写法是 00.1 的学生）：分数的分母 100，有两个 0，所以小数这里也应有两个 0。这样写，就是把分母 100“倒过来”，添上小数点，所以是 00.1。

生：我觉得 00.1 不对。整数部分是两个 0，也就相当于一个 0，这样写就是 0.1。前面说$\frac{1}{10}=0.1$，所以这里$\frac{1}{100}$不可能也等于 0.1。

生：第五种写法不对。

生：100.1是错的，这个小数已经大于1了，有100多了，而1厘米比1米小得多，写成的小数应该小于1。

生（之前说写法是100.1的学生）：原先我觉得分母应该写在整数部分，分子写在小数部分。现在知道这种写法错了。

师：通过刚才的讨论与交流，我们知道了，$\frac{1}{100}$可以写成小数，哪些写法不对？

生：写法①③④⑤。

（教师在序号①③④⑤后标注“×”。）

师：$\frac{1}{100}$写成小数是多少？

生：（齐）0.01。

（教师在序号③后标注“√”，然后示意前面汇报的学生继续邀请班上同学交流下面的题目。）

生：把1米平均分成100份，取其中的4份。分数是$\frac{4}{100}$，写成小数是0.04。

（教师板书：$\frac{4}{100}=0.04$。）

师：$\frac{4}{100}$里有几个$\frac{1}{100}$？

生：4个。

师：0.04里面有几个0.01？

生：4个。

师：继续交流12厘米。

生：把1米平均分成100份，取其中的12份。12厘米$=\frac{12}{100}$米$=$0.012米。

生:12 厘米有 12 个 1 厘米,1 厘米是 0.01 米,12 个 0.01 米是 0.12 米。

生:12 厘米,是 1 分米和 2 厘米,1 分米是 0.1 米,2 厘米是 0.02 米,合起来是 0.12 米。

生:如果是 0.012 米,那是$\frac{12}{1000}$米,也就是 12 毫米,不是 12 厘米。12 厘米,应该是 0.12 米。

师:通过刚刚的交流,我们知道了,$\frac{12}{100}$写成小数是多少?

生:0.12。

(教师板书:$\frac{12}{100}=0.12$。)

[出示第 1 题第(3)小题,邀请听课教师任意抽报学生的座位号并请抽到的学生汇报。]

生:1 毫米=0.001 米。把 1 米平均分成 1000 份,然后取其中的一份就是$\frac{1}{1000}$,写成小数就是 0.001 米。

(板书:$\frac{1}{1000}=0.001$。)

生:把 1 米平均分成 1000 份,取其中的 86 份,想到分数是$\frac{86}{1000}$,等于 0.086。

(板书:$\frac{86}{1000}=0.086$。)

生:把 1 米平均分成 1000 份,取其中的 105 份就是$\frac{105}{1000}$,等于零点一百零五。(发现读错,立刻自我纠正)等于零点一零五米。

师:(出示米尺)我们再看着米尺说一说。

生:把 1 米平均分成 1000 份,取其中的 105 份,等于 0.105。

师：（板书$\frac{105}{1000}$=0.105，指着0.105）这个数，怎么读？再读一遍。（生：零点一零五）有个问题，0.105为什么读作“零点一零五”，不读作“零点一百零五”？大家下课后琢磨琢磨这个问题。感谢女孩！她出了一个错，但是这个错引发我们对一个问题的思考。

三、观察、交流“发现”

师：黑板上写的这些数，我们一边读一边想，看看有没有什么发现？（教师指板书，如图4，全班学生读板书内容。）

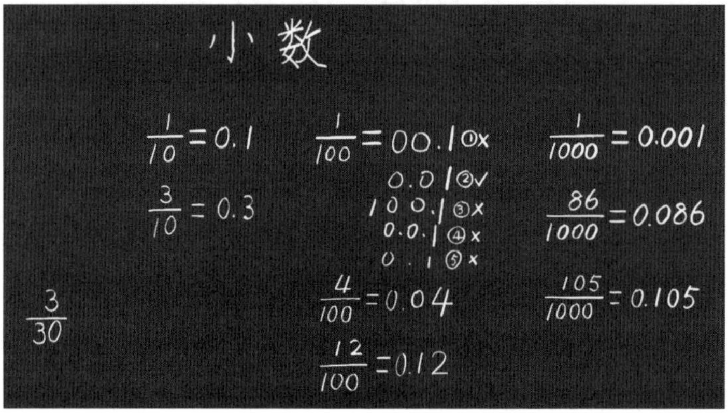

图4

生：我发现分母上有几个零，小数上就会有几个零。（教师请该生到前面指着黑板上的数讲解。学生先指$\frac{1}{10}$，然后指0.1）这里分母上有一个零，小数上有1个零；（学生先指$\frac{1}{100}$，然后指0.01）这里分母上有2个零，小数上有2个零；（学生先指$\frac{1}{1000}$，然后指0.001）这里分母上有3个零，小数上有3个零。

生：她刚刚说分母上有1个零，小数就有1个零，但这是在分子是1的情况下。如果分子不是1，那就没有这样的规律了。例如$\frac{12}{100}$分母上是

100,小数就没有这样的规律。(指$\frac{12}{100}$分母中的两个0,然后指0.12中的1个零)这里有2个零,但是小数里只有1个零。

师:这样的发言怎么样?(全班鼓掌)这是同学之间精彩的互动。(指$\frac{1}{10}$,0.1;$\frac{1}{100}$,0.01;$\frac{1}{1000}$,0.001)之前女生说分母上有1个零,小数中有1个零;分母上有2个零,小数中有2个零;分母上有3个零,小数中有3个零。这说的是分子是1的这些数,那分子不是1的呢?比如$\frac{12}{100}$,$\frac{105}{1000}$,$\frac{86}{1000}$,都不符合这样的规律。他的发现,是第1行有这样的规律,但到下面,就没有了这样的规律,对吗?

生:我发现分母上有几个零,小数点后面就有几个数字。比如这里$\frac{12}{100}$,这里分母上有2个零,小数点后面就是两位数;这里$\frac{105}{1000}$,分母上有3个零,小数点后面就是三位数。

(全班鼓掌。)

师:(对一个同学说)他说的,你听懂了吗?

生:听懂了。他说分母中有几个零,小数点后面就有几位数。

生:$\frac{86}{1000}$这里的分母有3个零,可是小数点后面只有两个数86。

生:这里是有三位数的,0.086这里是三位数,这个0是不可以忽略的,如果忽略了就改变了这个数的大小。

师:他说得好不好?(指0.086十分位上的0)这个0能不能忽略?如果忽略了,这个数就读作多少?(生:0.86)0.86和0.086大小一样吗?(生:不一样)掌声送给两位。刚才那个男孩发现了什么?

生:他说,分母上有几个零,小数点后面就有几个数字。

师:我们把他的发现理一理。(依次指第一列、第二列、第三列)他说分母这里有1个零，小数点后面就有1个数字；分母这里有2个零，小数点后面就有2个数字；分母这里有3个零，小数点后面就有3个数字。分母这里有1个零，它的分母是多少？（生：10）那这样的分数，我们就可以叫作——十分之几。（板书：十分之几。指第二列分母是100的分数）那这呢？（生：一百分之几）通常叫作百分之几。（板书：百分之几）下一列呢？（学生回答“千分之几”，教师板书：千分之几）非常棒！后面还有什么？（生：万分之几）万分之几，万，1后面有几个零？（生：4个0）小数点后面就有几位？

生：4位。

师：刚才说小数部分，那小数部分是以什么分界的？（生：小数点）小数点后面的叫作小数部分。（指第1列）小数点后面有几个数字？（生：1个数字）这样的小数叫一位小数，（板书：一位小数。再指第2列的小数）小数点后面有几个数字？（生：2个）这样的小数叫什么？（学生回答“两位小数”，教师板书：两位小数。再指着第3列）我们再看第3列的小数。（学生回答“三位小数”，教师板书：三位小数）现在，我们可以把男孩的发现换一种说法。十分之几可以写成一位小数。百分之几可以写成——两位小数，千分之几可以写成——三位小数。还可以这样说，一位小数表示十分之几，两位小数表示——百分之几，三位小数表示——千分之几，四位小数表示——万分之几。

生：我发现分数的分子上是多少，小数点后面就是多少。（教师示意该学生在板书的各分数、小数中用彩色粉笔描一描，边描边讲）就比如$\frac{3}{10}$=0.3。分子是3，小数点后面就是3，（同步将分子3和小数部分的3描成红色）$\frac{105}{1000}$，分子是105，小数点后面就是105。

（该生同步将分子105和小数部分的105描成红色。）

师：他这样一描、一讲，我们就都听懂了。（依次指$\frac{3}{10}$，0.3；$\frac{105}{1000}$，0.105；$\frac{12}{100}$，0.12）这里分子部分是3，小数部分就是3；这里分子是105，小数部分就是105；这里的分子是12，小数部分就是12。分子是几，小数部分就是几。之前同学说分母这里是一个0、两个0、三个0，那看的是分母。他看的是什么？（生：分子）对呀，他会观察，发现分子在小数部分出现了。学习过程中，当别人有了发现之后，要说说他精彩在哪儿。刚刚这位同学他哪里精彩？

生：别人看的是分母，他看的是分子。

生：我发现分数分母是整十、整百、整千这样的数，它的分子就对应着这样的小数。

师：他说，分母是10、100、1000的分数，我们把它写成了——一位小数，两位小数，三位小数。

生：老师，其实刚才他说的也不完全是，只是对于我们现在学的分母是十、百、千的成立，并不是所有分子都对应着小数部分。比如说，$\frac{3}{30}$的分子是3，把它们同时除以3，那就是$\frac{1}{10}$，也就是0.1，小数部分并不是3。

师：$\left(\text{板书：}\frac{3}{30}\right)$刚才他说了一个分数——$\frac{3}{30}$，它的分母是一个整十数，分子是3，但是化成小数，它就不是0.3了。（指着黑板上的分数）像这样分母是10、100、1000的分数，我们可以直接写成一位小数、两位小数、三位小数。说得更具体一点。

生：（齐）十分之几写成一位小数，百分之几写成两位小数，千分之几写成三位小数。

师：其实这说的就是分数、小数之间有联系。“研究学习”材料上有这样的问题,分数与小数有怎样的联系,大家可以把这几句话写下来。刚才探讨这些小数、分数的时候,有一个整数和它们关系特别密切。哪个数呢?

生:1。

师:(板书:1。出示米尺)一把米尺,1 米平均分成 10 份,一份是 0.1 米;平均分成 100 份,一份是 0.01 米;平均分成 1000 份,一份就是 0.001 米。我们仔细体会一下,是把什么平均分的?(生:1 米)用数来说,是多少呢?(生:1)。把 1 平均分成了 10 份,一份是 0.1;平均分成了 100 份,一份是 0.01;平均分成了 1000 份,一份是 0.001。我们一起把这几句话理一理、说一说。

(教师在板书的“1”与“0.1”“0.01”“0.001”之间分别连线,学生同步口述:把 1 平均分成 10 份,一份就是 0.1;3 份就是 0.3。把 1 平均分成 100 份,一份就是 0.01;把 1 平均分成 1000 份,一份就是 0.001。教师再在“0.001”与“0.01”之间连线,学生口述:10 个 0.001 是 0.01。教师在“0.01”和“0.1”之间连线,学生口述:10 个 0.01 是 0.1.教师在“0.1”与“1”之间连线,学生口述:10 个 0.1 是 1.教师继续向左连线,学生口述:10 个 1 是 10,10 个 10 是 100,10 个 100 是 1000。在学生口述的过程中,教师板书:10,100。此时的板书如下页图 5。)

师:这让我们想到了一年级就学的四个字:满十进一。如果用三个字来概括,是什么呢?

生:十进制。

师:刚才他说了哪三个字?

生:(全班齐说)十进制。

(教师在课题“小数”前板书:十进制。)

师:今天这节课就上到这里,下课。

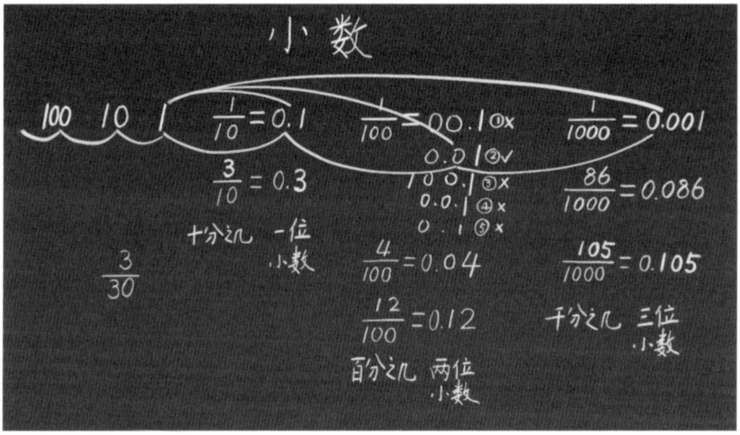

图 5

【教学思考】

扫码听一听

小学生在小学阶段两次认识小数。《义务教育数学课程标准(2011 年版)》的安排是:第一学段(1～3 年级),能结合具体情境初步认识小数。第二学段(4～6 年级),结合具体情境,理解小数的意义。[①]《义务教育数学课程标准(2022 年版)》的安排是:第二学段(3～4 年级),结合具体情境,初步认识小数。第三学段(5～6 年级),结合具体情境,探索并理解小数的意义。[②] 无论是 2011 年版课标教材,还是 2022 年版课标教材,都安排了两次小数教学,相同的是都要结合具体情境,不同的是两次的学习要求不同。那什么是初步认识小数?什么是理解小数的意义呢?

不问还好,一问,便发现自己并不清楚。

通过研读教师用书,我有了一些眉目。苏教版小学数学教材对这两

① 中华人民共和国教育部. 义务教育数学课程标准(2011 年版)[S]. 北京:北京师范大学出版社,2012:16,21.

② 中华人民共和国教育部. 义务教育数学课程标准(2022 年版)[S]. 北京:北京师范大学出版社,2022:21.

次学习是这样安排的：三年级下册安排了《小数的初步认识》，要求联系日常生活经验和对分数的已有认识，初步认识小数的含义，能比较两个一位小数的大小，能正确计算一位小数加、减一位小数；五年级上册安排了《小数的意义》，要求联系生活经验和对小数的已有认识，进一步理解小数的意义，知道小数的数位名称及其顺序，掌握小数的计数单位及其进率，能正确读、写小数。教师用书对《小数的初步认识》和《小数的意义》做了具体化学习内容的说明。那到底什么是“小数的意义”呢？突然发现，我也说不出。

这是一个值得反思的现象。作为小学数学教师的我，已经多次教学《小数的意义》，怎么说不清、道不明呢？我逼着自己琢磨，首先给出了关于小数的解释：样子像整数的十进分数。我这样的想法对不对呢？

我查找资料，《小学教师实用数学辞典》的解释是：分母是 10、100、1000……的十进分数，改写成不带分母形式的数，叫作小数[①]；《数学词典》的解释是：小数，通常指“十进小数”，即把十进分数写成不带分母的形式。十进分数，分母是 10 的幂的分数。将分数化为小数，以十进分数容易，只要依分母所记 0 的个数，在分子数字中自右向左数相同的位数，记上小数点；位数不足时，补上 0。[②] 我发现，我对小数的解释还算“说得过去”。

对学生而言，他们常常会问“由来”的问题，即小数是怎么来的，或者为什么要有小数呢？于是，我在“研究学习”材料中设计了这样两个问题让学生思考：“为什么有了分数，还要有小数？”“为什么有了整数，还要有小数？”张奠宙教授指出，小学数学里的“小数的意义”的教学内容，所承载的数学思想方法在于扩充自然数，使得可以用“数”表示小于单位“1”的

---

① 黄文选，刘梦湘，方金秋. 小学数学实用数学辞典[M]. 北京：北京科学技术出版社，1989：75.

② 谷超豪. 数学词典[Z]. 上海：上海辞书出版社，1992：10.

量。[①] 因此，我们不要满足于会认、会读、会写小数，而要回答一些更为本源的问题，例如：为什么要学习小数？小数与分数的区别在哪里？小数和自然数是什么关系？尽量把构建小数背后的数学思想方法用学生易懂的方式表示出来。在这一观点上，我的思考与张奠宙教授的思考是一致的。

那么，整数、分数和小数之间有着怎样的联系呢？

小数和整数是“一脉相承”的，采用的都是十进制计数法，相邻计数单位之间的进率都是10。小数是根据十进位值制的原则，仿照整数的写法，把十进分数写成不带分母的形式。分数的分母表示的是等分的份数，分子表示所取的份数。小数被等分的过程没有显示出来，而是被“隐藏”在小数部分。

整数是以“1”为单位，不断复制、累加得到的；分数是把“1”平均分成若干份，表示其中的一份或几份的数。其中，把“1”平均分成10份、100份、1000份……，表示其中的一份或几份的特殊的分数，也就是一位小数、两位小数、三位小数……

当我对所学内容的认识由浅入深之后，我接着思考：《小数的意义》一课，学生学什么？对此，张奠宙教授指出，对于“小数的意义”，要理解以下几个方面：(1) 引进小数是为了表示小于“单位1”的量；(2) 除0之外，自然数中最小的数是1，所以自然数不能表示小于1的量；(3) 一个数的小数部分是小于1的数；(4) 小数是分母为10、100、1000……的一类特殊分数[②]；(5) 一个小数可以记为整数部分和小数部分，小数中的小圆点叫小数点；(6) 小数使用十进制位值原则记数法，满十进一，但分数不是。[③]

在学习与思考逐步深入的过程中，我逐步领悟了张奠宙教授的阐述：

① 张奠宙，巩子坤，任敏龙，张园，殷文娣. 小学数学教材中的大道理[M]. 上海：上海教育出版社，2014:154.

② 在刚刚接触小数的时候，小数就是指有限小数。

③ 张奠宙，巩子坤，任敏龙，张园，殷文娣. 小学数学教材中的大道理[M]. 上海：上海教育出版社，2014:157.

小数是十进位制计数制度沿着相反方向的延伸。小数,不仅长得像整数,更重要的是,它拥有整数十进制计数系统的“筋骨”。① 这样看来,之前我对小数的解释:“样子像整数”就太肤浅了,因为小数的“筋骨”是十进制计数系统。这让我想起了数学家吴文俊所说的,“十进制是人类文明史的高峰,但又因为极其简单而容易被忽视了”②。此刻,我想,小数的意义是要学生领悟数学思想方法中的十进制计数思想。

于课堂而言,在我“深入”之后,如何“浅出”? 这是我接下来思考的问题。以米尺为依托,在学生解决具体问题的过程中呈现观察与思考的素材,当教师通过板书将分数、小数组织在一起的时候,学生看到了什么? 想到了什么? 从课堂的交流中可见,学生的思考与发现,从分数与小数“形”上的变化转向“意”上的联系。教师要把握“缓说破、重感悟”的原则,即在教学中适时地忍住,先不直白地告诉学生那些对教师来说都是已知的结论,给学生一定的时间,耐心地等待学生的想法从混沌无序到清晰有序发展。

学生观察、交流的过程,是推动他们“悟”的过程。“悟”,由迷惑到明白,由模糊到认清;“悟”,是自己主动获取;“悟”,是心求通之所得;“悟”,是学生自己所感所思所得。这一过程,又恰与教师的“深入浅出”相反。

教,要深入浅出;学,要浅入深出。

扫码问一问

① 张奠宙,巩子坤,任敏龙,张园,殷文娣.小学数学教材中的大道理[M].上海:上海教育出版社,2014:157.

② 吴文俊.中国古代数学对世界文化的伟大贡献[J].数学通报,1987(1):1—4.

做一名纯粹的数学教师

——评贲友林老师《小数的意义》一课

□陈 静

扫码听一听

贲友林老师是我最为敬佩的一位教学名师。

这种敬佩发自内心，并不是因为贲老师身上有“特级教师”“正高级教师”“国家‘万人计划’教学名师”等诸多光环，而是因为贲老师一直坚持做一名纯粹的数学教师。纯粹于心，无论外在教育环境如何纷繁嘈杂，始终安于自己内心的一方净土，做自己喜欢的事，上学生喜欢的课，不随波逐流，不忘教育初心，这是一种源于坚守的内心宁静；纯粹于研，眼中只有儿童，只有数学，永远以研究的视角审视自己的数学课堂，这是一种寻求突破的自我超越；纯粹于思，以学为中心，不断沉潜到学科知识的最深处，沉潜到儿童学习的最深处，沉潜到教学研究的最深处，以反思为表达，阐述自己的教育理解，这是一种持续迭代的思维觉醒。

记得，贲老师把教学案例发给我的时候已近深夜 12 点，还附加了一条信息，说：“时间仓促，思考不够深入还需修改。”因此，阅读这篇案例时，我是充满了感动的，不仅是被这篇案例打动，更是被贲老师这份纯粹而感动，做一名纯粹的数学教师，看似简单，其实并不容易。

那么，从贲老师的这篇案例中，我们又能看懂什么？学到什么呢？

一、用纯粹的“数学思考”引领课堂

贲老师的课总是散发出一股厚重的数学气质，这种气质来源于执着而又纯粹的数学思考，正如贲老师在教学思考中的五次追问：什么是初步认识小数？什么是理解小数的意义？整数、分数和小数之间有怎样的联系？“小数的意义”，学生学什么？思考“深入”之后，教学如何“浅出”？正是这样不断追问，不断思考，贲老师的数学课堂总是显得理性深刻而富有韵味。

1. 追问“教什么”“如何教”

“小数的意义”是苏教版小学数学五年级上册第三单元的内容，从教材编排的整体思路看，这是小学生第二次认识小数，也是基于“分数的初步认识”对小数意义的深度理解和二次建构。教材分阶段安排了对小数的学习，那么，三年级“初步认识小数”和五年级“建构小数的意义”，在教学上如何衔接？学生对小数已经有了一定的认识，并且在生活中也常常能看见小数的身影，对小数并不陌生，但是如何从数系扩充和发展的角度，借助直观形象、浅显易懂的方法揭示小数与十进分数的深度联系，从而更好地体现小数意义的拓展和延伸呢？如何引导学生深入感知整数、小数、分数三者之间的联系呢？

对此，贲老师用自己的教学实践给出了真实回应：“研读教师用书，查找资料，领悟专家阐述，独立思考”。这是教师面对困惑和问题应有的姿态。贲老师通过研读教师用书了解教材的编排意图和教学要求，通过查找资料弄清小数的概念和由来，通过领悟专家阐述尝试在课堂中让学生理解更本源的数学问题，通过独立思考尝试用学生易懂的方式理解知识背后的数学思想……由此，我们不难发现，数学课堂，唯有深思方能深入，唯有深入才能浅出。让思考先行于教学，用深入的思引领浅出地教，用浅出地教吸引学生深度地学，这一深一浅、一出一入之间，不仅是可贵的教学勇气，更是一种教学的大智慧。

2. 追问数学知识的本质

要让学生理解小数的意义，教师首先要弄明白小数究竟是什么样的数。贲老师的追问更聚焦小数概念的本质，他用追问逼着自己去琢磨小数究竟是什么：“小数的意义究竟是什么？第二次认识小数，学生应该学习什么?”大量查阅资料并深入思考后,他给出了个性化的定义:“样子像整数的十进分数。”但,这样的定义是否科学?为了溯本追源,贲老师又进一步查阅了《小学教师实用数学辞典》和《数学词典》,进一步明确:“小数,通常指‘十进小数’,即把十进分数写成不带分母的形式。小数是十进位制计数制度沿着相反方向的延伸。小数,不仅长得像整数,更重要的是,它拥有整数十进制计数系统的‘筋骨’。”至此,贲老师心中已经逐渐描绘出了小数意义的轮廓,并对小数概念的内涵形成了完整的认识。那么教学中,如何让学生理解小数的产生是源于测量需求、源于“十进制计数系统”向分数拓展的需要呢?又如何让学生理解小数是整数“十进制计数系统”的反向延伸呢?

于是,贲老师以米尺为依托,让学生在解决具体问题的过程中展开充分的观察、思考、分析、归纳,并通过板书将分数、小数组织在一起,引导学生观察发现“十进制计数系统”就是把分数、小数、整数联系在一起的核心“筋骨”。从课尾呈现的完整板书中,可以看出学生对小数的认识层层递进、步步深入。小数的出现,表示“十进制计数系统”从整数领域扩展到了分数领域,但又和整数计数单位有所不同。因此,教学整数的认识一般是按照计数单位从小到大的顺序递进的,而教学小数的认识则往往是一种反向拓展,即遵循计数单位从大到小的顺序,把一个较大的计数单位平均分成 10 份后,其中 1 份即构成一个新的计数单位,以此类推。正因为对小数意义的理解必须建立在对“十进制计数系统”反向延伸的认识上,所以更需要教师在教学中予以引导和帮助,加以梳理和沟通,从高位引领学生全面建构分数、小数、整数概念的整体联系,形成深刻而全面的理解。

二、用纯粹的“儿童研究”构建课堂

课堂,应该是儿童的。这也是贲老师“学为中心”课堂的根本追求。正如贲老师所言:“悟,由迷惑到明白,由模糊到认清;悟,是自己主动获取;悟,是‘心求通之所得’;悟,是学生自己所感所思所得。”

1. 尊重儿童的学习

我不止一次现场观摩贲老师的数学课。印象最深刻的是，贲老师的课堂鲜少有精美的课件或环环相扣的精心设计，相反，他的数学课总是简单质朴，如自然流淌的清泉，却又处处散发着数学思想的光芒。眼前不由浮现出这样一幅生动鲜活的课堂画面：每个学生都举着自己的“研究学习”材料，或坐或立，或跪或趴，几人一组展开热烈的讨论和交流，有的争得面红耳赤，有的急得抓耳挠腮，还有的兴奋得一脸得意，而贲老师总是眯着他的“招牌小眼睛”，淡定从容地看着学生投入研究、等待着学生充分表达，不疾不徐，不慌不忙。这份云淡风轻的背后，恰是体现了对学生学习的充分尊重和深度理解。“学为中心”课堂能够为学生提供充分的研究空间与时间，让学生经历充分的观察、比较、交流、分析等学习活动，形成更为深刻的学习体验，呈现出“活泼泼”的学习样态。

2. 尊重真实的问题

这节课，“研究学习”材料中的四个研究问题以问题串的形式呈现，帮助学生自己经历探索过程，一步步建立对小数意义的认识。四个问题分为四个层次，层层递进，不断深入：第一个问题，通过米尺上的“1 分米”“1 厘米”“1 毫米”引导学生理解小数的意义，并记录自己的发现；第二个问题，引导学生将小数与十进分数进行比较并建立联系；第三个问题，引导学生沟通小数与整数的关系；第四个问题，则是让学生发现问题并提出问题，展现学习过程中的真实困难。那么，学生在这样的“小研究”中，是否会遇到困难呢？如果有困难，教师在教学中能否真诚面对并予以解决呢？

本节课中有一个片段给我留下的印象非常深刻。

探究“1 厘米等于几分之几米？写成小数是多少米”这个问题的过程中，学生课前对小数的认识还是存在问题的。其中一位学生虽然知道“1 厘米 $=\frac{1}{100}$ 米”，但转化成小数时却写成了“00.1”米，听到这个回答时，贲老师明显愣了一下，但依然把学生的真实答案如实记录在黑板上，并进一步追问："大家都是这样写的吗？"继而发现，学生对两位小数的写法多种多样。贲老师让学生在黑板上记录不同的写法并编上序号，然后再一次组织学生小组讨论："你认为把$\frac{1}{100}$写成小数怎样写？你觉得哪种写法合理？哪些写法不对？为什么？"学生讨论之后再次进行全班汇报交流。讨论中，学生对小数的认知和理解不断产生碰撞："0.0.1，这种写法不对，小数里只应该有一个小数点。""分数的分母100，有两个0，所以小数这里也有两个0。""这样写，就是把分母100'倒过来'，添上小数点，所以是00.1。""写法100.1是错的，这个小数已经大于1了，有100多了，而1厘米比1米小得多，写成的小数应该小于1。"……学生探究学习中的真实问题，贲老师给予了真诚的尊重，并组织学生重点研究，最终突破难点。等待，其实也是一种真正的尊重，尊重儿童，尊重问题，尊重过程。正如贲老师自己的反思："教师把握'缓说破、重感悟'的原则，即在教学中适时地忍住，先不直白地告诉学生那些对教师来说都是已知的结论，给学生一定的时间，耐心地等待学生的想法从混沌无序向清晰有序发展。"

三、用纯粹的"教学反思"涵养课堂

贲老师是一名"反思型"教学名师，他坚持每天课后记录教学反思，且厚厚的反思已经集结成册、印刷出版。我曾有幸得到贲老师的赠书——《重新认识课堂》《寻变：贲友林"学为中心"的数学课》，细读之后，更增敬佩。一位纯粹的数学教师，一直行走在教学研究之路上，用深刻而智慧的反思涵养课堂、丰厚自己、惠及学生，这难道不值得敬佩吗？由此，不免想到贲老师曾经在南京师范大学附属小学担任过"生本实验班"的数学教师，他在"生本实验班"推行的一项重要举措就是"作业改革"，学生每天只需要完成教师精心选择的10道题，甚至还可以根据自身能力，有选择地完成这10道题。实施初期，家长颇有质疑："这么少的作业，学生学习质量有保障吗?”终端监测结果表明,“生本实验班”成绩骄人,贲老师用事实证明了少而精、轻负担、高质量的作业才是激发兴趣、提升学力、促进发展的关键要素。贲老师的作业改革案例在“双减”背景下似乎更有价值,但其中更值得我们学习的是贲老师课堂中充盈的反思意识和研究精神。

研究儿童,研究课堂,研究教学,做一名纯粹的数学教师,上纯粹的数学课,这才是真正有意义的事。

(**陈　静**,特级教师,正高级教师,南京市教育科学研究所。)

课堂中的“加减法”

——《分数与除法》教学与思考

【教学内容】

小学数学五年级下册《分数与除法》。

【教学目标】

1. 探索并理解分数与除法的关系，会用分数表示两个整数相除的商，进一步深化对分数意义的认识。

2. 在用分数表示两个整数相除的商的过程中，发展数感，培养观察、比较、分析、推理、概括等能力。

3. 以中华优秀传统文化为载体，渗透“公平”等思想教育。

【教学准备】

课前，每位学生独立、自主完成“研究学习”材料，如下页图1。

【教学过程】

扫码看一看

一、故事引入

师：（屏幕出示《史记》封面图）这本书，熟悉吗？

生：熟悉。

师：谁写的？

1. 列式并计算。

(1) 陈平把1千克肉平均分给4户人家，每户人家分得多少千克？如果平均分给7户人家呢？

算式：__________________　　__________________

(2) 陈平把3千克肉平均分给4户人家，每户人家分得多少千克？

算式：__________________

商是多少？用纸片操作、画图或其他方法说明。

(3) 陈平把（　　）千克肉平均分给7户人家，每户人家分得多少千克？

图 1

（学生回答“司马迁”后，教师出示《史记》相关介绍，如图 2。）

《史记》

西汉史学家司马迁撰写

中国历史上第一部纪传体通史

鲁迅：史家之绝唱，无韵之《离骚》

图 2

师：它是我国第一部纪传体通史，鲁迅赞誉这本书，怎么说的？

生：史家之绝唱，无韵之《离骚》。

师：这本书，讲了一个故事。（出示下页图 3 的上半部分）自己读一读。（学生读）能读懂吗？（学生回答“有点难”。教师出示下页图 3 的下半部分）大家对照这个故事的译文，再读一读。

（学生再读。）

师：这个故事，讲的是谁的故事？

生：陈平。

师：陈平，汉朝的一位丞相。这个故事，讲陈平的什么事情？

陈平分肉

陈丞相平者，少时家贫，好读书……里中社，平为宰，分肉食甚均。父老曰："善，陈孺子之为宰！"平曰："嗟乎，使平得宰天下，亦如是肉矣！"

——《史记》

汉高祖时期的丞相陈平，小时候家中贫穷，喜爱读书……村里祭祀活动，请陈平分肉，分得十分均匀。父老乡亲说："行啊，这小家伙分肉分得真好！"陈平说："如果让我管理天下，也会像分这块肉一样做得那么好呢！"

图 3

生：陈平分肉。

师：（出示故事标题：陈平分肉）陈平分肉，已经成为一个成语。读这个故事，从数学的角度看，你印象最深的是什么？

生：古代没有平均分的工具，但陈平分得很均匀，我觉得陈平很厉害。

（全班鼓掌。）

师：刚才她说陈平分得十分均匀。用上文中的哪两个字来说呢？（根据学生回答，教师圈画"甚均"）今天，我们通常说 3 个字。

生：（齐）平均分。

二、交流学习

1. 交流学习"把 1 千克肉平均分给 4 户人家"

师：（出示"研究学习"材料）接着来看陈平分肉的问题。课前，我们已经做过这份材料了。第 1 题，陈平要分多少肉？（生：1 千克肉）平均分给几户人家？（生：4 户人家）你是怎么列式的？又是怎样算的？

（教师请听课教师任意抽报学生的学号。听课教师抽报"32 号"。）

生：$1\div4=\frac{1}{4}$（千克）。

师：（板书算式和得数）$\frac{1}{4}$，怎样想的？

生：1 千克肉平均分给 4 户人家，每户人家是 1 份……

（该生停顿下来，说不下去了。）

师：（出示一张长方形白纸）可以把这张白纸看作什么？

（有学生插话说“一块肉”。）

生：1 千克肉。

师：是说“1 千克肉”准确还是说“一块肉”准确？

生：1 千克肉。

（教师让 32 号学生用折的方法将纸分一分。）

生：（将白纸沿不同方向各对折一次）每户人家分得$\frac{1}{4}$千克，这张白纸平均分成了 4 份，每份都是一户人家分得的肉。

师：有时候，我们说不清楚，可以找个工具来帮助我们说明想法。

（全班学生掌声欢送 32 号学生回座位。）

师：回顾一下，刚才把长方形纸看作什么？

生：1 千克肉。（教师在贴在黑板上的白纸旁板书“1 千克”）接下来怎样？

生：平均分成 4 份，每户人家分得 1 份。

师：我们想到了一个分数——

生：$\frac{1}{4}$。

师：一户人家分得 1 千克肉的——$\frac{1}{4}$。1 千克肉的$\frac{1}{4}$是多少千克呢？

生：0.25 千克。

师：我很好奇，0.25 是怎么来的？

生：1÷4，先在 1 后面添个 0，然后用 10÷4，等于 2，还余了一个 2，再添一个 0，20÷4＝5. 然后补上小数点和 0，就等于 0.25。

师：有关小数的计算，我们还没有学。他的感觉特别棒！他感觉到了，1÷4=0.25。（全班鼓掌）1÷4，刚才说$\frac{1}{4}$，这是怎么回事呢？

生：他们用的方式不一样，一个是分数，一个是小数。

师：也就是说，商，可以用小数表示，是多少？（生：0.25）还可以用什么表示商？（生：分数）是多少呢？（生：$\frac{1}{4}$）我们再体会一下，把1千克肉平均分成了——4份，一户人家分得1千克肉的——$\frac{1}{4}$。1千克肉的$\frac{1}{4}$是$\frac{1}{4}$千克。听到我怎样说的吗？

生：1千克肉的$\frac{1}{4}$是$\frac{1}{4}$千克。

（教师组织全班学生再齐说一遍：1千克的$\frac{1}{4}$是$\frac{1}{4}$千克。）

2. 交流学习“把1千克肉平均分给7户人家”

师：第二个问题，平均分给几户人家？

生：7户。

师：怎样列式计算？

生：1÷7=$\frac{1}{7}$（千克）。

（全班鼓掌，教师板书算式。）

师：如果用纸折，可以不可以？

生：有点难。

生：一张纸，不可以平均分成7份。

生：我觉得一张纸，像刚才那样对折，不太好平均分成7份。如果仔细分，还是可以分成7份的。

师：回味一下两位同学的发言。要把一张纸平均分成7份，可以不可以分？（生：可以）只是分的时候，感觉怎样？（生：麻烦）那我们可以换个方式来表示分的过程，比如——

生：画图。

师：画什么图？

生：示意图。

生：线段图。

师：（在黑板上画图。先画一条线段）这条线段表示什么？

生：这条线段表示 1 千克肉。

师：接下来怎样操作？

生：把它平均分成 7 份。

（教师继续画图，得到图 4。）

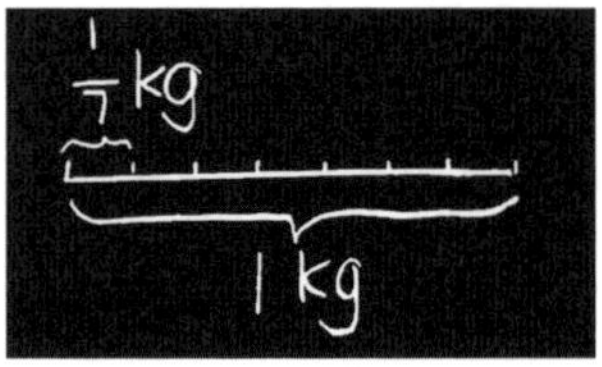

图 4

生：每户人家分得$\frac{1}{7}$。1 千克肉的$\frac{1}{7}$是$\frac{1}{7}$千克。

3. 交流学习“把 3 千克肉平均分给 4 户人家”

师：再看第 2 题。这次，陈平要分多少肉？（生：3 千克）平均分给几户人家？（生：4 户人家）每户人家分得多少千克肉？怎样列式？怎样计算？算的时候怎样想呢？（教师指着“研究学习”材料中的指导性文字，学生回答：“纸片操作、画图、其他方法。”）同桌两人先交流一下，稍后汇报。

（学生同桌两人交流。听课教师抽报学号“13”。学号 13 号的学生到前面，她先说明，自己用的是画图方法。）

师：如果边画边讲，就更棒了！

生：（先画了一个圆）假设这个圆是 1 千克肉，先把 1 千克肉平均分给 4 户人家，看每户人家能分得多少千克肉？（把圆平均分成了 4 份）1 户人家分得$\frac{1}{4}$千克。(又画了一个同样的圆,平均分成4份)又是1千克肉,一户人家又分得$\frac{1}{4}$千克。(再画了第三个同样的圆,平均分成4份)看题目,还有1千克肉,一户人家又分得$\frac{1}{4}$千克。(先在之前画的三个圆下面画上括线,再画一个圆,平均分成4份,涂色其中3份,如图5)我们可以把它们结合起来,上面分到了3个$\frac{1}{4}$千克,就是$\frac{3}{4}$千克,也就是阴影部分这么多。

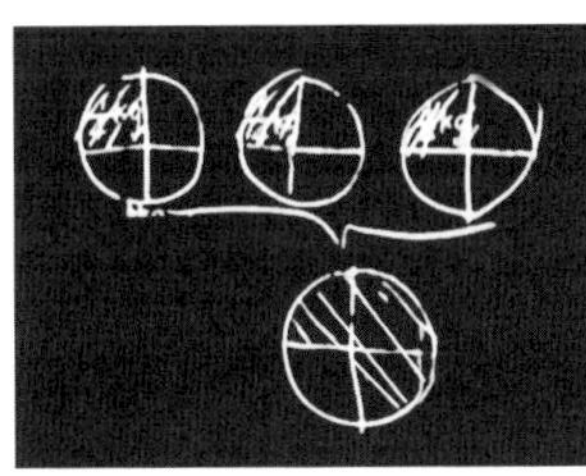

图5

(全班鼓掌。)

师:我印象最深的一句话,3个$\frac{1}{4}$千克是——$\frac{3}{4}$千克。如果写出算式,怎样写?

生:$3 \div 4 = \frac{3}{4}$(千克)。

(教师板书算式,全班鼓掌。)

师:刚才13号女生的方法是——画图。还有不同的方法吗?

(13号学生邀请班上一个男生。男生指出,他也是画图,不过图不一样。男生先画了一个长方形,讲解:这表示3千克肉,怎么看出3千克肉呢?男生在正方形中画了2条虚线,把正方形平均分成了3份,如下页图6。他指着其中1份讲解:这1份表示1千克肉。现在把3千克肉平均分成4份。男生画图,把正方形平均分成4份,如下页图7。涂色其中1小份后再涂 2 小份，如图 8。讲解：1 小份是$\frac{1}{4}$千克，共分得 3 小份，是$\frac{3}{4}$千克。全班鼓掌。）

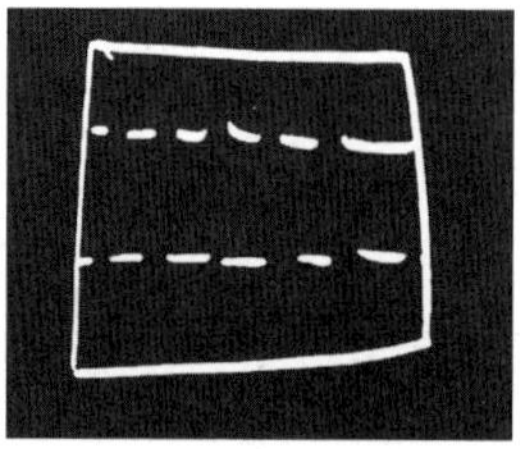

图 6

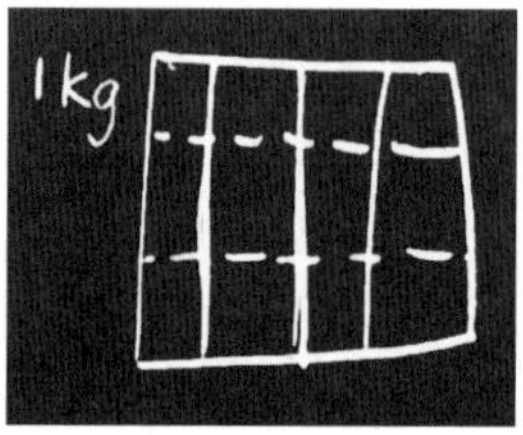

图 7

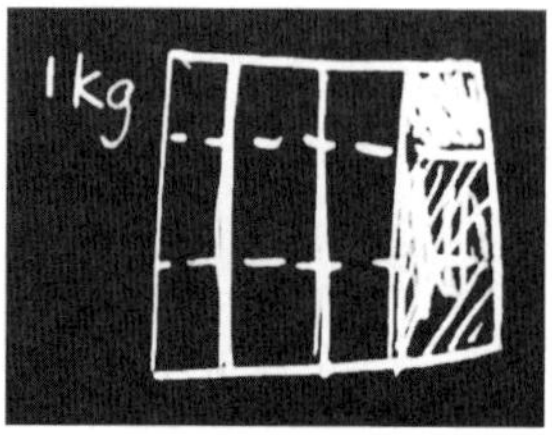

图 8

师：不一样的图，一样的结果。还有不同的方法吗？

生：我的方法是用纸折的。

（学生到讲台前面演示。讲解：我用了 3 张纸，一张纸代表 1 千克肉。学生将 3 张白纸叠在一起，对折两次。讲解：平均分给 4 户人家。教师让学生把 1 户人家分到的“肉”撕下来，并协助学生贴到黑板上，如图 9。）

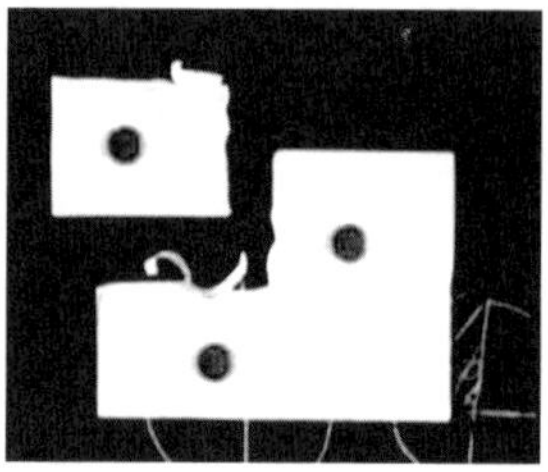

图 9

师：这户人家分得多少？

生：（班上大多数学生）$\frac{1}{4}$。

师：（对着刚刚演示的女生）对呀，这户人家分得$\frac{1}{4}$，不是$\frac{3}{4}$千克呀？

生：这其实是 3 张纸一起分的，（指着图左上角分出来的“1 份”）这上面的 1 份后面还有另外的 2 份，（教师协助，将“3 份”展开）所以我们知道，3 千克的肉，平均分给 4 户人家，1 户人家分得$\frac{3}{4}$千克。

（全班鼓掌。）

师：从刚才分的过程，看出来 1 户人家分得多少千克？

生：$\frac{3}{4}$千克。

师：刚才说的1户人家分得$\frac{1}{4}$，也是有道理的。1户人家分得3千克的——$\frac{1}{4}$。这里的$\frac{1}{4}$，是$\frac{1}{4}$千克，还是$\frac{1}{4}$？

生：是3千克的$\frac{1}{4}$。

师：3千克的$\frac{1}{4}$是多少千克？

生：$\frac{3}{4}$千克。

师：你们画过图了，折过纸了，我的方法，也在黑板上。

［教师在板书的算式$1\div4=\frac{1}{4}$（千克）与$3\div4=\frac{3}{4}$（千克）之间连线，表示被除数、除数、商的变化，如图10。接着，在两个算式的被除数1与3之间画箭头，学生解释：乘3。教师板书"×3"。］

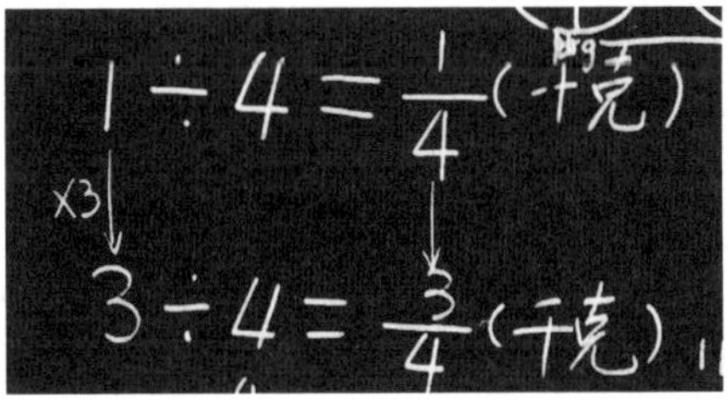

图10

生：（教师指着板书）被除数乘3，除数不变，商乘3。

师：$\frac{1}{4}\times3$等于——

生：$\frac{3}{4}$。

师：$\frac{1}{4}\times3$，还没有学过呢，你怎么知道的？

生：3 个 1 份，3 个$\frac{1}{4}$。

师：3 个$\frac{1}{4}$相加。$\frac{1}{4}+\frac{1}{4}+\frac{1}{4}$等于多少？

生：$\frac{3}{4}$。

师：我的方法是什么？（教师指算式）回顾一下。

生：被除数乘 3，除数不变，商乘 3。

师：根据之前我们研究过的 $1\div4=\frac{1}{4}$，可以知道 $3\div4=\frac{3}{4}$。这方法可以吗？

生：可以。

师：前几天，我还想到了一种方法，想不想看？

生：想。

师：（边板书边讲解，板书如图 11）3 除以 4，等于 1 乘 3 除以 4，先乘 3 再除以 4，也可以先除以 4 再乘 3，接下来，等于什么？

图 11

生：（齐）等于$\frac{1}{4}$乘 3，等于$\frac{3}{4}$。

师：这个方法，也能说明 3 除以 4 等于多少？

生：$\frac{3}{4}$。

（全班鼓掌。）

师：这个掌声是送给我的，也是送给你们自己的，你们看懂了这样的方法。

4. 交流学习“5千克肉平均分给7户人家”

师：下一个问题，几千克肉平均分给7户人家？

生：5千克。

师：算式怎么列？

生：$5\div7=\frac{5}{7}$(千克)。

师：你能解释$5\div7$怎么等于$\frac{5}{7}$吗？

生：(边画箭头，如图12，边讲解)1乘5等于5，7不变，结果$\frac{1}{7}$乘5，得到$\frac{5}{7}$。

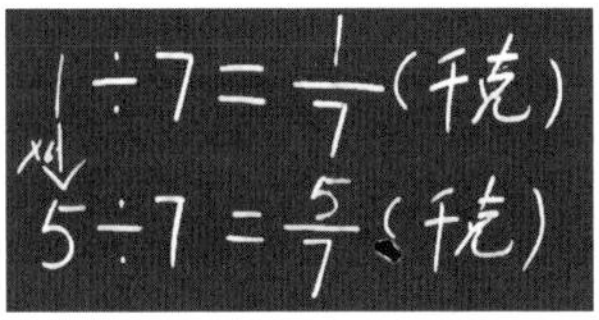

图 12

(全班鼓掌。)

师：他的方法，根据被除数、除数的变化，找出商的变化。还有不一样的方法吗？

(之前讲解的男生邀请了一个女生。女生说：“我用的方法是之前老师的第二种方法。”全班鼓掌邀请女生到黑板上板书讲解。)

生：(边板书，如图13，边讲解)5除以7，等于1乘5除以7，等于1除以7再乘5，等于$\frac{1}{7}$乘5，等于$\frac{5}{7}$。

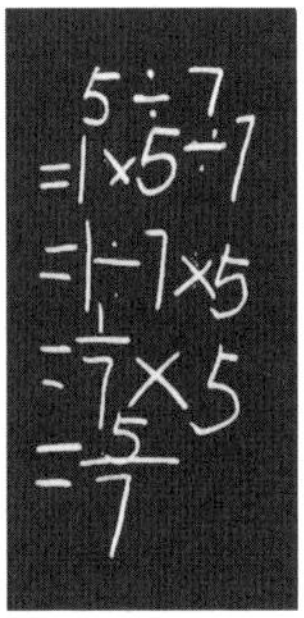

图 13

(全班鼓掌。)

师：(指着图13中学生的板书)这个过程，都看懂了吗？(生：看懂了)如果再让你画图，会不会画？(指着之前画的线段图)画这样的线段图，画几条这样的线段？(生：5条)一户人家分到了多少？(生：5千克的$\frac{1}{7}$)5千克的$\frac{1}{7}$，有几个$\frac{1}{7}$千克？(生：5个)5个$\frac{1}{7}$千克就是——$\frac{5}{7}$千克。非常棒！

5. 回顾这节课交流探讨的问题

师：回顾一下，今天讨论的数学问题，列的算式，都是除法算式。（出示列表，如图 14）几道算式的被除数、除数、商分别是多少？

（学生回答，教师在表格中填写。在学生说完上面 4 行所填的数之后，教师再举例，被除数是 9，学生说除数是 10，商是$\frac{9}{10}$。教师提问：这样的算式能说得完吗？学生说：说不完，太多太多了。教师启发学生：想个办法，被除数，用字母表示。教师书写“a”，学生接着说，除数“b”，商“$\frac{a}{b}$”。教师记录，如图 15。）

被除数	除数	商

图 14

被除数	除数	商
1	4	$\frac{1}{4}$
1	7	$\frac{1}{7}$
3	4	$\frac{3}{4}$
5	7	$\frac{5}{7}$
9	10	$\frac{9}{10}$
a	b	$\frac{a}{b}$

图 15

师：如果写成除法算式，（学生口述“$a\div b=\frac{a}{b}$”，教师板书如图 16）除数 b，分母 b 不能等于什么？

（教师继续板书“$b\neq 0$”。此时的板书如图 16。）

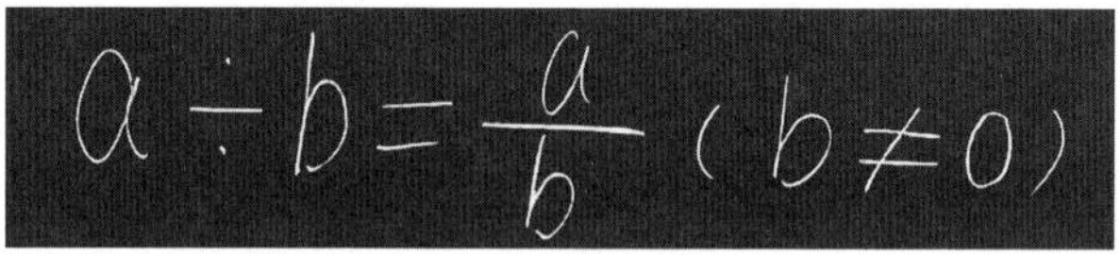

图 16

师：今天学习的内容，就是这个式子。大家一起读一遍。（学生读“$a\div b=\frac{a}{b}$，$b\neq 0$”。教师出示图 17）问题来了，今天我们上了一节数学课，今天学什么了，还没有写课题呢。

图 17

生：分数与除法。

生：我觉得今天学的是“陈平分肉”。

生：我觉得是“陈平分肉中的除法算式”。

师：屏幕上写课题的位置，有个问号。（板书：分数是怎么来的？学生读课题，再读之前板书的 $a \div b = \frac{a}{b}$）两个数相除，商——写成分数。一句话，分数是——除法除出来的。

三、应用与解释

师：刚才说了一个故事，陈平分肉。还有一个故事。（出示图 18，学生脱口而出“孔融让梨”）《三字经》中说了 6 个字。

图 18

生：（齐读）融四岁，能让梨。

师：（在图 18 中的两个梨下面动态添上“300 克”“500 克”）较小的梨 300 克，较大的梨 500 克。孔融会选哪个梨？

（学生回答“300 克”后，教师在图 18 中动态添上第一个问题“如果平均分，孔融分得多少克？孔融分得的梨占几分之几？”。）

生：400 克。(500＋300)÷2＝400 克，孔融分得的梨占$\frac{1}{2}$。

（教师再在图 18 中动态添上第二个问题“孔融实际分得的梨占几分之几？”图 18 变成图 19。）

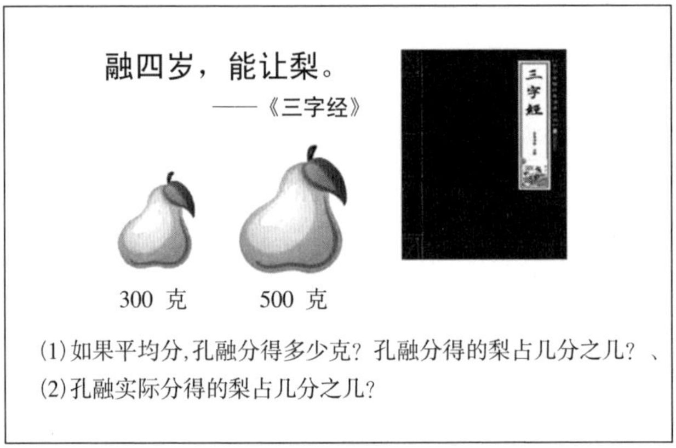

图 19

生：实际分得的梨是$\frac{3}{8}$。梨的总数是 8 份，孔融拿的 300 克的梨占 3 份，所以是$\frac{3}{8}$。

师：算式是什么？

生：$3\div8=\frac{3}{8}$。

（教师板书算式。）

师：如果用题目中的数据呢？

生：$300\div800=\frac{3}{8}$。

（出示：平均分，不平均分，为什么生活中都需要呢？为什么都点赞呢？）

师：平均分，今天讲的哪个故事是平均分？（生：陈平分肉）不平均分呢？（生：孔融让梨）为什么生活中都需要呢？为什么都点赞呢？

生：我认为平均分是公正一点，不平均分可以体现尊重的感觉。

生：不平均分，就是不同的人有不同的需求，这样就可以满足一些特殊的人的需求。

生：我觉得他们分的意图不一样。陈平，是为了让大家分得公平，让大家一样多；而孔融让梨，是为了孝敬长辈。

师：三位同学讲得太好了。还有个问题（出示：平均分，不平均分，为什么都用除法算呢？）大家读一读。（学生自由读）还记得吗？刚才都是用除法算的，这是为什么呢？这个问题留给所有同学下课后琢磨，再和你们老师交流。下课！

【教学思考】

扫码听一听

“分数与除法”，是五年级《分数的意义》单元中的教学内容。这节课的教学设计，我做了一些个性化的处理。

一、课题是什么

上课伊始，屏幕上常常会直接呈现课题。这节课的课题是《分数与除法》，这似乎不是问题。而我这节课的课题是以“空档＋问号”的悬念方式出示在屏幕上的。学生、听课教师，都不知道我“葫芦里卖的什么药”，带着好奇进入了这节课。

这节课，用《史记》中的“陈平分肉”故事引入“平均分”，之后，组织学生探索、交流如下数学问题：(1) 陈平把 1 千克肉平均分给 4 户人家，每户人家分得多少千克？平均分给 7 户人家呢？(2) 陈平把 3 千克肉平均分给 4 户人家，每户人家分得多少千克？5 千克肉平均分给 7 户人家呢？教师再组织学生回顾解决问题时所列的算式以及计算的结果，发现：$a\div$

$b=\frac{a}{b}(b\neq0)$。这时，教师才提出问题：这节课的课题是什么？

学生给课“取名”的积极性很高，有的说“分数与除法”，有的说“陈平分肉”，有的说“陈平分肉中的除法算式”。教师肯定学生的想法后指出：“屏幕上写课题的位置有个问号。”接着，在课题空档处板书课题：分数是怎么来的？结合之前讨论交流的数学问题，学生发现，两个数相除，结果可以用分数表示。分数，是“算”出来的，是“除”出来的。

课堂中，教师没有板书学生的取名，也没有揭示常规课题“分数与除法”，而是呈现了“分数是怎么来的？”这一问题，并以此作为这节课的课题。如是安排，是基于分数的多元定义。

分数是一个兼具多重意义的数学概念，分数的意义和内涵比较丰富。对于分数的定义，我们可以从以下四个角度去解释：分数的“份数”定义，分数的“比定义”，分数的“商定义”，分数的“形式化定义”。[①] 在中小学的分数教学中，学生通过递进学习，逐步理解分数的前三种定义。其中，“份数”定义描述的是“部分与整体”的关系；“商”定义强调分数是“数”，这个数是一种运算的结果，是完全脱离了物体的抽象纯粹的数；“比”定义在运算结果上与“商”定义的值相同，但更强调两个量之间的关系。我们以往教学“分数”，常常局限于“份数”定义。教学《分数与除法》，我们不能仅仅满足于让学生用“分数”表示“除法”的商，更要帮助学生进一步深化对分数意义的理解。

这节课，看似学习分数与除法的关系，其实是进一步认识分数的意义。由此也就看明白这节课安排在《分数的意义》这一单元的道理所在了。在这节课中，我用“分数是怎么来的？”这一问题引导学生感悟分数的意义。学生在今天这节课的学习之前，只了解分数的“份数”定义，知道“分数是分出来的”“分数是数出来的”；在这节课中，认识到“分数是除出

① 曾小平，曹一鸣．小学数学研究[M]．北京：教育科学出版社，2013：64—67.

来的”，感悟分数的“商”定义；在这节课的最后，学生认识分数的“比”定义，发现“分数是比出来的”。面对小学生，我尝试用直观形象的语言，让他们生动理解抽象的、具有多重定义的分数。

回头再梳理对这节课课题的教学处理。课题，是一节课教学内容的聚焦。这节课的创新之处在于，不是通过课题让学生知晓学什么，而是通过给课命名，促进学生理解本节课所学习的核心内容。

二、为什么用“陈平分肉”

三年级，学生初步认识分数，在解释分数含义时，常常漏说或忘说“平均分”。当然，学生的漏说与忘说，不等于他们不知道“平均分”；但未说“平均分”，数学层面表达欠严谨。于是，教师总要帮学生补充“平均分”一词，并一而再再而三提醒学生。我在教学《分数的初步认识》时，恰好在《史记》中看到“陈平分肉”这一故事，于是我有了一个想法：用“陈平分肉”的故事，深化学生对“平均分”的认识。在三年级进行教学尝试之后，我发现，三年级学生年龄较小，理解古文，挑战性很大。于是，我就有了新的想法：五年级也要学习“分数”，让五年级学生接触“陈平分肉”故事，是不是比较适宜呢？

苏教版小学数学教材中有关“分数与除法”的例题是：把 1 块饼平均分给 4 个小朋友，每人分得多少块？把 3 块饼平均分给 4 个小朋友，每人分得多少块？学生在表达每人分得$\frac{1}{4}$块饼时，有时也说成“1 块饼”，或者“1 小块饼”。“大块”与“小块”，对学生的表达增加了干扰。改成“陈平分肉”之后，1 千克肉平均分给 4 户人家，每户人家分得多少千克？每户人家分得 1 千克的$\frac{1}{4}$，1 千克的$\frac{1}{4}$是$\frac{1}{4}$千克。这样表达，比“1 块饼的$\frac{1}{4}$是$\frac{1}{4}$块饼”更清晰。增加“平均分给 7 户人家”的问题，是因为“平均分给 4 户人家”的问题，学生可以用小数表示两数相除的商，当除数为 7 时，难以用小数表示商，学生便能体会到分数的必要性与价值。

读到《史记》中的“陈平分肉”时，头脑中首先闪现的是数学中常常说的“平均分”，接着想到的是社会主义核心价值观中的“公正”。

2023年10月24日，第十四届全国人民代表大会常务委员会第六次会议通过自2024年1月1日起施行《中华人民共和国爱国主义教育法》，其中的第六条明确了爱国主义教育的主要内容是：（一）马克思列宁主义、毛泽东思想、邓小平理论、“三个代表”重要思想、科学发展观、习近平新时代中国特色社会主义思想；（二）中国共产党史、新中国史、改革开放史、社会主义发展史、中华民族发展史；（三）中国特色社会主义制度，中国共产党带领人民团结奋斗的重大成就、历史经验和生动实践；（四）中华优秀传统文化、革命文化、社会主义先进文化；（五）国旗、国歌、国徽等国家象征和标志；（六）祖国的壮美河山和历史文化遗产；（七）宪法和法律，国家统一和民族团结、国家安全和国防等方面的意识和观念；（八）英雄烈士和先进模范人物的事迹及体现的民族精神、时代精神；（九）其他富有爱国主义精神的内容。

爱国主义教育的内容丰富，但它和数学教学内容的契合点是需要我们寻找的。“陈平分肉”的故事，具有德育价值。不过，仅仅靠“陈平分肉”的数学再认识，似乎单薄了些；再思考，我联想到“孔融让梨”的故事。平均分，不平均分，正反结合，“陈平分肉”体现程序正义，“孔融让梨”彰显美德选择，这不正是爱国主义教育与数学教学内容的契合点吗？传统文化邂逅现代课堂，寓德于课，价值引领，我们需要寻找契合点，体现学科性，注重适切性。

三、这节课的“加、减法”

上完这一节课，我感受最深的，是我在这节课中所做的“加、减法”。

首先是“减法”。这节课，借班上课的学生还是四年级，学生仅有三年级《分数的初步认识》认知基础，尚未学习五年级《分数的意义》，在对“3千克的$\frac{1}{4}$是$\frac{3}{4}$千克”这个问题上，处理适度弱化，以更符合上课学生的认识水平。

再说“加法”。这节课中的“加法”，一是用“陈平分肉”和“孔融让梨”两则故事，渗透思想教育；二是先直接呈现《史记》《三字经》中的“小古文”，让学生在读的过程中感悟古汉语；三是学生通过画图、操作探寻“3÷4”的结果之后，教师引导学生借助商的变化规律以及算式推理，从不同角度感受并经历推理过程，发现数学推理之趣、妙。

这节课，通过“陈平分肉”的故事，探讨了关于除法计算的问题。以前，学生学习了用“商”或“不完全商＋余数”的形式表示两个数相除的结果；这节课，学生学习了用分数的形式表示两个数相除的结果。“分数是怎样来的?”是课题，也是问题，从无到有，从学生命名到教师揭示，促进学生深入地理解这节课所学内容。屏幕上“空档＋问号”的“减法”，却成了帮助学生理解所学内容的“加法”。

“减法”也好，“加法”也罢，体现的是教师心中是否真正装着学生，是否真实关注学生的学习，关注学生学什么，以及如何看待教师的教与学生的学之间的关系，等等。“加法”“减法”，都是为了实现课堂育人、学科育人，促进学生得到更好的发展。

扫码问一问

数学学科育人的创新实践

——评贲友林老师《分数与除法》一课

□ 刘娟娟

扫码听一听

义务教育阶段的数学课程一直承载着育人的重要使命，不仅因为数学素养是现代社会每一位公民必备的基本素养，通过数学课程可以培养学生的理性思维、科学精神等终身发展的能力，更因为义务教育阶段正是学生的道德信念、道德理想和行为习惯等形成和发展的重要时期，是其世界观、价值观萌芽的时期。结合数学教学内容，根据学生的年龄特点和接受能力，恰当地进行思想品德教育、发展核心素养是非常必要的。回顾我国数学学科育人的发展过程，从 1950 年颁布的《小学算术课程暂行标准》提出要培养儿童爱国主义思想开始，到 1992 年颁布的《九年义务教育全日制小学数学教学大纲(试用)》提出要使学生掌握数学基础知识，形成初步的数学能力，受到思想品德教育，再到《义务教育数学课程标准(2022年版)》(以下简称“新课标”)中强调学生要掌握“四基”，培养“四能”，“形成和发展核心素养，增强社会责任感，树立正确的世界观、人生观、价值观”，数学学科育人的内涵不断丰富，实践路径也在不断创新。

然而，如何避免类似“语录式”“贴标签式”的学科育人方式，而是从数学学科本身的价值中体现其育人价值，根据学生的年龄特点和认知规律，选择合适的育人素材，创造合适的育人路径是值得每位教师去思考和实践的。贲友林老师的这节数学课在数学学科育人方面做出了非常好的创新实践，给我们提供了一个立德树人的数学课堂教学范式，值得细细品味学习和借鉴。

一、对数学本质的理解和转化，是数学学科育人的根本

有效的数学教学依赖于教师深刻理解学科知识①，因此数学学科育人也同样离不开对数学知识本质的理解。这里的理解不仅仅是停留在经验性理解和形式化理解上，更重要的是走向结构化理解和文化性理解。以对分数概念的理解为例，教师教学前需要认识到分数有多个相关但不同层面的意义，即部分与整体的关系（份数意义）、商（分数作为一个数）、测量（分数的几何意义）、运算（分数作为一种函数）以及比（分数作为两个量之间的关系）②，其中，部分与整体的关系是分数其他意义的基础。因此，分数学习的首要目标就是帮助学生建立“分数是整体的部分”，通过均分和累加可以得到分数代表的部分（相对于整体）③。在对分数的文化性理解中，关注的是从整体上去理解分数各种意义之间的关联和结构，以及其中蕴含的重要思想方法——均分和累加，这也是理解整数概念时常常用到的，有助于感受分数与整数之间的一致性。

此外，数学教学本质上是教师的一种创新实践，根据盖斯-纽莎姆(Gess-Newsome)的描述，教师的学科教学知识是知识的一种根本转化的结果，是新知识的创造，这种新知识虽然可能与已有数学或教学法知识相似，但是还有其新颖的一面。这里不得不提及的是，是数学知识本身具有转化功能，还是教学法知识具有转化功能呢？显然，方法的娴熟并不能代替对数学的理解，也就是说，数学知识本身更具有转化的功能。进一步说，数学教学时，教师要立足“双焦点”视角：一方面，要从学习者视角看待数学，理解数学；另一方面，要从数学视角看待学习者，转化数学。正如张

① 徐章韬．面向教学的数学知识——基于数学发生发展的视角［M］，北京：科学出版社，2013：4.

② 章勤琼．论小学数学中分数的多层级理解及其教学［J］，课程・教材・教法，2016(3)：43—49.

③ ［美］J. A. 范德沃尔，K. S. 卡普，J. M. 贝～威廉姆斯．美国中小学数学教师实践手册（第10版）［M］．张晶，侯慧颖，施银燕，赵晓燕译．上海：华东师范大学出版社，2023：345.

奠宙教授所说，数学教育的重要任务就是要将数学的学术形态转化为教育形态。

在本节课中，正是因为贲老师对分数的多重意义有着深刻的理解，才能有如此精彩又创新的课堂演绎。首先，将《分数与除法》这一课题创新地转化为“分数是怎么来的?”，不仅激发了学生的好奇心，还引导学生聚焦分数的起源，有助于学生体会分数的不同意义，感受学习分数的必要性。其次，用“分数是除出来的”这一通俗易懂的表达，将“分数与除法”的本质生动地表示出来，即“分数是除出来的”，那么分数表示的就是除法的结果，也就是商，由此，分母和分子与被除数和除数的关系便不言而喻了。这样的表达为学生准确把握本节课的核心知识提供了支持。再次，用“分数是除出来的”为学生理解分数的多重意义搭建了认知支架，巧妙勾连了之前所学的分数的“份数”定义，即“分数是分出来的”“分数是数出来的”，也为后面分数作为比的结果，即“分数是比出来的”埋下了伏笔，有助于学生进行类比推理，形成结构化的思维。综上可见，数学学科育人的首要任务就是帮助学生形成对数学的正确认知。而这一切，都在于教师对数学本质的理解和转化。

二、对学生成长和发展的关切，是数学学科育人的关键

小学生是正在成长和发展中的人，因此小学数学学科育人不能停留在数学知识的教学上，而要依据学生的年龄特点和接受能力，确立具有前瞻性、开放性、发展性的育人目标。新课程改革提出核心素养导向，培养学生会用数学的眼光观察现实世界，会用数学的思维思考现实世界，会用数学的语言表达现实世界，教师可以根据这些要求，结合具体教学内容，进一步细化育人目标，并转化为可操作的活动和行为。

以概念学习为例，教师可以引导学生经历“现实情境—观察比较—分析归纳—抽象概括”的概念建构的过程，帮助学生形成对概念的深刻认知，同时发展观察、比较、抽象和概括等能力，提升准确、简练和严谨的数学语言表达能力。而在计算学习时，教师则可以在引导学生理解算理、掌握算法的过程中，帮助学生学会有序地思考，有条理地表达计算过程，理解算法和算理之间的关联，体会运算中蕴含的规律，感悟数学的基本思想，在选择合理简洁的策略解决问题中，提升思维的品质。教学的每一个环节都要考虑到如何促进学生主动积极地发展。

具体到本节课中，为了帮助学生探索并理解分数与除法的关系，实现对分数意义认识的进阶，贲老师通过课前“小研究”，引导学生从具体问题出发，自主尝试解决“陈平把 1 千克肉平均分给 4 户人家，每户人家分得多少千克?”等系列问题，培养学生独立思考的习惯。当学生汇报交流时，贲老师点拨道：“有时候，我们说不清楚，可以找个工具来帮助我们说明想法。”“那我们可以换个方式来表示分的过程。”“如果边画边讲，就更棒了!”……教学生恰当地利用直观模型，并逐步学会利用表象来协助抽象思维，这是帮助学生摆脱机械学习的普遍有效的好方法①，而这些给学生具体而细致的指导，指向的都是学生自主学习能力的培养。而自主学习能力的核心则是思维能力。

整个小学阶段，小学生的思维水平处在从具体形象思维向以抽象逻辑思维为主要形式过渡的状态，虽然这是学生思维发展过程中的“飞跃”或“质变”阶段，但仍具有很大成分的具体形象性，特别是在从具体形象思维向抽象逻辑思维发展的过程中，对于不同的思维对象、不同的思维材料，思维的发展表现出不平衡性。了解了这些，教师才能在教学中根据学生思维发展的实际水平，有的放矢地展开教学，促进学生的抽象思维逐步地积极发展。

回到贲老师的课堂中，考虑到四年级学生已有的知识经验和思维水平，在教学“陈平把 3 千克肉平均分给 4 户人家，每户人家分得多少千克?”这个问题时，贲老师注重展现学生不同的思考方法，如画圆形或正方形图、折纸，帮助学生形象地理解“3 千克的$\frac{1}{4}$是$\frac{3}{4}$千克”，列出算式就是

① 李士锜. PME：数学教育心理[M]. 上海：华东师范大学出版社，2001：44.

$3\div4=\frac{3}{4}$（千克）。在此基础上，贲老师又展现了自己的两种思考方法：一是利用除法的性质“被除数乘 3，除数不变，商乘 3”推出“$3\div4=\frac{3}{4}$”；二是利用等式的恒等变形进行推理，将“$3\div4$”转化为“$1\times3\div4$”，利用运算律改变运算顺序得到“$1\div4\times3$”并转化为“$\frac{1}{4}\times3$”，最后利用乘法的意义得出$\frac{3}{4}$。虽然这两种方法相较于学生自己的方法来说是比较抽象的，贲老师也没有过多强化，但是让学生了解还可以这样去推理和转化，无疑是把学生的思维往抽象思维的水平上又推动了一把，也是教师着眼于学生今后的学习和发展而作出的教学选择。所以，当学生为教师的方法而鼓掌时，贲老师说：“这个掌声送给我的，也是送给你们自己的，你们看懂了这样的方法。”这里的评价无疑也透露出“看懂别人的方法也是一种学习”的积极态度。这个“别人”，可能是老师，也可能是同学，还有可能是其他人或物。人的思维方式、思维水平是不同的，很多问题当自己无法独立解决时，看懂、听懂别人的方法也是非常重要的学习方法。所以，解释“$5\div7=\frac{5}{7}$”时，就有学生用了转化推理的方法，这充分说明教师的教学方法对学生的学习起到了积极的推动作用。

此外，在本节课的最后环节，贲老师是让学生带着问题“平均分，不平均分，为什么都用除法算呢?”下课的。这样处理，好处有二：一是有助于学生体会到数学学习不是止步于课堂的，课后的学习其实也非常重要；二是这个问题也是非常好的自主学习或者合作学习的契机，学生通过查找资料、问询同伴师长或人工智能，还能发现这个问题与“比”还有着密切的关系，进而开展更加广泛或深入的研究。数学学科育人重在课堂，但绝不限于课堂，只要教师有对学生成长和发展的关切，就会有多种多样的育人路径和方式。

三、对教育资源的选择和开发，是数学学科育人的保障

一直以来，我国的基础教育都非常重视立德树人，从“对学生进行思想品德教育，这是社会主义教育的重要特征”，到“必须进一步明确‘培养什么人、怎样培养人、为谁培养人’，优化学校育人蓝图”，都在强调育人的重要性。二十世纪八九十年代的小学数学教学大纲中提出的“结合数学课的特点，开展思想品德教育”，一般包括以下四个方面：一是结合数学的实际应用，对学生进行学习目的性的教育，激发学生学习的积极性，培养学生的学习兴趣；二是结合数学的学习，培养学生集中注意专心听讲、不怕困难独立思考、有始有终认真做作业以及自学课本等良好习惯；三是通过数学教学内容，对学生进行辩证唯物主义观点的启蒙教育，如了解实践第一的基本观点、对立统一的观点、运动发展变化的观点等；四是通过富有教育意义的、有说服力的数字材料，进行爱国主义教育和共产主义道德教育。①② 新课标则进一步强调：“将社会主义先进文化、革命文化、中华优秀传统文化、国家安全、生命安全与健康等重大主题教育有机融入课程，增强课程的思想性。”③可见，数学学科育人不缺目标，缺的是对教育资源和素材积极主动的开发和建设，以及与数学教学内容恰当的融合。

贲老师的这节课，在教育资源和素材的选择、使用方面做了很多创新的尝试。第一，贲老师选择了《史记》中“陈平分肉”的故事作为引入，把语文和数学做了巧妙的融合，从文学经典和历史故事中，找到分数概念的生长点——平均分其实也隐含了“分数是平均分出来”的意思，同时也渗透着语文和数学其实是“你中有我，我中有你”的关系。通过对“甚均”的数学解读，学生也理解了文字背后所蕴含着的公平公正的传统美德。第二，将“陈平分肉”具体化为需要解决的问题，替代教材中的例题作为学生研

① 王权. 小学数学教育学[M]. 上海：华东师范大学出版社，1991：15.
② 梁镜清. 小学数学教育学[M]. 杭州：浙江教育出版社，1993：145.
③ 中华人民共和国教育部. 义务教育数学课程标准（2022 年版）[S]. 北京：北京师范大学出版社，2022：2.

究分数与除法关系的素材，一方面可以使得抽象的数学概念有具体的情境作为支撑，方便学生建构新知和思考表达，另一方面也使得课堂学习能够在同一情境下得以延续，便于学生学习的专注和深入。第三，用《三字经》中的“融四岁，能让梨”作为知识的应用和拓展，从“平均分”走向“不平均分”，不仅培养了学生辩证地看待问题的能力，还让学生体会到谦虚礼让的中华传统美德。

其实，不管是“陈平分肉”还是“孔融让梨”，说的都是名人名家小时候的故事，换句话说，良好的品德要从小养成，中华传统优秀文化也要从小开始传承。不仅是通过语言文字传承，更要通过行为来传承。贲老师在课上通过“抽学号”的方式让学生回答问题，不也是一种公平公正的表现吗？所以，良好品德的养成也要从自身做起，从当下的每件小事做起。

总之，小学数学学科育人，应该基于数学本质，关照学生成长，充分挖掘和建设多维度、多层次的育人资源，通过课堂教学的主渠道开展，而不是从外部硬性赋予数学德育功能。数学的智育和德育做到真正的融合，才是我们努力追求的目标。[①]

（**刘娟娟**，副教授，南京晓庄学院教师教育学院。）

① 宋乃庆，张奠宙. 小学数学教育概论[M]. 北京：高等教育出版社，2008：293.

课堂：学生学程的“加油站”

——《多边形的内角和》教学与思考

【教学内容】

小学数学四年级下册《多边形的内角和》。

【教学目标】

通过观察、操作等活动，探索多边形的内角和及其边数之间的关系，积累探索和发现数学规律的经验，发展空间观念，增强动手操作能力和合情推理能力，进一步产生对数学的好奇心，感受数学活动的挑战性和趣味性。

【教学准备】

课前，学生独立、自主完成“研究学习”材料，如下页图 1。

【教学过程】

扫码看一看

一、交流“研究学习”材料第 1 题

师：（出示“研究学习”材料）昨天做了这份“小研究”。这份“小研究”，贲老师参考了 7 个同学之前做的自主小研究。哪 7 个同学？请报出他们的名字。（全班学生大声读出 7 个同学的姓名）掌声送给他们！（全班鼓掌）我们看“小研究”的第一个问题。（学生读“三角形的 3 个内角的和是

1. 三角形的 3 个内角的和是 180°。由此，我想到的问题有：＿＿＿＿＿＿。

2. (1) 四边形的内角和是多少度？

我是这样想的：＿＿＿＿＿＿＿＿＿＿＿＿＿＿＿＿＿＿＿＿。

(2) 五边形的内角和是多少度？

我是这样想的：＿＿＿＿＿＿＿＿＿＿＿＿＿＿＿＿＿＿＿＿。

(3) 六边形的内角和是多少度？

我是这样想的：＿＿＿＿＿＿＿＿＿＿＿＿＿＿＿＿＿＿＿＿。

(4) 七边形的内角和是多少度？

我是这样想的：＿＿＿＿＿＿＿＿＿＿＿＿＿＿＿＿＿＿＿＿。

3. 把第 2 题研究的问题与结果用表格整理出来：

我的发现：＿＿＿＿＿＿＿＿＿＿＿＿＿＿＿＿＿＿＿＿＿＿。

4. 通过上面的研究，我的疑问：＿＿＿＿＿＿＿＿＿＿＿＿＿＿。

图 1

180°”)由此想到了哪些问题呢？(出示图 2)这是谁想到的问题？

缪依凝，…：1. 三角形的 3 个内角的和是 180° 。由此，我想到的问题有：

四边形，五边形，六边形……多边形的内角和是多少度

图 2

生：缪依凝。

师：缪依凝和我们班大多数同学都想到了这个问题。请缪依凝读想到的问题。(缪依凝读她的问题)现在回看这个问题。想这个问题的时候，是抓住原来那句话的什么地方去想的？

王炫晨：是抓住三角形来想的。

(教师圈画出“三角形的 3 个内角的和是 180°”中的“三角形”。)

师：(指缪依凝想到的问题)从三角形想到了什么？

生：四边形、五边形、六边形，多边形。

师：(屏幕出示吕函蔚、尹辰骏的问题，如下页图 3)现在看到的问题，是谁想到的？

吕函蔚，尹辰骏：1. 三角形的 3 个内角的和是 180°。由此，我想到的问题有：三角形的外角和是多少度？多边形的内角和是多少度？

图 3

生：吕函蔚，尹辰骏。

（教师邀请吕函蔚读他的想法。）

吕函蔚：我想到的问题是，三角形的外角和是多少度。

师：第二个问题，他为什么不读了？（生：前面有了）他是怎么想的？

戴铂文：他是从三角形的内角和，想到了三角形的外角和。

师：说得更精准一点，就是抓住哪一个词去想的？

戴铂文：内角和。

师：（圈画“内角”）从内角，他想到了什么？

生：外角。

师：（屏幕出示李映萱、王怡涵的问题，如图 4）掌声送给哪两位？

李映萱，王怡涵：1. 三角形的 3 个内角的和是 180°。由此，我想到的问题有：1. 有没有三角形的内角和不是180°？

图 4

生：李映萱，王怡涵。

（全班鼓掌。）

李映萱：有没有三角形的内角和不是 180°的？

徐培淏：他是抓住三角形的内角和是 180°中的 180°来想的。

（全班鼓掌。）

师：我圈的时候，我不会圈 180°，我会圈什么呢？（生：是）我们学的内容，三角形的内角和是 180°，他就想，有没有不是的呢？（圈画“是”）好了，怎么想问题呢？看看，我们同学抓的是什么？

（学生回答“三角形”“内角”“是”，教师同步指之前圈画的关键词。）

师：（出示周柯妤的问题，如图 5）再看，周柯妤问了 5 个问题，自己快速把她的 5 个问题先轻轻读一遍。

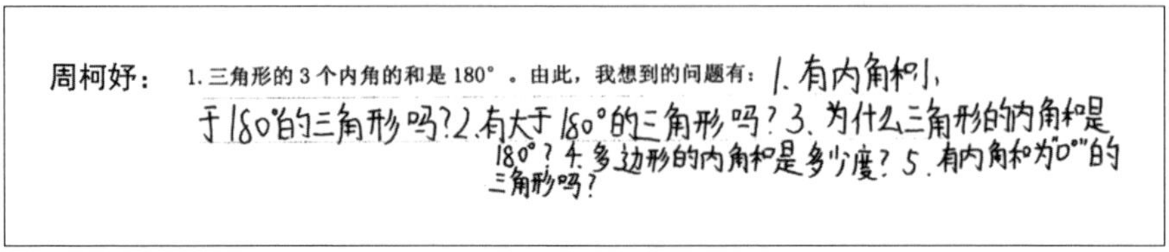
周柯妤： 1. 三角形的 3 个内角的和是 180°。由此，我想到的问题有：1.有内角和小于180°的三角形吗？2.有大于180°的三角形吗？3.为什么三角形的内角和是180°？4.多边形的内角和是多少度？5.有内角和为0°的三角形吗？

图 5

（学生读周柯妤的 5 个问题。）

师：第一个问题，和前面谁的问题想法差不多？

生：李映萱，王怡涵。

师：第二个问题呢？

生：李映萱，王怡涵。

师：第三个问题呢？（学生沉默了一会儿，回答“没有”）这个问题中，关键词是什么？

生：为什么。

（教师圈画“为什么”。）

师：第四个问题呢？

生：缪依凝。

师：第五个问题，有没有内角和为 0°的三角形吗？（生：没有）老师想把“三角形”改一下，（把“三角形”改成“图形”）把这个问题再读一读。（学生读题）有没有呢？可以去研究。再次把掌声送给周柯妤。（全班鼓掌）当我们从不同角度去看的时候，就能提出不同的问题。再回顾一下，三角形三个内角的和是 180°，现在看这句话，你看到了什么？（学生口答，教师圈画：三角形、内角和、是、180°）还可以再想三个字。（生：为什么）再次把掌声送给刚才展示的同学！

(全班鼓掌。)

二、交流“研究学习”材料第2、3题

师:(出示“研究学习”材料第2题、第3题)继续看“小研究”的第2题、第3题,你是怎么想的?同桌两人交流一下,并做好和全班分享的准备。

(学生同桌交流,教师巡视。之后,教师抽签,学号为“10”的学生古鸿毅与同桌胡铂恒到前面与全班交流。)

古鸿毅:(展示“研究学习”材料,如图6)首先画一个任意四边形,然后在它的对角线画一下,这样就分成两个没有重复、没有多余角的三角形。(教师提醒在纸上画图,让其他同学看得更清楚)这里一共有6个角,每个角都是四边形内角和的一个部分,所以180°乘2就是360°。紧接着,五边形也是一样的,可以分成三个没有重复、没有多余角的三角形。这三个三角形,它们的内角和都是180°,那么180°乘3就是540°。

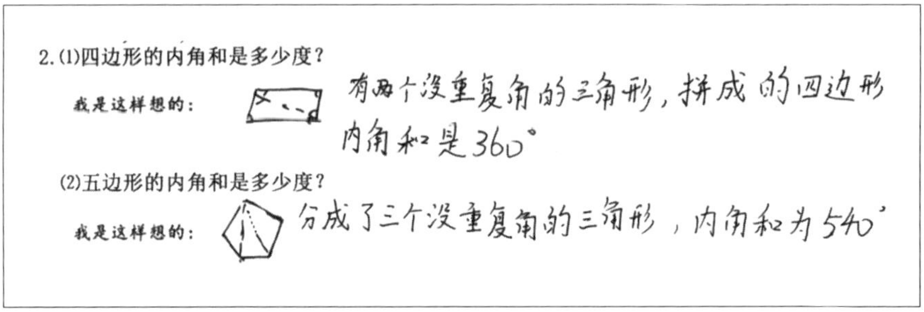
2.(1)四边形的内角和是多少度?

我是这样想的:有两个没重复角的三角形,拼成的四边形内角和是360°

(2)五边形的内角和是多少度?

我是这样想的:分成了三个没重复角的三角形,内角和为540°

图6

胡铂恒:六边形、七边形,可以依此类推,用相同的办法来分。

师:暂停一下,刚才他有个词说得好,(生:依此类推)那接着说什么?他怎么说的?(生:相同的办法)什么相同的办法呀?

王怡涵:将一个图形分成几个三角形,然后再用三角形的个数乘180°,就可以算出这个图形的内角和。

师:好,看他画图。

（胡铂恒在黑板上画了一个六边形，学生弯韶飞举手，教师邀请弯韶飞发言。）

弯韶飞：这个六边形怎样分，其实是有规律的。

（教师示意弯韶飞暂停发言，在胡铂恒讲解之后可以补充发言。）

胡铂恒：（边画边讲，如图 7）我们从一个角开始分。（教师提示：分的时候，建议画虚线）这样子我们就可以把它分成 4 个三角形，这些角也是分别在六边形中，我们数一下，一共有四个三角形，所以这个六边形的内角和就是 180°×4＝720°。

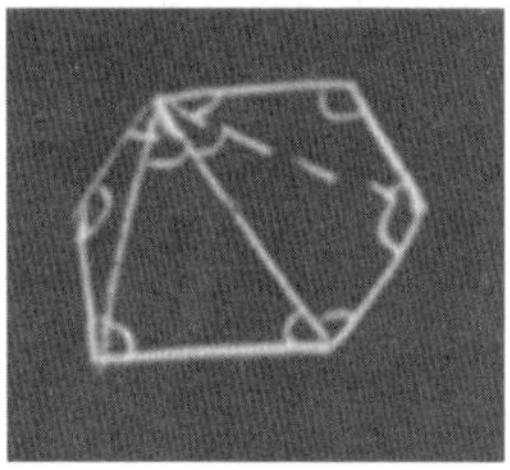

图 7

图 8

（全班鼓掌。）

王昱淇：我认为可以在三角形上标上 A、B、C、D。

师：他建议用字母来表示三角形，这样更容易说清楚。

徐培淏：我认为，除了四边形、五边形和六边形，还有不同的方法来证明它的内角和的度数。

师：是这会儿讲，还是稍后讲？

（班上学生说“稍后讲”，教师告诉徐培淏等会儿再讲，示意胡铂恒接着讲。）

胡铂恒：（边讲边画，如图 8）接下来我们来分七边形。（画完七边形后，教师建议他数一下边的条数）我们从这一个角开始分，我们可以把七边形分成五个三角形。七边形的内角和就是……

（教师示意胡铂恒暂停讲解，请其他学生接着讲。）

狄嘉佑：每个三角形的内角和是 180°，七边形的内角和就是 180°×5=900°。

（全班鼓掌。）

师：这给我们一个提醒，重要的是，别人讲的时候，我们要干什么？（生：认真听）胡铂恒还有话说吗？没有，就请他们补充发言。

（胡铂恒邀请王辰羽发言。）

王辰羽：我觉得六边形不一定要分成三角形，还可以分成梯形和长方形。（教师邀请她到前面画给全班看，讲给全班听，并提醒王辰羽用不同颜色的粉笔画图。王辰羽先画了一个六边形，如图 9）我们可以把它不全分成三角形，比如分成四边形或者五边形。我把它分成两个梯形，一个梯形就是一个四边形。（在六边形内画了一条虚线，将六边形分成两部分，如图 10）我们之前证明过了，四边形的内角和是 360°。

图 9

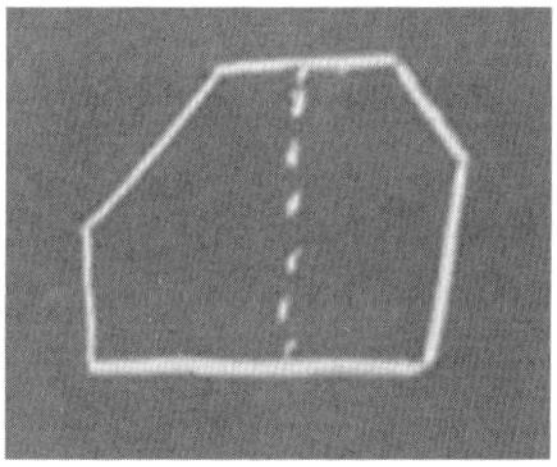

图 10

徐培淏：你不能在边上分，我觉得你应该按角分，我有三种方法。

（教师示意徐培淏“稍等一下”。）

师：你说，不能在边上分，怎么不能在边上分？

徐培淏：如果边数更多，比如说七边形、八边形，如果取对称轴的话也可以分成四边形。

弯韶飞：我可以解释一下。六边形的内角和，内角是这些角，（边说边在图 10 中用弧线标注 6 个内角，如图 11）这样的 6 个角的和，是六边形的内角和。但是王辰羽分割的是五边形，除了这些角，他还新增了 4 个直角。

（弯韶飞在图11中做了4个直角标记，如图12。）

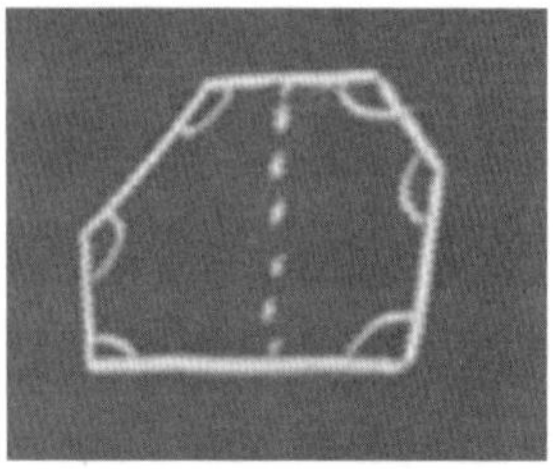

图11

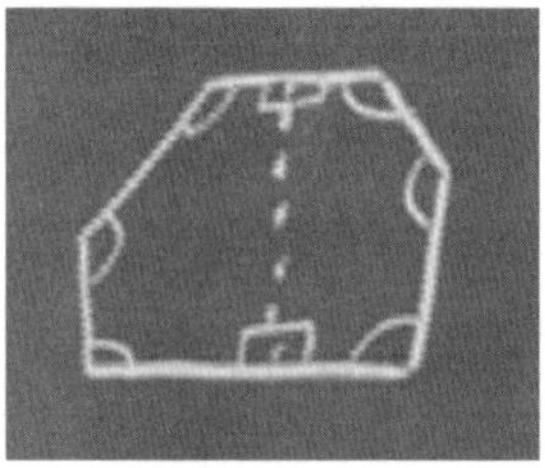

图12

师：如果在边上分，刚才他说新增了——2个直角。这个时候，这两个图形的内角和加起来，和原来的那个六边形的内角和，相比较的话——多了360°。内角和发生变化了，这时就变得麻烦了。他这样的回答，是解释了刚才谁说的一句话？（生：徐培淏）就是说，沿着边来分，不好。徐培淏还说，这样分了以后，它是一条对称轴，说到对称轴，马上想到什么？（生：轴对称图形）你能接着说吗？

弯韶飞：（指着图12中的虚线）这一条虚线，它其实不是对称轴，对称轴应该使两边的图形相同，而这两边的图形是不相同的。

师：说到对称轴，马上想到什么？

王辰羽：轴对称图形。

师：如果是轴对称图形，沿着对称轴，对折以后两边应该怎样？（生：完全重合）现在画的这些六边形、七边形，它一定是轴对称图形吗？（生：不一定）我们今天研究的多边形，是不是只研究轴对称图形？（生：不是）所以，刚才对称轴这个说法，是要修改的。如果你仔细听王辰羽的发言，应该听出来，她还有一个错。

吕函蔚：王辰羽刚才发言说，她把这个六边形分成了2个梯形，但这个其实不是梯形。

张成睿：王辰羽说，这是梯形。但梯形是四边形，王辰羽分成这两个图形,都有 5 条边。

(全班鼓掌。)

师:什么样的发言,能鼓掌? 刚才张成睿说,梯形是几边形?

生:四边形。

师:(指王辰羽把六边形分成的两部分图形)仔细看,(生:五边形)这是梯形吗?(生:不是)刚才谁听出来这个问题了? 掌声送给吕函蔚! 会听!(全班鼓掌)现在回头看,刚才王辰羽的补充发言,她说,不一定沿着这个角的顶点来分,可以沿着边来分,可不可以?(生:可以)但是这样分了以后,怎么样?(生:太麻烦了)那我们就暂时不说了。

(王辰羽说还有一种方法,教师示意王辰羽继续和全班交流。王辰羽在之前画的六边形中重新画了两条虚线,如图 13。)

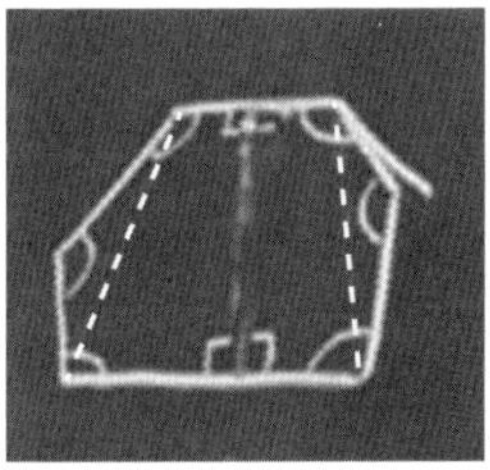

图 13

师:(指王辰羽画的两条虚线)这个时候,分成了两个三角形和一个梯形。三角形的内角和,知道不知道?(生:180°)梯形的内角和,知道不知道?(生:360°)怎么知道梯形内角和的?

周柯妤:梯形和正方形一样,都是四边形,正方形可以分成两个三角形,一个三角形的内角和是 180°,所以 $180^\circ \times 2 = 360^\circ$,梯形的内角和是 360°。

(全班鼓掌。)

师:但是,能不能因为正方形的内角和是 360°,我们就说四边形的内角和是 360°?

龚千朔:不能。因为我们在三年级的时候学过,正方形是一种特殊的长方形,它可能是一种特例,我们要再拿长方形来验证一下。

师:有个词讲得好!(生:特例)他说正方形是特殊的长方形。长方形,也是特殊的四边形,仅仅用特例来说明这个问题,行不行?(生:不行)所以,除了正方形、长方形,你还要研究什么?(生:梯形,菱形,平行四边形，不等边的、不规则的四边形）这时才能说明四边形内角和是多少度。其实，不管是特例还是后来说的这么多图形，你有没有发现，长方形、正方形还有梯形、任意四边形，它们在分成三角形的时候，有什么相同的地方？

黄英骅：它们内角和都是 360°。

陈子涵：它们都能分成两个三角形。

师：好了，这个问题讨论完了，还有话说吗？

（王辰羽说“没了”。全班鼓掌欢送王辰羽回座位。）

古鸿毅：（指着之前胡铂恒画的图，即图 8）这边，不用数，就可以知道分成 5 个三角形。（指五边形左上角的顶点，然后指和它相邻的两个顶点）首先，原点肯定是不能画线的，这边不能画线，这个点也不能画线，所以可以连接 4 个点，也就是可以画 4 条线。能画 4 条线，就可以分成 5 个三角形。也就是说，一共的点数，也就是一共的边数，减去 3，加上 1，就是它能分的三角形的个数。

师：告诉我实话，听懂了吗？

生：没有。

师：好多同学没听懂。说慢一点。

古鸿毅：（先指五边形左上角的顶点，再指和它相邻的两个顶点）原点是不能画线的，这个点不能画线，这个点也不能画线，剩下 4 个点，可以画 4 条线。

（教师示意古鸿毅暂停讲解。）

师：刚才他讲到有 4 条线，你听懂他说的是哪 4 条线？（梁宸轩到前面把图中的 4 条对角线描画一遍，如图 14）这 4 条线，把多边形都分成了什么？

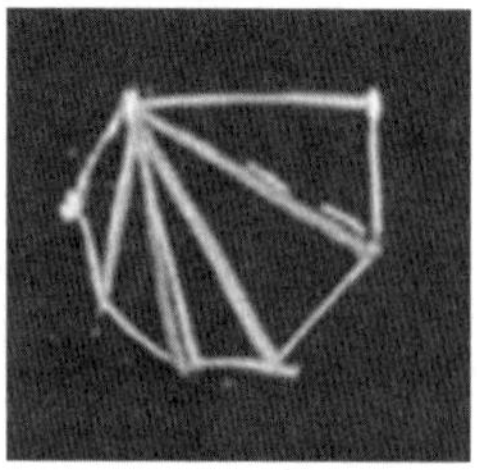

图 14

生：三角形。

（教师让古鸿毅继续讲。）

古鸿毅：（指五边形左上角顶点和相邻的两个

顶点)每个多边形都会有这样的3个点。假设多边形的边数是n,那么再减去3个点,但是它画4条线不能代表它能分成4个三角形,它还多1个三角形,所以再加1,也就是这个多边形分的三角形数。

(古鸿毅边讲边板书:$n-3+1$。)

师:$n-3$表示什么?我没听懂,(一个学生插话说“没听懂”。教师对着古鸿毅说)你继续讲给我们听。

古鸿毅:$n-3$中n就表示几边形,几边形就有几个点。

师:n表示多边形的边数,n边形就有n个顶点。

生:有n个顶点。我们从一个点出发画线,它不可能在自己的点画,也不可能和它相邻的两个点画,也就是要减3个点。

师:画多少条虚线?(依次指五边形左上角顶点及与其相邻的2个顶点)从这个点到它自己这个点能画线吗?(生:不能)到这个点,能画吗?(生:不能)到这个点呢?(生:不能)画虚线的时候,是一共的顶点数要减去几?(生:3)就画了多少根虚线。现在听懂“$n-3$”的,请举手。

(学生纷纷举手,教师抽签,学号35号的徐芮祺回答。)

徐芮祺:n是有多少个顶点,3就是3个不可能连线的顶点,剩下来就是能画线的顶点,能画多少条虚线。

(全班鼓掌。)

师:怎么又要加1的呢?

古鸿毅:(边说边指虚线与分出的三角形)我们可以把每条线段和它的一个三角形绑在一起。

师:他说绑在一起,我想到一个词,有一条线段,有一个三角形——

梁宸轩:一一对应。

(全班鼓掌。)

师:哪一个词?(学生齐答“一一对应”,教师描、指图中最左侧的一条连线与其左边的一个三角形)看好了,这一条线,它就对应一个三角形。好,继续。

古鸿毅：紧接着我们继续一一对应，就是这条线段。（依次描、指图中其他连线以及连线左侧的三角形）第一条线段跟第一个三角形一一对应，第二条线段跟第二个三角形一一对应，第三条线段跟第三个三角形一一对应，还多出了 1 个三角形。我们现在要求的是三角形个数，所以就要加 1，表示有多少个三角形。

（全班鼓掌。）

师：刚才古鸿毅在讲什么问题？

尹辰骏：多少个三角形。

师：把话说完整，就是一个 n 边形可以分成多少个三角形？

（学生回答：$n-3+1$，教师手指之前古鸿毅的板书，提示：化简一下。学生回答：$n-2$，教师板书：$n-2$。有学生举手，教师示意他发言。）

刘轩铭：我的“小研究”上写的多边形的内角和规律，跟古鸿毅的很相似。（教师邀请刘轩铭展示他的“小研究”，如图 15）就是这个规律，180°×（几边形－2）＝多边形的内角和。

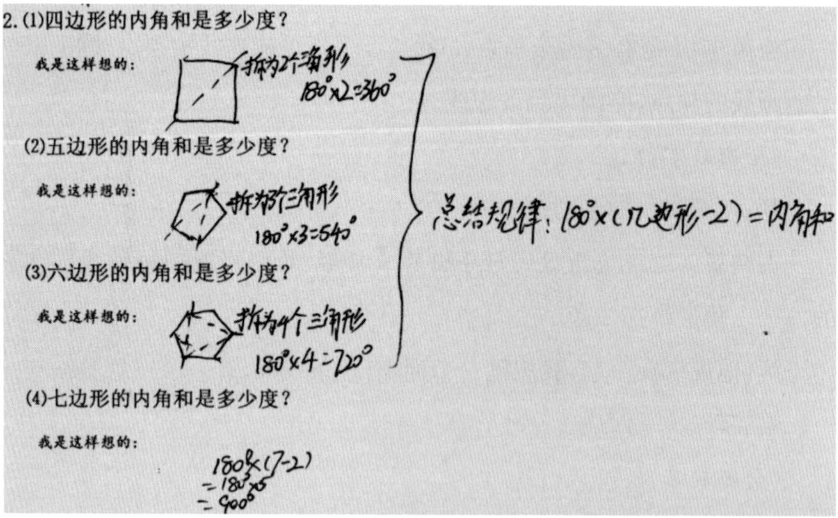

图 15

吕函蔚：我觉得你的这个总结不是很到位，它其实不是几边形减 2，是几边形的边数减 2,或者用 $n-2$。

(全班鼓掌。)

师:掌声也欢送刘轩铭,他把规律讲出来了。(全班鼓掌)再看古鸿毅的想法。(依次指黑板上画的六边形与七边形)这个是几边形呢?(生:六边形)然后分成了什么?(生:4 个三角形)这个是几边形呢?(生:七边形)分成了几个三角形?(生:5 个三角形)。如果边数更多,分成的三角形就会更多。他发现,几边形,分成多少个三角形,是有规律的。他用了一个式子来表示,如果是 n 边形,就能分成多少个三角形?(生:$n-2$)他看到的是多边形的什么?(生:顶点)然后去想分的线。可以看顶点,还可以看什么?(生:边。教师在黑板上画了一个七边形,如图 16)数一下,几边形?(学生数后确认"七边形")我们现在要把它分成什么?

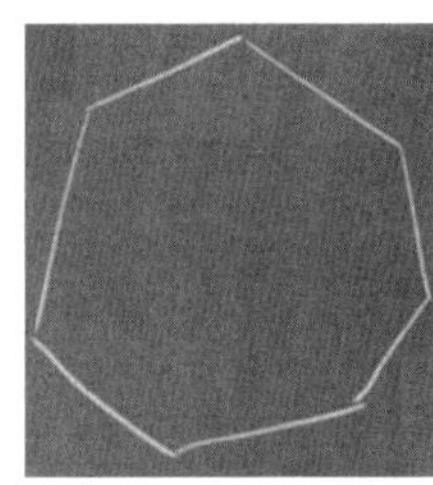

图 16

(学生回答"三角形"。教师先指图形左上角的一个顶点,然后用红粉笔描和这个顶点不相邻的一条边,再画一条虚线,分出一个三角形;继续红粉笔描一条边线,画一条虚线,分出三角形。教师边画边和全班交流,如图 17。)

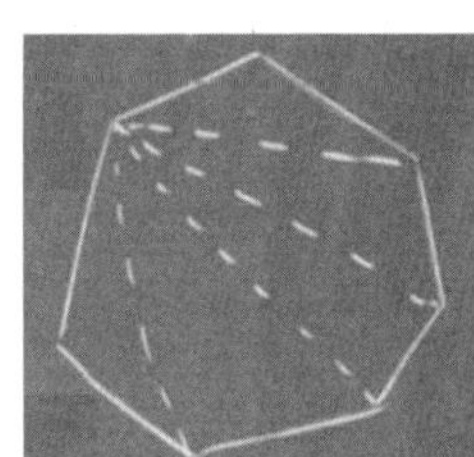

图 17

师:从这个顶点出发,看到了这条边,分出了几个三角形?依此类推,一一对应,一共分出了几个三角形?

生:5 个。

(教师请古鸿毅抽签,13 号学生狄嘉佑发言。)

狄嘉佑:n 边形,除了那个原点两边的线之外,其他的边都能跟一个三角形对应。

(全班鼓掌。)

师:(指黑板上所画的图)原来是七边形,现在这么一看,能分成几个三角形？

生：（齐）5 个。

师：原来如果是 n 边形，能像这样分成几个三角形？

生：（齐）$(n-2)$个。

师：一个三角形多少度？

生：（齐）180°。

师：n 边形的内角和是多少度？

（教师请古鸿毅继续帮忙抽签。34 号学生徐培淏发言。）

徐培淏：n 边形的内角和，就是它的边数减 2，然后它的差乘三角形的内角和。

师：明白了道理，我们就找到了算多边形内角和的一种方法。（展示古鸿毅的“研究学习”材料，如图 18）我们前面研究了三角形、四边形、五边形、六边形、七边形。为什么要把这些问题用表格整理出来啊？

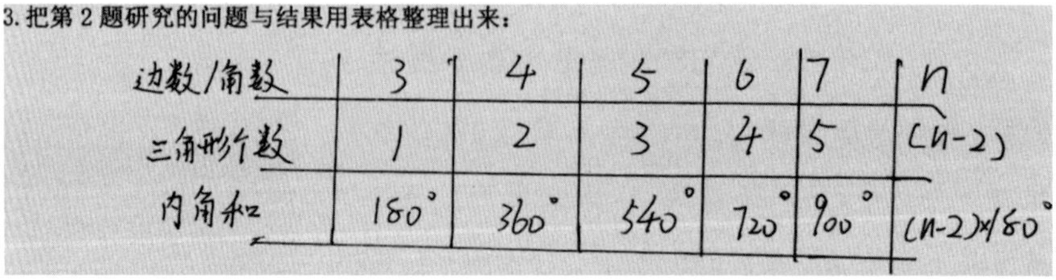
3. 把第 2 题研究的问题与结果用表格整理出来：

边数/角数	3	4	5	6	7	n
三角形个数	1	2	3	4	5	(n-2)
内角和	180°	360°	540°	720°	900°	(n-2)×180°

图 18

陈奕霖：因为看表格比一个一个地看，更加清晰一点。

李映萱：看起来更加清晰明了。

贾苏：把表格画出来，可以帮助我们发现一些规律。

（全班鼓掌。）

师：（展示古鸿毅的“研究学习”材料后续内容，如下页图 19。组织全班学生先读一读古鸿毅的“发现”）我们看看他发现什么。第一条发现——

生：边数＋1，三角形个数＋1，内角和＋180°。

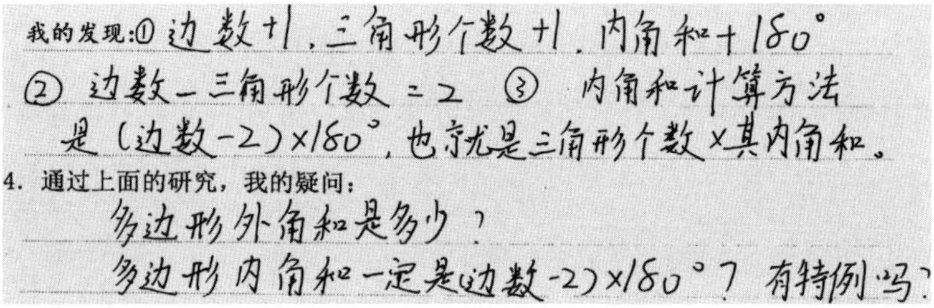
我的发现：① 边数+1，三角形个数+1，内角和+180°
② 边数−三角形个数=2 ③ 内角和计算方法
是(边数−2)×180°，也就是三角形个数×其内角和。
4. 通过上面的研究，我的疑问：
多边形外角和是多少？
多边形内角和一定是边数−2)×180°？有特例吗？

图 19

（学生回答时，教师依次指古鸿毅表格中横着的数据。）

师：这是怎样看的？

生：（齐）横着看的。

师：接下来可以怎样看？

生：（齐）竖着看。

生：边数−三角形个数＝2。

（教师依次指表格中各列数据，学生一一验证“边数−三角形个数＝2”。）

师：换个说法，三角形的个数等于什么？

生：$n-2$。

师：再看黑板。刚才说出“$n-2$”的同学，掌声，送给自己。（全班鼓掌）再看他的第三个发现。

生：内角和计算方法是边数减 2 的差乘 180°，也就是三角形个数乘其内角和。

师：再竖着看，就发现内角和的度数和它们之间的关系了。他写了几条发现？

生：3 条。

师：为什么能写这么多？可以横着看，竖着看，前提是，整理成表格，便于观察。再看一下他的疑问。

（学生自由读古鸿毅的“疑问”。）

师：这两个问题问得怎么样？（全班鼓掌。教师再指黑板上的图形）我最后问一个问题，今天我们是把多边形分成了什么？（生：三角形）像刚才这样分，都看明白了吗？如果把多边形分成三角形，一定是这样分吗？（生：不一定）那还可以怎样分呢？下课以后，做好的“小研究”交给我。下课！

扫码听一听

【教学思考】

备课、上课、品课，每一个环节都是我们探讨和研究在一节课的教学中，学生是如何学的、教师是如何教的重要参考。教师应从学生的学习全程，关注这节课上课之前、上课之后的“学”与“教”。下面，以《多边形的内角和》一课教学为例，谈谈我的思考与实践。

一、学习，不是从上课铃响开始的

上课铃响，师生起立，互致问候，课堂学习开始。这是大多教师理解的学习伊始，但学生的学习并不是从上课铃响后才开始的。课堂，只是集体学习、集中学习的一段时光；学习，不局限于课堂学习。学生的学习，是不受课堂40分钟拘囿的。

上《多边形的内角和》这节课前，班上已有一半以上的学生做过相关内容的“自主小研究”。所谓“自主小研究”，是学生在学习过程中，对自己有趣的问题、任务在课后思考、探索，并展开自己的研究。对学生而言，这样的研究学习，具有自主性，更能调动学生学习的积极性。

为什么会选择《多边形的内角和》这节课呢？学生并非每节课都会做“自主小研究”，但在学习《三角形的内角和》时，有学生提出过这样的问题：“其他图形的内角和是多少？”教师便以此为契机鼓励学生以四边形、五边形等多边形的内角和为研究对象，进行自主研究。

回到这节课，上课时间是5月24日。课前，学生完成了我设计的“研究学习”材料。再往前推一些呢？下面是我班学生主动开展对这个内容的“自主小研究”的情况记录。

5月20日，主动做《多边形的内角和》“自主小研究”的有1人：周棣。

5月21日，主动做《多边形的内角和》“自主小研究”的有9人：曹瀚文，吕函蔚，贾苏，古鸿毅，尹辰骏，徐芮祺，徐培淏，程旻尔，胡铂恒。

5月22日，主动做《多边形的内角和》“自主小研究”的有15人：陈子涵，赵安頔，黄翌辰，周子墨，施惟祯，刘祎涵，周柯妤，王辰羽，陈欣宜，万品韵，张成睿，王炫晨，王昱淇，雷皓宁，刘轩铭。

对于这样的“自主小研究”，教师不仅要知晓完成的人数，还要看到具体是哪些学生，并且鼓励更多的学生，以这样的方式主动思考与学习。学生的“自主小研究”，不仅能帮助学生提升自主研究能力与学习热情，还能给教师提供设计“研究学习”材料的参照。这节课的“研究学习”材料，教师参考了7个学生的想法，在“研究学习”材料中署名呈现，并在课堂开头给予公开表扬，这既是对学生的激励，也是对“师生共同设计课堂”理念的贯彻。

《多边形的内角和》是在《三角形内角和》教学之后，教材安排的探究型综合与实践活动。不光学生会思考，教师也应主动思考：学生在学习了《三角形内角和》之后，会主动联想四边形、五边形等图形的内角和问题吗？学生会主动探究“四边形、五边形的内角和是多少度”这样的问题吗？如果班级中一个学生都未曾有这样的思考与探索，是否因为我们的课堂教学缺失了什么呢？

无论是学生的“自主小研究”，还是教师提供的“研究学习”材料，都让学生在走进课堂之前，开启了他们的探究真知之旅。

二、课堂，预设与生成双向奔赴

这节课的教学安排，可以从“研究学习”材料中窥一斑而知全豹。这节课的典型特征是，一半“预设”，一半“生成”，是预设与生成的双向奔赴。

“研究学习”材料第1题，教师的预设如下：

1. 展示空白的“研究学习”材料。教师指出：昨天我们做的“小研究”，老师参考了我们班7个同学之前自主小研究的设计，掌声表扬他们。

2. 逐一展示缪依凝、吕函蔚和尹辰骏、李映萱和王怡涵、周柯妤的“研究学习”材料中的第1题，组织全班分析：他们抓住了“三角形的3个内角的和是180°”这句话的什么地方进行思考的？

结合学生的回答，教师圈画：三角形，内角和，是，180°。

教师小结：从不同角度思考，就会有不同的问题，不同的想法。

将这部分内容的实际课堂教学与课前的预设方案对照，课堂基本按预设进行。教师作出这样的教学预设，并在课堂中按预设进行教学，是由于教师在课前一一研读了学生完成的“研究学习”材料，对每个学生的想法了如指掌，所以能精准地选择部分学生的“想法”作为全班课堂学习的教学资源。

“研究学习”材料第2题、第3题，教师的教学预设则给课堂教学留下了很大的创作空间：

1. 同桌交流“研究学习”材料第2、3题，并做好全班交流的准备。

2. 抽签，学生汇报。

在汇报的过程中，教师针对重点、难点、疑点、误点，相机介入指导。

有意思的是，用什么方式决定发言的学生。交流“研究学习”材料第1题时，教师直接呈现部分学生的想法，相当于指定学生发言；而交流“研究学习”材料第2题、第3题时，教师则采用抽签的方式确定与全班交流的学生。教师关注的是，让每一个学生都参与到课堂学习活动中。

我们再看实际的课堂教学中发生了什么。

通过抽签，决定古鸿毅、胡铂恒与全班交流。古鸿毅借助自己的“小研究”讲解四边形、五边形的内角和，胡铂恒在黑板上画图讲解六边形和七边形的内角和。两个学生分工明确，在古鸿毅详细讲解了四边形、五边形的内角和的算法之后，胡铂恒用“以此类推，可以用相同的方法来分”承前启后，开启了他的讲解。此时，教师介入，组织学生分析“什么相同的方法”，引起学生对“方法”的关注。这些，虽然难以在课前作出具体预设，但基本还在预设中；接下来的课堂进展，有两处大场景，完全是教师难以作出具体内容预设的“生成”。

其一，胡铂恒的讲解，引发师生、生生间多向互动。

胡铂恒继续画图讲解，学生弯韶飞举手说，“三角形怎样分，是有规律的”。学生的思考不止步于一一分出三角形，他们在分的过程中发现了规律，于是要“抢着说”，这是学生主动思考、深入思考的表现。教师介入，示意弯韶飞暂停“结论性”的发言，让其他学生继续倾听胡铂恒过程化的讲解。在胡铂恒继续讲解过程中，又有两个学生与之互动。胡铂恒讲解之后，王辰羽补充发言“不同分法”“六边形不一定全分成三角形”。王辰羽的“分边”想法，引发了其他学生的补充发言：不应分“边”，应分“角”。之后，在互动讨论中，学生的认识又有进阶：分“边”，也是可以的。徐培淏在发言中说到“对称轴”，尽管这也是教师没想到的，但教师“不放过”，在后续交流中不仅引导学生重温什么是轴对称图形，还使他们认识到研究多边形的内角和，并不局限于轴对称图形。与之相似的还有对周柯好发言的讨论与交流。针对王辰羽表达中的另一处不准确，教师将之作为教学资源，对吕函蔚听出差错的学习表现进行表扬，是对班级中更多学生课堂学习行为表现、学习状态的评析与指导。当课堂从师生间“一对一”式你来我往的互动，走向师生间、生生间多向互动时，课堂“生成”，就是一种常态。

其二，古鸿毅的“顶点”想法，是教师上这节课前未曾遇见的。

古鸿毅讲解他关于多边形分成的三角形个数的想法：n 边形，n 个顶点，减去 3 个点，再加上 1，就是多边形分成的三角形个数。当他第一遍讲解时，班上学生没听懂，教师也没听懂。教师请他再慢慢地讲第二遍。教师指出：“$n-3$ 表示什么，我没听懂。”有学生也插话说“没听懂”。学生说没听懂，是真的没听懂；而教师说没听懂，往往是教师判断班级中其他学生没听懂，于是装作“没听懂”。但可以肯定的是，学生根据图形顶点数来推理分成三角形的个数，是教师之前没想到的，也未曾见过的。正是古鸿毅从“顶点”的视角解释多边形分成三角形个数，引出了后续探讨：从“边”的视角解释多边形分成三角形个数。课堂中的“没想到”，就是教师没有完全预设到，是课堂中的“生成”。这些“生成”，让课堂充满了不确定性；这些“生成”，让课堂真实、生动、丰厚。但我们可以确定的是，学生的想法都是有价值的，包括错误的想法，包括教师和学生可能一时都没听懂的想法。每一位学生，都应当参与课堂中。

这样充满“生成”的教学过程，对教师也是一场颇具难度的挑战：教师要具有慧眼，识别并用好学生的想法。正如后续教学，教师利用古鸿毅“研究学习”材料中的表格以及他的“发现”，指导学生如何观察。课堂“生成”，生于学生，成于教师。

三、课堂，改“画句号”为“画省略号”

学习，不是从上课铃响开始的，也不是在下课铃响时就画上了学习的终止符。以前我们上一节课，特别关注是否把一节课预设的内容在 40 分钟内都完成，如果完成了，便是一节完整甚至完美的课堂。在这样的课堂中，完成哪些内容，完全是教师控制着，由教师说了算，因而课前预设的教学任务，在教师的操纵下，以或显或隐的“填鸭式”的方法，按部就班地完成了。为了画上课堂的“句号”，教师“心中有书”，却“目中无人”，学生亦步亦趋、机械被动，课堂毫无生机、活力与挑战。

“学为中心”的课堂，学生为主体，学习为中心，教师更关注学生的学习过程，关注学生的真实想法，关注学生的学习节奏，关注学生的学习是否真实发生、深度发生、持续发生。课时教学任务的确定，不再简单地由教师说了算，而是根据学生的学习状态、学习水平和学习实际情况，安排教学任务，并在实施的过程中相机灵活地作出调整。一节课上到哪儿结束，随着课堂进程，下课铃响就按下暂停键。课堂画上的不是句号，而是省略号。

《多边形的内角和》这节课，在探讨了多边形分成三角形的方法与道理之后，教师提出新的问题："把多边形分成三角形，一定这样分吗？还可以怎样分呢?"用问题推动学生课后继续思考，又为下一节课的学习做准备。上课时，学生会对课前提出的"问题"展开交流研究；课结束，思考与研究仍将延续下去。结论，是一个阶段思考的结束，又是再思考并引发一个新阶段学习的开始。

课堂，是学生学习旅程中的一段。一节课，仅仅是学生课堂学习中的一个片段。我们需要整体、系统地考虑学生的学习过程，而不是像"黄泥萝卜擦一段吃一段"那样缺乏长远的眼光与意识。教师要重视"一节课"的教学，但心中不能仅有这"一节课"。从教学目标到过程与方法，作为教师，要看到上课之前，学生如何；看到上课过程中，学生如何；看到上课之后，学生还可以如何。

教师，要不断寻找课堂在学生学习中的新坐标，看到学习的连续性和课堂对学习的促进作用，注重课堂在整体学习全程中的效能。学生在课堂中澄清认识，优化想法，学会思考，学会交流，学会学习，感受思考乐趣，保持好奇心，激发探求欲。课堂，成为"学会学习""可持续发展""高质量成长"的加油站。

扫码问一问

从问题出发，让思维自然生长

——评贲友林老师《多边形的内角和》一课

□ 罗鸣亮

扫码听一听

从贲友林老师《多边形的内角和》一课中，我们看不到刻意的教学环节设计，听不到生硬的知识灌输，有的只是学生从“想问”到“会问”，从“想说”“敢说”到“会说”的思维自然生长过程。我们看到了一个“真问题、真探究、真生长”的深度对话课堂。

一、真问题：从学生的“疑问”启程

课堂以学生自主“小研究”提出的原生态问题作为探究起点，让问题成为思维生长的种子。课前，学生在“三角形内角和是180°”的认知基础上，通过“小研究”迸发多元思考，提出问题：缪依凝代表大多数学生，从“三角形”这一图形概念出发，追问“四边形、五边形”的内角和；吕函蔚由“内角和”的概念对立，自然联想“三角形外角和是多少”；李映萱、周柯妤则对“180°”这一结论发起质疑，提出“有没有内角和不是180°的三角形”。这些问题不是老师提前“喂”的，而是学生自己从“三角形”“内角和”“180°”这些旧知识里“长”出来的，是学生的“真思考”“真困惑”“真问题”。

贲老师的教学智慧在于，带着学生“拆解”这些问题：“你是抓住原句里哪个词想到的？”将碎片化问题转化为“结构性提问”的范例。抓住“三角形”，就会从“3条边”想到“4条边、5条边”；抓住“内角和”，就会联想到“外角和”；抓住“是180°”，就会好奇“有没有不是的”。就这样，零散的问题连成了“问题链”：从已知的三角形，自然延伸到未知的多边形；从“是什么”的疑问，衍生出“为什么”“还有什么”的深层思考。贲老师通过“抓住哪一个词去想”的追问，这种“关键词联想法”，让学生亲历“问题从何而来”的思维过程，培养提问能力，培育“用数学眼光观察现实世界”的核心素养。

二、“真探究”：在试错与对话中碰撞

当学生进入“如何求多边形内角和”的探究环节，课堂也进入思维碰撞、深度对话的阶段，展现“真探究”。探究多边形内角和时，学生的方法各不相同。有学生用“分割法”：四边形分成 2 个三角形，内角和就是 $180^\circ\times2=360^\circ$；五边形分成 3 个三角形，就是 $180^\circ\times3=540^\circ$，依此类推。有学生“走了弯路”：王辰羽尝试从边上分割，连接两条边上的两个点，将六边形分割成梯形与五边形，结果发现“分完后多了新的角，算起来更麻烦”，一个学生马上指出“梯形是四边形，分的时候应该从顶点连线，别从边上分”。有学生“玩起了符号”：古鸿毅用“n 边形”表示任意多边形，琢磨出“从一个顶点出发，能连 $(n-3)$ 条线，分成 $(n-2)$ 个三角形”，虽然一开始大家没听懂，但通过画图、数顶点，慢慢明白了“$n-2$”的道理。在不同学生的多样化表达、对话、思维碰撞过程中，贲老师始终没有急着“纠正”或“总结”，而是让学生互相质疑、补充：“你为什么这么分?”“这种分法有没有问题?” 在一来一回的对话交流中，从“分成 2 个三角形”的直观描述，到“$(n-2)\times180^\circ$”的符号化表达，学生在教师“$n-2$ 表示什么?”“为什么减 2?”的追问中，建立边数、三角形个数、内角和三者之间的逻辑关联。这种从“直观描述”到“符号思维”的跃迁，不是教师灌输的结果，而是学生在真实探究中“想清楚、说清楚、理清楚”的思维自然升华。

三、“真生长”：让思维在延续中扎根

课堂的“真生长”，是从课前到课后的全程贯穿。上课前，学生通过“小研究”提前探索，从自主参与设计“研究学习”材料，带着对“多边形内角和”的好奇与思考走进课堂；贲老师将学生的问题和想法融入“研究学习”材料，让课前的自主探究成为课堂生长的起点——当学生看到自己的名字被全班宣读、问题被郑重讨论,“主动思考”的种子已悄然发芽。课堂中,教师不做“完美预设”的掌控者,而是成为学生真实想法的承接者:古鸿毅用顶点数推导“$n-2$”时的“卡顿”,王辰羽分六边形时的“弯路”,都被转化为全班共同辨析、对话的资源,在“为什么这么分”“哪里没懂”的对话中,学生自己理清了“转化为三角形”的本质规律。课后,教师留下“还可以怎样分”的追问,让这节课的结论又变成新探究的起点——就像课前从三角形想到多边形,课后学生又会带着疑惑继续琢磨。这种不画“句号”的课堂,让学习从40分钟的集中活动,变成课前、课中、课后连贯的思维旅程,学生不仅学会算多边形内角和,更在真实的问题解决中积累“如何学习、如何思考”的能力。当课堂成为连接课前、课后的加油站,学生的思维生长便有了持续的动力——这,才是藏在知识背后的“真生长”。

赍老师的这节课,没有刻意的“教”,却处处都是深刻的“育”。当每个“真问题”都被认真倾听,学生便敢于从已知的三角形望向未知的多边形,在知识的关联中长出提问的勇气;当每一次“真探究”都被耐心“接住”,哪怕是走弯路、说错话,学生也能在试错中明白“数学不是完美的表演,而是不断靠近本质的思考”;当每一种真生长都被温柔期待——无论是发现一个规律、纠正一个错误,还是埋下一个新问号,学生终将懂得,学习从不是记住一个知识点那么简单,而是像剥洋葱一样,在层层追问中看见思维的本质。赍老师通过“把课堂还给学生”,让每个学生在问题驱动的对话与实践中,自然发展数学思维,展现了“学为中心”课堂的本质:不是教知识,而是育思考者!

(**罗鸣亮**,特级教师,正高级教师,福建省教研室。)

育人视角的课堂实践

——《鸡兔同笼》教学与思考

【教学内容】

小学数学二年级下册《鸡兔同笼》。

【教学目标】

1. 经历探索、交流解决"鸡兔同笼"问题的过程，能正确解决简单的"鸡兔同笼"问题。

2. 初步感受画图、列举等解决"鸡兔同笼"问题的方法，能比较清楚地表达自己的想法，促进养成勇于尝试、积极探索、独立思考、合作交流等学习方式。

3. 感受中华优秀传统文化，激发探索、思考数学问题的兴趣。

【教学准备】

课前，每位学生独立、自主完成"研究学习"材料，如下页图1。

【教学过程】

扫码看一看

一、揭示课题

师：今天我们这节数学课，将交流讨论什么问题，知道吗？

生：（齐）"鸡兔同笼"。

1. 鸡兔同笼,有 9 个头,26 条腿。鸡、兔各有几只?

(1) 请打"√",再分析解答。

□ 我会做这道题。　　□ 我感觉我不太会做这道题。

我的分析与解答:　　我的尝试:

(2) 解决这个问题,我的体会、我的疑问:________________。

(3) 鸡和兔会关在一个笼子里吗?我们为什么要学习鸡兔同笼问题?

2. 我编一道类似的问题。

我编的题目:________________。

我的解答:________________。

图 1

师:对!你知道为什么把这样的问题叫作"鸡兔同笼"问题吗?

殷悦:我觉得是因为这道题目是把鸡和兔都关在一个笼子里面。

师:她说得对不对啊?(全班鼓掌)这道题目,课前已经做过了,我觉得要表扬我们班同学的一点在于,会做的同学做了,感觉不太会做的同学也尝试做了,应该不应该把掌声送给我们自己?

(全班鼓掌。)

二、同桌交流学习

师:不过,大家做的"小研究"我都已经看过了,还不完全一样。请同桌两个小朋友先相互交流一下,交流"我是怎样做的",还要交流"我是怎样想的"。在交流的时候,还要想想"我怎么讲,能让同桌听明白我的想法"。想想怎么讲,听明白了吗?同桌两人先交流一下。

(学生同桌间交流,大约用时 2 分 20 秒。)

三、全班交流学习

师:我们今天的全班交流,是先请会解答的同学,还是先请原来感觉不太会的同学?

陈杞菡:先请不太会的人上去,这样可以看看他们是怎么尝试的。

师:有一个词说得特别好。

生：(齐)尝试。

(教师请“小研究”中感觉不太会的学生举手，报出各自的学号，听课教师任意抽报其中一位学生的学号。一位老师报“8号”，8号学生曹恩铭与全班交流。)

曹恩铭：(展示图2)我是这么想的，假如全是鸡，算式就是2乘9等于18条腿，鸡有18条腿。总共有26条腿，26减18等于8，所以就有8条兔子腿，每只兔子有4条腿，所以8除以4等于2只。有2只兔子，鸡和兔子都有一个头，所以9减2等于7，鸡是7只。

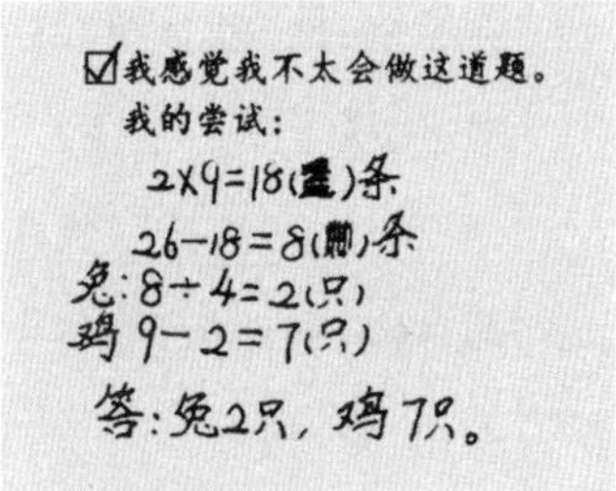

图 2

董歆然：我觉得你算错了，你这里不应该除以4，应该除以2，因为那几只兔子已经有2条腿，再有2条腿就可以有4条腿了。

陈杞菡：我有一种比你简捷的方法。

师：陈杞菡说他有更简捷的方法，稍后交流。刚才董歆然说什么？

生：(齐)错了。

师：他的答案，兔是多少？(生：2只)鸡是多少？(生：7只)你怎么觉得他错了？这2加7不就是9只小动物吗？

王棆露：2加7确实等于9，题目中说是26条腿，我们算一下是不是26条腿。一只兔子4条腿，2只兔子就是8条腿。

(教师示意王棆露“暂停”，让学生说出算式。学生口述，教师板书：2×4=8，指名学生解释2、4、8各表示什么。)

王棆露：这是兔子的腿，再算鸡的腿，2乘7等于14条，[教师板书：2×7=14(条)]然后8加14等于22条。

[教师板书：8+14=22(条)，如图3。]

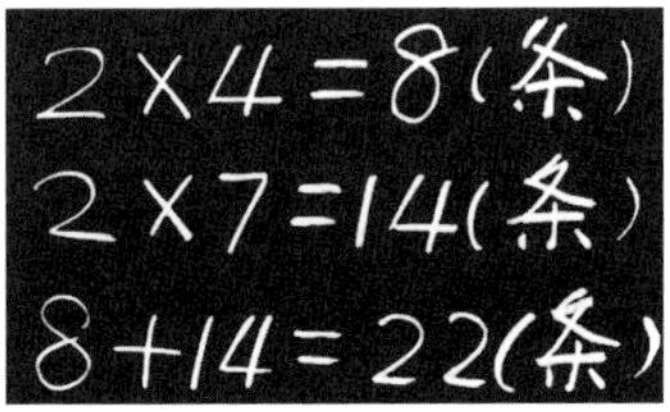

图 3

师：曹恩铭，你发现什么了？

曹恩铭:我发现,原来一共有 26 条腿,但我现在算的是 22 条腿。

师:曹恩铭根据 2 只兔和 7 只鸡,算出来多少条腿?

生:(齐)22。

师:对不对啊?王棔露用了什么方法就知道他不对了?

陈昱铭:他是用检验的方法。

师:他说了哪两个字?

(学生回答“检验”,教师板书:检验。)

师:检验是什么意思?

生:验算,检查。

师:这一检查、验算,发现这鸡和兔的只数对不对?(生:不对)发现不对怎么办呢?稍后再探讨。刚才陈杞菡说有个简单的方法,有请陈杞菡与大家交流。

(陈杞菡边画边讲,先画了一个长方形,然后在长方形中画 9 个圆,同步讲解:先画一个笼子,我们现在知道有 9 个头。教师示意陈杞菡暂停。)

师:这个圆是什么意思?

杨斯博:圆表示的是头的意思。

师:几个头?

生:(齐)9 个头。

陈杞菡:(在第一、三、五、七、九这 5 个圆下画了两条线段,如图 4),鸡有 2 只腿。

(教师请伍思明到黑板前解释陈杞菡所画的圆、两条线段,以及圆和两条线段合起来的图各表示什么。伍思明正确解释之后,全班有不少学生举手,教师让陈杞菡请同学发言。)

图 4

袁森宸:还有 4 只鸡没有腿。

林予涵:你怎么知道这里有多少只鸡多少只兔呢?

陈杞菡:(继续画图,如图 5[①])一只兔子有 4 条腿,那我们就用 2、4、2、4、2、4、2、4。

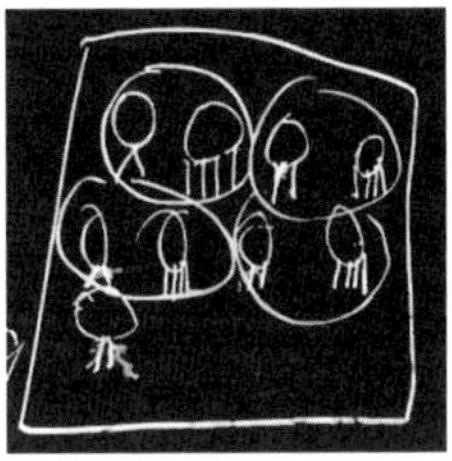

图 5

师:我发现他画的时候是有规律的,你发现规律了吗?

林景然:他画的时候是这样画的,一只鸡一只兔,一只鸡一只兔……

师:是啊,这样有规律地画了之后,我们看,鸡有几只?(生:5 只)兔有几只?(生:4 只)这就好了吗?

陈杞菡:没有,再数一下,数他们的脚,如果正好是 26,就对了。

师:能听懂他的话吗?他说画完了以后再做什么?

生:(齐)检验。

师:说得好!要检验有多少条腿?(生:26)这些腿,我一条一条地数,可以不可以?

生:(齐)可以。

陈奕帆:我们可以这样数,第一行第一个是 2 条,第三个是 2 条,合起来是 4 条;第一行第二个是 4 条,第四个是 4 条,二四得八,8 加 4 等于 12 条。第二行一模一样,2 乘 12 等于 24 条,24 再加第三行的 2 条等于 26 条。

亓梦乔:还可以这样算,一只鸡一只兔为一组,一组有 6 条腿。

(教师示意亓梦乔暂停。指导陈杞菡可以在同学讲解时,同步在黑板上记录算式。并提醒其他学生注意观察,看陈杞菡写的算式是不是亓梦乔的想法。)

亓梦乔:一共有 9 只动物,按照陈杞菡这样想的话,一只鸡一只兔为一组,一组一共有 6 条腿,9 除以 2 等于 4 还余 1 只,余下来这只就是鸡,因为鸡是第一个。我们再来算前面的四组,4 乘 6 等于 24,24 加 2 等于

① 图中表示一只鸡和一只兔为一组的圈是学生后续添画的。

26条。

[陈杞菡板书:6×4=24(条),24+2=26(条)。]

师:(指着陈杞菡所写的竖式)这样我们用算的方法检验了26条腿,可以不可以?(生:可以)陈杞菡是用什么方法解这道题的?

生:(齐)画图。

师:(板书:画图)陈杞菡的方法是画图。陈杞菡他说,开始不会做,后来用的什么方法做的?(生:画图)有没有把答案画出来?(生:画出来了)再看看,这个笼子不画,行不行?(生:可以)我们班有同学画的鸡,还蛮漂亮的,请大家看一看。(教师邀请裴雅寒展示,如图6)能看懂这个图吗?她还标注了哪个是鸡,哪个是兔。不过,我发现好像这比陈杞菡的图稍微复杂了点。裴雅寒你下次画的时候,是继续画你这种,还是他那种?

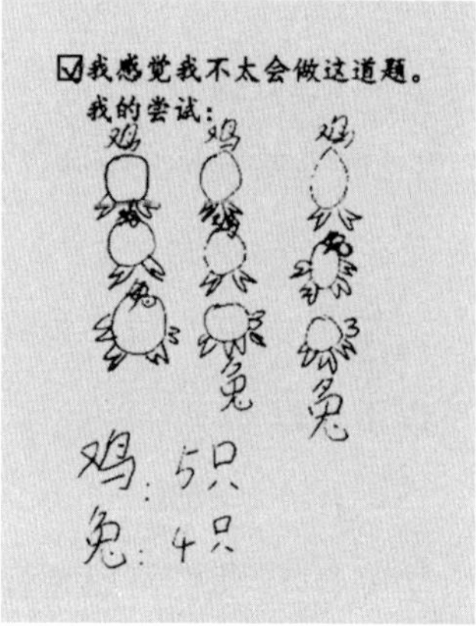

图6

裴雅寒:继续画我这种。

师:为什么呀?

裴雅寒:因为他这种有点太丑了,只剩一个骨头了。

(全班学生哈哈大笑。)

陈杞菡:(指板书)那我问你,你画的鸡下面是啥啊?鸡就算有爪子,也应该有3个。

师:我想,他们的争论大家听明白了。在我们数学里,画图是不是一定要画鸡的样子?(生:不要)在这儿最关键的是画出什么?(生:腿)几条腿?(生:两条)画鸡,两条腿。兔呢?

生:兔要画4条腿,还有1个头。

师:我们数学课上的画图和美术课上的画图不一样。裴雅寒听懂了吗?关键不是像不像鸡,像不像兔,关键是要看得出来(指陈杞菡画的

“鸡”)鸡有——(学生回答:1个头,2条腿。教师再指陈杞菡画的“兔”)兔呢?(学生回答:1个头,4条腿)这样可以画得更快一点,更简洁一点。裴雅寒,你觉得我的说法有没有道理啊?不过,裴雅寒这样画我们也能看懂。

(教师组织全班用掌声欢送裴雅寒、陈杞菡回座位。)

师:我们现在回头来看刚才曹恩铭的方法,曹恩铭做出答案了吗?鸡有多少?兔呢?(学生口述,教师板书:鸡 7　兔 2)经过检验,发现怎么样?

(学生回答“错了”,教师在之前板书的“7　2”后面画“×”,如图7。教师追问“发现错了以后”,尚未说完,学生申凯泽插话说“调整”。)

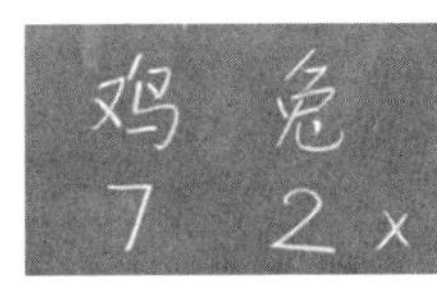

图 7

师:发现错了以后怎么办,申凯泽说了一个词,叫什么?

生:(齐)调整。

师:掌声送给申凯泽!(全班鼓掌)看似错了,但换一个角度看,他是没做完。我们可以调整,怎么调整呢?

钱天伊:(指着鸡)这是4。

(许多学生举手,教师提醒钱天伊请同学发言。)

刘梓润:必须要有一道算式才行。

季凡舒:我觉得你可以用枚举法,把所有头的总数,鸡和兔有多少只列出来,最后再加一加。

师:她又说了个词,是什么?(生:枚举)枚举,是什么意思啊?

季凡舒:就是把所有的可能都写下来。

生:(齐)一一列举。

师:(对着钱天伊说)他们说把所有的可能都写下来,你听懂他们的想法了?写给大家看。

(钱天伊画表格。教师提问:钱天伊画了什么?学生回答“表格”。钱天伊继续边说边填写表格：鸡 1 只，兔 8 只。教师追问：兔能不能是 9 只？为什么？学生回答：不能，因为一共 9 个头。钱天伊继续边说边填表：鸡 2 只，兔 7 只；鸡 3 只，兔 6 只；鸡 4 只，兔 5 只。之后，我们找出了规律，鸡 5 兔 4……鸡 9 兔 0，最前面添加鸡 0 兔 9，如图 8[①]。班上不少学生说“不对”，钱天伊邀请同学发言。）

杨小璇：不能填 0 和 9，因为鸡兔同笼，有两种动物，如果是 0 和 9，就是一种动物了。

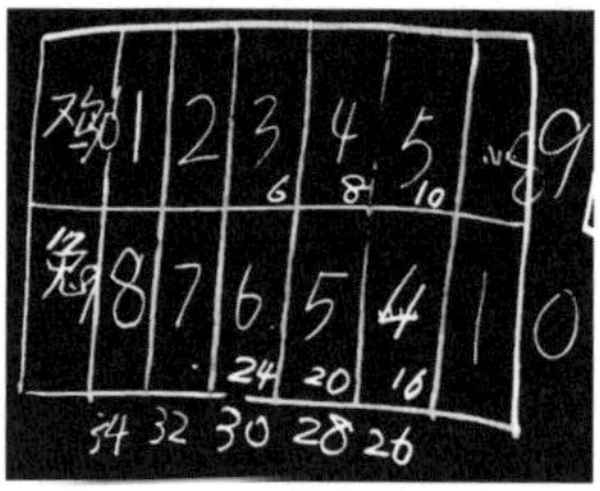

图 8

师：有没有道理？（钱天伊欲擦去刚才板书的“9，0”和“0，9”）先别擦，放在那儿，说不定还有用。这儿写鸡 0 兔 9，就只有哪一种动物？（生：兔）这儿写鸡 9 兔 0，就只有什么？（生：鸡）你觉得这个表格怎么样？

李诺一：很好，她在开头写了鸡和兔。

刘沐颉：我觉得，在表格写不下的时候，她会用省略号来代表。

师：（组织学生横着读表格中的数据）我们发现，她写的时候，是有规律的，是有顺序地写的。写完了，是不是这个题目就做完了？

生：不是。

（教师让钱天伊邀请班上同学接着讲。钱天伊邀请方展博接着讲。教师提醒钱天伊：注意听，方展博讲的是不是你的想法。）

方展博：（到黑板前）说啥呢？

（教师请几位同学说给方展博听。）

张宸睿：就是把钱天伊的想法接下去讲。

林予涵：就是检验。

吴益东：就是把腿的数量给确定下来。

刘梓润：就是需要把鸡和兔的腿数给确定下来。

① 这里计算出的腿的只数是后续学习活动中写的。

师：(指表格中的“鸡 0，兔 9”)这个 0，算不算？(生：不算)那暂不算。(教师指“鸡 1，兔 8”，方展博口答：1 只鸡 2 条腿，8 只兔 32 条腿，合起来 34 条腿。教师指导方展博在表格下记录“34”。全班鼓掌。)

方展博：2 只鸡 4 条腿，7 只兔 28 条腿，合起来 32 条腿；3 只鸡 6 条腿，6 只兔 24 条腿，合起来 30 条腿；4 只鸡 8 条腿，5 只兔 20 条腿，共 28 条腿。

(方展博同步记录“32，30，28”。季凡舒举手，教师示意方展博暂停。)

季凡舒：我有发现，这些腿的和是依次减 2 的。我们继续往下算的话，就不用列算式算了，直接依次减 2 就行。

(全班鼓掌。教师组织学生读数据：34，32，30，28。)

师：按照季凡舒发现的规律，接下来是多少？(学生回答“26”，教师组织学生一起检验)鸡 5 只，兔 4 只，鸡有 10 条腿，兔有 16 条腿，10 加 16 等于 26 条腿。

袁森宸：我知道为什么依次减 2。因为按这个规律，鸡的数量依次加 1，兔的数量依次减 1。多一只鸡就是多了 2 条腿，少一只兔就是少了 4 条腿。4 减 2 等于 2 条，所以依次减 2 条腿。

(全班热烈鼓掌。)

师：真听懂了？发现了规律，袁森宸还想了什么？

生：(齐)为什么。

师：掌声再次送给袁森宸！我们要像袁森宸这样，发现了规律，还要再想一想“为什么”。多 1 只鸡就多几条腿？(生：2 条)少 1 只兔，就少几条腿？(生：4 条)再一抵消，最后是少了多少？(生：2 条腿)刚刚这个表格，(指表格)方展博，找到答案了吗？

(方展博一时没有反应，教师提示：回头看题目，9 个头，26 条腿。方展博又迟疑了一会儿，指表格中“鸡 5，兔 4”这一列，回答：找到了。教师带领他再算一算：鸡有 5 只，鸡一共有 10 条腿，兔有 4 只，兔一共有 16 条腿。全班鼓掌。)

师：(指着钱天伊画的表格)钱天伊这是什么方法呢？

[学生回答“表格”“枚举”“一一列举”，教师板书：一一列举(表格)。指出：用表格的方式一一列举。全班鼓掌欢送钱天伊回座位。]

师：今天，我们讨论的问题是什么？(生：鸡兔同笼)有同学开始做错了，例如谁呀？(生：曹恩铭)其实他不是做错了，他是没做完。要怎么样？(学生回答“调整”。教师指着之前的板书“鸡7，兔2”)如果鸡有7只，兔有2只，下面调整的时候，可以怎么调整？鸡有——6只，兔有——3只。调整后，要注意什么？(生：检验)检验了，对了，才不要调整；如果检验了，不对，要怎么样？(生：调整)我们提示一下曹恩铭，做完以后要怎样？(生：检验)如果不对，再调整。(指陈杞菡画的图)这是谁的想法的？(生：陈杞菡)陈杞菡的运气蛮好的，一画就画对了。有没有一开始没画对的？如果一开始没画对，怎么办？(学生齐答“调整”。教师指钱天伊画的表格)这是什么方法？(生：一一列举)一一列举，也叫枚举。把几只鸡、几只兔像这样有顺序地写出来，再算有多少腿，其实这是做什么呢？

生：检验。

师：如果原来不会做，现在会不会画图？能不能像这样去列举？如果原来做错了，我能不能像这样调整？

(一些学生举手，还要交流自己的想法。)

师：我知道大家还有其他方法，但今天这堂课只能交流到这儿。我们再看钱天伊刚才带来的想法，(展示钱天伊的“研究学习”材料)就看她写的第一行的一句话，一起读。

生：(齐)假设所有的动物都是鸡。

师：一个词。

生：(齐)假设。

师：下面写的暂时不看了。你能不能接着钱天伊的想法再想呢？我们可以下课后再交流。老师有个问题，“鸡兔同笼”，为什么叫“鸡兔同笼”？

殷悦：这个上课的时候已经说过了，因为鸡和兔关在同一个笼子里。

师：你知道鸡和兔关在一个笼子里，关了多少年吗？

（学生笑了。）

林予涵：我在书上看到是一千多年。

师：你在什么书里看到的？

林予涵：网上的书。

师：明天双休日，回家去找，在哪本书里面写着“鸡和兔关在一个笼子里”，看看是不是像他说的关了一千多年。今天这节课先到这儿。下课！

【教学思考】

扫码听一听

“鸡兔同笼”问题是中国数学经典名题。在《义务教育数学课程标准（2011 年版）》“附录”部分，“鸡兔同笼”问题作为第二学段课程实例之一罗列其中。[1] 在不同版本的小学数学教材中，“鸡兔同笼”的编排有所不同，人教版安排在四年级下册，北师大版安排在五年级上册，苏教版安排在六年级下册。我在二年级第二学期，以“鸡兔同笼”问题为载体，上了《解决问题的策略》这一课。这也是我在学科育人视角下的课堂教学实践。

一、育人目标：聚焦学生学科核心素养发展

回到本原处思考，学科知识教学的价值是什么？无疑，应当是为了促进学生的发展。而学生的发展，又不仅仅表现在“双基”层面。学科育人，即在学科教学中育人，通过学科教学而育人。学科教学是途径、手段，育人是终点、目标。因而，数学教学，要促进学生数学核心素养发展，指向学科育人的价值回归。

在小学二年级教学“鸡兔同笼”问题，并不是一时的心血来潮。多年

① 中华人民共和国教育部.义务教育数学课程标准（2011 年版）[S].北京：北京师范大学出版社，2012：90.

之前，我在《小学数学教师》杂志中看到北京一位老师在小学一年级教学“鸡兔同笼”问题的案例，后来，也在现场看过徐斌老师在一年级教学“鸡兔同笼”问题。于是，我便产生了在小学低年级教学“鸡兔同笼”问题的想法，一直等待着实践的时机。因为“鸡兔同笼”问题，如果列式计算，涉及乘法，所以我选择在二年级第二学期上这节课。

数学核心素养是通过数学活动逐步形成与发展的正确价值观、良好思维品质与关键能力。数学，让人学会思考，学会长时间思考。学生面对问题，要有勇于尝试的意识与精神，这应当是数学核心素养的表现之一。

对二年级学生来说，解决“鸡兔同笼”问题是有挑战性的。我在课前安排学生独立完成的“研究学习”材料中，让学生先想一想、做一做：“如果我会做这道题，我的分析与解答；如果我感觉不太会做这道题，我的尝试。”我鼓励学生思考，即便遇到自己不会做的问题，也要进行尝试，不轻易放弃。我让学生在解决问题的开始就建立一种意识：很多问题，我可能暂时不会做，但我不放弃思考与努力，哪怕能“走一步”，都是一种进步。浸润在这样的学习文化中，我们班的 42 个学生，面对“鸡兔同笼”问题，没有一个学生空着不写，每一个学生都有想法，即使是错的，也是有价值的。学生的“研究学习”材料，告诉教师他们“现在在哪儿”，教师就能寻找并确定学生的“最近发展区”。课堂中的“掌声送自己”，不是一种“作秀”，而是让每一个学生意识到，课堂学习需要他们的思考，教师鼓励学生都投入思考。

解决问题，不仅仅要让学生学习用什么方法、策略解决问题，还要让学生有兴趣、有能力解决问题，愿意付出思考，不畏难，愿意尝试。这些，都是在数学学习活动中需要积累的学习经验，需要形成的观念和品质。

二、育人过程：尊重学生学习与成长的规律

育人的过程，是一个尊重学生，但不能完全放任其自然成长的过程。

学科育人，教师是教学设计者，教学活动的主导者，学生是学习主体。

对二年级学生而言，这节课是他们初步学习如何解决问题的一个过程。在这节课的学习中，教师“教”的重点和学生“学”的重点不在于“解”，而在于“学解”。以“解”为出发点，注重的是解决问题的结果；以“学解”为出发点，注重的则是解决问题的过程。

二年级学生面对“鸡兔同笼”问题，他们有自己的想法与做法，如尝试列式、画图、列举等。在这节课中，陈杞菡画的图是成人通常画的样式，用圆圈表示头，用短线段表示腿；裴雅寒画的图，也抓住了头和腿两个要素，不过，她画的腿更为“具象”。数学上的鸡和兔要画成什么样子？为什么这样画？这些，都成为二年级学生在课堂上学习的内容。列举，用表格的方式。这是课堂上钱天伊展示给全班看的。不过，钱天伊在她的“研究学习”材料中并不是这样做的，听了课堂上同学的发言之后，她受到启发而画出了这样的表格。

这节课所学内容，是二年级数学教材中没有的。那二年级学生怎么想到画图、列举这样的方法的呢？或许是曾经学习经历的迁移，或许是家长的指导，或许……可以确定的是，学生的学习不仅在课内、校内，他们的学习无界。我们不要排斥或者无视学生在课外、校外的学习。当然，课外、校外的学习，也不应当是强制与强化性质的或是带给学生较重负担的。学习本无界，从时间、空间维度来说，学生的学习不受限制。我们要看到学生完整的学习与成长的环境背景。

课堂，在展示与交流过程中，促进更多学生“学解”。学生认知的改变与提升一定有一个过程，甚至是一个缓慢的过程。教师遵循学生的认知发展水平、学习基础和学习经验，进行引导与指导，而不是直接告知，更不是包办代替、“强制执行”。

这节课中，学生陈奕帆在“数、算”陈杞菡所画的鸡兔图中有多少条腿时，先算第一行的鸡腿，“2＋2＝4”，兔腿，“4＋4＝8”，第一行共“4＋8＝12”条腿；第二行与第一行相同，共“2×12＝24”条腿；再加第三行，“24＋2＝26”。这种算法，虽显繁琐，但教师不应“舍弃”学生的“笨”方法，巧从笨中来，学生的认知优化需要逐步引导。

这节课中，钱天伊用表格列举时出现了“鸡 0，兔 9”与“鸡 9，兔 0”这两种情况，有学生认为这“不对”，教师不急不躁，指出“先别擦，放在那儿，说不定还有用”，“那暂不算”，搁置了“争议”，为后续再探讨、再学习留出空间。

这节课中，方展博一一算出表格中列举的鸡、兔共有腿数为 34，32，30，28，正是这慢慢呈现的过程，促发学生季凡舒的发现“腿的和依次减 2”，也引发随后袁淼宸“我知道为什么依次减 2”的解释，这是这节课学生思维表现的高光时刻。教师相机指导学生“知其然，知其所以然”的数学思考方法。

这节课中，抽签产生第一位与全班交流的学生曹恩铭，呈现的解法出错了，其他学生指出了错误。教师立即将“如何从错误走向正确”作为教学资源，引导学生知晓首先要发现错，要通过检验发现是否有错，检验不是教师的强制要求，而是形成解决问题的一个步骤，一种习惯。曹恩铭课堂展示时的错，价值意义不仅在于改对，而在于引出了“检验”的必要性与价值。更重要的是，教师在课末阶段和全班分享的观点：其实他不是做错了，他是没做完。这是教师引导学生对错误的另一种角度的认识。

点点滴滴，日积月累，汇聚于学生的成长。学科核心素养，依托于学科问题的解决过程和学科思想的感悟过程而得到发展。

最后，要指出的是，这节课中，画图、列举、假设等方法，也不是通过这节课就完成了学习，后续，将在这节课基础上继续学习。学习是一个过程，看似不同的方法，是慢慢实现优化、迭代升级的。以这节课中的画图为例，它是一种解决问题的方法，也是将来列算式解决问题时一种解释思路的方法。在不同阶段，学生连续学习。学习，不是一蹴而就的。课堂，在成长中不是句号，而是名为“连接符”的省略号。

让儿童亲历完整的数学学习

——评贲友林老师《鸡兔同笼》一课

□ 丁爱平

扫码听一听

小学数学课堂教学如何将学科育人落到实处？贲友林老师执教的《鸡兔同笼》这节课作出了成功的探索，我清晰地看到一条学科育人的路径：让儿童亲历完整的数学学习。

小学生的数学学习是儿童感性与学科理性的完美结合，是认识数学世界和探索自我成长的和谐统一。完整的数学学习指向全面的育人观，包含三层含义——其一，认知过程的完整性关注。在教学过程中，学生基于亲身体验自主探究知识的本源、拓展、应用、创造的完整过程，彰显学习的过程性、完整性和生长性。其二，学习内容的完整性关照。立足数学课程的整体框架，对数学知识的本源、发展和联系做整体分析，帮助学生自主建构完整的认知结构。其三，学生成长的完整性关怀。让学生在充满爱与智慧的学习环境中感受学科本身内在的精神价值，获得智力的发展、品格和道德的形成，获得完整性的生命成长。

一、学习内容的完整关照

每一个教学内容的选择和教学设计都需要教师立足数学课程的整体框架，从高观点、高视角对数学知识的本源、发展和联系做整体分析。关于“鸡兔同笼”的编排，苏教版教材安排在六年级下册，画图、列表、列方程等策略或方法是六年级学生已有的知识经验，教师要引导学生对这些策略进行整体关照，沟通联系，根据具体问题灵活选择策略。

贲老师请二年级的学生来解决“鸡兔同笼”问题，这样的决定绝非教者思维主宰的人为拔高教学要求，而是将该素材作为一个例子，鼓励儿童勇敢地作出“尝试”。小学生学习“鸡兔同笼”，不单单是学习用什么策略和方法来解决问题，还可以包括学习发现解决问题遇到的困难之所在，学习怎样提出问题，学习如何自我调节，学习如何同侪互助，等等。显然，这些学习内容具有观念性的成分和情感性的因素，同样属于数学学习内容。从某种意义上说，它们一旦根植于儿童心灵，必将在儿童未来的学习中发挥巨大的作用。从贲老师设计的课前“研究学习”材料可以看出这份良苦用心，答题区域设计了两个选项：“我会做这道题，我的分析与解答；我感觉我不太会做这道题，我的尝试。”特别是“我的尝试”，这个词语给予学生莫大的安全感。

“研究学习”材料在哪里？贲老师没有预设 PPT，而是征询学生的意见：今天的全班交流，是先请会解答的同学，还是先请原来感觉不太会的同学？陈杊菡说：“先给不太会的人上去，因为可以看看他们怎么尝试的。”天真儿童是我师，这句童言印证了陶行知先生的话“小孩人小心不小”。感觉不太会的学生举手并报出各自的学号，一位听课教师任意抽报“8 号”，于是，今天的“研究学习”材料由曹恩铭率先提供。课前独自经历的“尝试”、正在自发进行的“调整”以及后续鱼贯而出的“生成性资源”，共同构成了极具张力的学习内容，促进学生完整地学习。

二、学习过程的全程关注

完整的学习，从体验的方式而言，是一种“亲历的、自由地、全程的学习”。罗杰斯说：“真正能够影响一个人的行为的知识，只能是他自己亲身经历并加以同化的知识，凡是可以教给别人的结果性知识相对来说都用处不大。”《墨辩》提出三种知识：一是亲知，二是闻知，三是说知。亲知为一切知识之本，闻知与说知必须安根于亲知里面方能发生效力。让学生亲历学习过程，充分彰显学生的自主与个性、理解与创造、情感态度与价值观，有助于激发学生学习的自主性、深刻性和创造性，从而在真实的学习过程中自主建构，在自由的学习历程中发生真学习，在深刻的学习历程中获得学习进阶。

比如，本课的开端是小组交流，贲老师提出要求："交流'我是怎样做的'，还要交流'我是怎样想的'。在交流的时候，还要想想'我怎么讲'，能让同桌'听明白我的想法'。"负责任的小组交流增强了学习效果。全班交流时，学生或独立板演画图，或合作互补完善，或相互质疑批判，或回顾自我反思。陈奕帆在数、算鸡兔图中有多少条腿，方法比较繁琐，在后来的交流中得以优化。裴雅寒听完贲老师点评如何更快更简洁地画出鸡和兔，似乎并不想立刻改变自己的画法，学习过程就是这样"属我"，需要慢慢感悟。钱天伊受同学的启发用表格列举，出现了"鸡 0 兔 9"与"鸡 9 兔 0"这两种情况，正欲擦去 0，贲老师却说"放在那儿，说不定还有用"。原来，可以用作检验。方展博依次算出表格中列举的"鸡、兔"共有腿数为 34，32，30，28，季凡舒突然发现规律，袁森宸继续深思"为什么依次减 2"，学生的思维在思维碰撞中不断走向深处。

教师是与学生同行的学习者。教师要能够应对学生精彩的生成，优化教学的整体效度，促进从"教为中心"向"学为中心"的教学转型，促进数学学科育人的落地生根。作为教师，要经常自我设问：我是否关照到了每一个学生的学习过程？是否知道学生遇到什么问题？是否理解学生与众不同的"奇怪"思考？是否善于审时度势，该出手时就出手？贲老师在本课中多次按下"暂停键"，或提醒关键性问题，或澄明模糊的思维状态，或搁置待利用资源。贲老师还喜欢追问"为什么呀？""有没道理？""真听懂了？"……这种教学决策非常智慧，因为他眼里始终是儿童。

三、学生成长的满心关怀

小学生的学习，不应满足于一味地追求快速获取学科知识和技能，而应在有意思而又有意义的学习活动中发现自我、表达自我，充分感受学科内在的精神价值，获得正确的价值观引领、能力的提升、品格和道德的形成。

在赍老师的课堂上，学生大大方方地把自己错误的作业“公之于众”，津津有味地互相点评。即便借班上课，面对陌生的学生，赍老师也请听课教师随机抽学号展示课前“研究学习”材料，借此打开课堂学习。我很纳闷：万一抽到的学生基础较弱，有必要把全班拉回这一起跑线吗？万一抽到的学生解答完美，又该怎样暴露隐蔽在座位上的错误？为此，赍老师笑言，每一位学生都是有想法的，每一种想法都是有价值的。学生学习的起点并不唯一，每一位学生都是美好的开始，从学生的实际出发，学习之路就越走越宽、越走越远。我在上课前一定不知道今天的课会是什么样子。课堂是各种想法汇聚在一起的地方，学习历程不可能也不应该一帆风顺。

抽签产生第一位与全班交流的学生曹恩铭，呈现的解法出错。有一些学生出现错误，很正常。“鸡兔同笼”问题的学习，今天只是初步尝试，不是终结诊断。随着年级的升高，学生还将对画图、列举、假设等策略方法做更深入的探究。课的最后，赍老师说：“发现错了以后怎么办，申凯泽说了一个词，叫什么？（学生齐答‘调整’）掌声送给申凯泽！（全班鼓掌）看似错了，但换一个角度看，他是没做完。有同学开始做错了，例如，谁呀？其实他不是做错了，他是没做完。”

给错误一个完美的理由，这是大智慧。赍老师眼里看到的不是曹恩铭做错的作业，而是一定能做对的曹恩铭！

总之，让儿童亲历完整的数学学习，全面发挥数学学科的育人功能，赍老师这节课为我们指明了一条课堂教学新路径。

（**丁爱平**，特级教师，正高级教师，江苏省南京市长江路小学。）

后记——

一路走来

做教师，35 年了。这 35 年，我一直带班上课；这 35 年，是我探索并经历从“上完课”到“上好课”，从“上好一节课”到“上好每一节课”的 35 年；这 35 年，是我于讲台扎根三尺，深刻体验并在课堂中收获成长的 35 年。

一、学步阶段（1990 年—1994 年）

1990 年，我从中等师范学校毕业。初登讲台的我，在一所只有 6 个班、9 位教师和 180 位学生的农村小学，任教四年级、五年级各一个班的数学。初登讲台的我，不会备课、上课。每天课前，我把两本参考教案中的教案都抄一遍，然后照着教案上课。在抄写教案的过程中，我慢慢明白了“导入新课—教学新课—巩固练习—课堂总结—课堂作业”这样的课堂教学流程，虽是套路，但我就这样蹒跚起步了。

在农村小学工作 4 年，我印象特别深刻的是，当时我所带两个班的学生在全乡每学期的期末统一考试中，成绩都名列前茅。“分数”上的成功，让我从做教师一开始就意识到教学质量的重要性。后来，我在课堂中开展教学方式改革实验，坚持认为“课堂改革不能以牺牲学生学业质量为代价”，这样的想法一脉相承、一以贯之。

二、奠基阶段（1994 年—2001 年）

1994 年，我从农村小学调到海安县实验小学工作，学校安排我担任“调整活动节奏，改善教育交往”主课题实验班的数学教师，将一个班从一年级带到六年级。那 6 年，每个星期日，我都是先看教材，再独立做教学设计，手写教案。尽管那时已有各种教案集等参考资料，但我从不抄袭，就这样准备好一周的数学课。6 年独立备课的锤炼，让我养成独立思考的意识与习惯，后来我的比赛课、公开课、家常课，都是自己琢磨，自己设计。

1997 年，我撰写了《课堂内学生交往技能训练初探》一文，对教师如何指导与训练学生倾听他人发言、陈述自己想法、修正他人观点、接受他人意见这些方面，结合自己的课堂实践探索进行了梳理与总结。这篇文章当年参加江苏省“教海探航”征文评比，获得一等奖。

2000 年，我撰写了《创造性学习：焕发课堂教学的活力》，并发表于《学科教育》。这篇文章，阐述了我对实现创造性学习的特殊性、必要性、可能性的思考，指出了教师应是学生创造性学习的激发者、引导者和欣赏者。这篇文章，也记录了我在工作早期对学生学习的关注与思考。

三、孕育阶段（2001 年—2008 年）

2001 年春天，我参加第五届“全国小学数学优化课堂教学观摩课评比”活动，执教《平面图形的面积总复习》获一等奖。后来，每年的四、五月份，我都琢磨这节课如何上，在这个过程中，生成了“我与自己同课异构”的教学自觉。

全国赛课之后，我追问自己：今后，我的课堂之路如何走？

从 2002 年 2 月 27 日的新学期开启时，我开始每天在上完课之后写课堂教学手记。记录自己的课堂教学过程，记录自己的教学思考，记录学生怎样学的，记录我是怎样教的，记录我的教学行为背后的想法。每天上课之后的记录，与自己对话，跟自己诉说，和自己谈心。在这个过程中，让我养成了静心反思的习惯。祛除内心躁气，心无旁骛，保持自由、从容、宁静、专注。二十多年来，我一直未间断课堂教学手记的记录。思考与行动的互动，孕育了、促成了我从对教师教的关注与审视转向对学生学的关注与研究。

2007 年，我个人的第一本专著《此岸与彼岸》出版。这本书是从我日常积累的 300 多万字的教学手记中遴选出的 30 万字。书中有这样一段文字：我坚持每天在上完课之后就写。每次，或几十字或几百字或几千字，无论繁忙与悠闲、疲惫与轻松。这是我给自己布置的作业。这本书，是我对教学手记的凝炼与提升。这些文字是不折不扣的真实记录与切肤之感。

四、探索阶段（2008 年—2014 年）

2008 年，我所工作的南京师范大学附属小学开展了改变教学方式的课堂实验。闫勤校长安排我作为数学学科召集人。每周，我们数学组教师都围绕课堂进行研讨。2010 年，学校将首轮实验班数学教学工作交给我；这一年，我被评为特级教师。我觉得，“特级教师”称号，是给我前 20 年的教学生涯画了一个句号，更是给我接下来的教育生活添了一个冒号。改变课堂教与学的方式，向自己熟悉的教学套路说“不”——我将自己置于一场新的挑战中。

做教师，我总是时不时回忆自己曾经上过的课。在工作的这 20 年间，我梳理、回顾自己曾经上过的课，有 3 节课对我具有特殊的意义。第一节课，2001 年全国赛课获一等奖的《平面图形的面积总复习》；第二节课，2002 年首次在江苏省“教海探航”颁奖活动中上的《认识时分》；第三节课，2004 年在江苏省教研室举办的青年教师教学展示活动中上的《7 的乘法口诀》。我从这 3 节课中，“发现”了学生。于是，我提笔写下了文章《发现学生》，并指出：发现学生，意味着重新认识学生，建构新的学生观；意味着教学从学生出发，学生的发展是教育教学的出发点和归宿。我从这 3 节课中，也“发现”着自己。我的课堂教学，从“教为中心”到“学为中心”的嬗变，和我这 3 节课是密不可分的。

2008 年，我在南京市的一所小学听了一节《两位数减两位数退位减法》，听课之后，我忽然想到：1995 年，我教一年级时，这个内容我是如何教学的呢？我找到了 1995 年的教案本，在对课堂的对比分析过程中，产生了“如果我再来上这节课，如何设计、如何上课”的想法，于是有了 2009 年我上这节课的教学实践。2009 年的这节课，支持行动背后的理念是什么？我把缄默状态的教学理念敞亮：让学生在原有基础上得到尽可能大的发展，尊重学生的“已知”“已有”，学生是教学过程中的重要主体。我在《走向“为学生的设计”——一节数学课历经十四年的对比与思考》中写下这样的一段话：学生得到怎样的发展？学生在怎样的基础上得到发展？学生如何得到发展？围绕这几个问题的思考，我不断审视自己的教学理念，逐步建构起“尊重学生，欣赏学生，依靠学生，发展学生”的教学理念。

2012 年全国小学数学年会在广州召开，我应邀在年会上再上《平面图形的面积总复习》。对照 2001 年的教学，我的反思是：课堂，从“为教师的设计”走向“为学生的设计”。

2012 年，在《江西教育》发表文章《以学为中心审视教学设计》，这是我的文章第一次出现“学为中心”这样的表达。之后，我又撰文《构建“以学为中心”数学课堂》，发表于《基础教育参考》2013 年第 5 期，并被人大复印报刊资料《小学数学教与学》全文转载。至此，我的课堂追求怎样的特质，在我头脑中逐渐明晰起来。

2014 年，我出版了第二本专著《现场与背后》。这本书，记录了我带一个班 4 年课堂教学方式改革历程中的 30 节课，每节课的教学实录中，学生“实名制”署名呈现。我想表达的是，学生是鲜活的生命体，是充满个性的、活生生的人，而非抽象的、冷冰冰的、甚至于呈现时就是以“生”来统称的符号。这既是对学生的尊重，也是提醒自己，“学为中心”的课堂，教师眼中要有每一位鲜活的、具体的学生。并且，以此说明具体的教学过程是一次性的，难以复制，但透视具体课例所理析的思考与提炼的做法，又是可以借鉴与推广到其他课堂教学中的。接下来，也让我有了视频记录、文字整理100节数学课的想法，并付诸实施。其间，我开始提炼“学为中心”的理念与策略。在《现场与背后》一书中，我这样写道：没有了课堂实践，我的思考，也就停滞于“流”而不是“源”。课堂实践，既让我“课感”不丧失，又让我有了根植自己实践基础上的思考。否则，就会变成雾里看花，隔靴搔痒。我，上自己的课，思自己的“想”，说自己的话，走自己的路。

五、深入阶段(2014年—2022年)

2014年，之前带的一个班学生毕业，我又开启了新一轮课堂改革实验。2016年，我再次执教一年级，将一个班从一年级带到六年级。在新的一轮课堂实践中，着力丰富、完善“学为中心”课堂的认识与操作。这个阶段，在所写的文章与书中记录了思考与行动的轨迹。

2015年，《此岸与彼岸Ⅱ》出版。我在课堂中既做思想者，也做实践家。书中记录了我的想法：教师的成长，是思行相伴、思行互动的过程。随着教学实践与思考的累积，用文字记录下思想的声音与行动的轨迹，也就留下了自己的个人教学史。在这个过程中，保持宁静的心境，审视教学，收获洞见；保持宁静的心境，解读学生，解放教学；保持宁静的心境，反省自我，发展自我。

2016年，《贲友林与学为中心数学课堂》出版，并入选“教育家成长丛书”。这本书，对“学为中心”课堂实验做了比较系统的回顾与梳理。而回顾，是为了再出发。

2017年,《寻变——贲友林与学为中心数学课堂》出版。从书名可见,新一轮课堂探索,不是将曾经的想法与做法复制过来,而是有新的表达、新的探索,在变局中开新局。我提醒自己:如果你不在意,日子就这样一天一天过去;如果你不留心,路就这样一段一段走过。无论你急与不急,我们与时间相伴,就这样一路向前。这一路走来,我们是生活在习惯之中,还是一次寻变之旅?寻变,因为不重复昨天的故事;寻变,因为课堂有诗与远方;寻变,因为要做更好的自己。

2019年,《重新认识课堂》出版。重新认识课堂,并不是全盘否定我们曾经的课堂,而是提醒自己不要不加思索地凭着惯性前行。重新认识课堂,并不停滞于不断发现课堂中的问题,也不懊恼或者沉迷于自己课堂的不足,而是以积极的态度,在批判中建设,敞开胸怀面向未来。

2021年,《人人为师,个个向学——贲友林学为中心数学课堂15例》出版。"人人为师,个个向学",是我对"学为中心"课堂"人人都是学习者,个个都是小老师"的提炼,也是我期待的新的教学样态。

在这个阶段,"学为中心"数学课堂的探索转向与更多的教师一起研究。2017年,南京市小学数学贲友林名师工作室成立;2019年、2020年,江苏省小学数学贲友林名师工作室成立。2018年,开通"贲友林学为中心"微信公众号,记录我们一个团队在"学为中心"数学课堂中的实践与思考,迄今已经分享了700多篇原创文章。聚焦数学教学中学生提出的"问题",我们开展了专题研究,2020年、2022年,先后出版《学生视野中的小学数学问题研究Ⅰ》《学生视野中的小学数学问题研究Ⅱ》。

为了让自己保持思考状态,从2016年1月21日起,每个工作日的早上,我在微信朋友圈用"友林说课"的方式分享我对课堂的思考,迄今已有1600多则。在课堂中的研究与探索,我坚持长期主义。

六、提升阶段(2022年至今)

2022年,又是一个班学生毕业,我新带三年级一个班,继续探索"学为中心"数学课堂。对于"学"与"教"的问题，有了更新、更深、更辩证的认识；对于课堂的实践，有了更实、更活、更丰富的做法。

2022 年 1 月 25 日，开通"笨老师的数学课"视频号。我在教室里安装了课堂摄录系统，全程摄录每天的数学课。上完课，回看课堂视频，反思课堂，研究课堂，设计接下来的教学。每天晚上，推送一则当天上的数学课的一个片段，用"公开的方式"实现我对课堂的自我要求：不仅重视公开课的教学，更重视每一节家常课的教学；把公开课上成家常课，把家常课上成公开课；上真实的课，把"真"课上得像"假"的一样。

2025 年，《重新理解课堂》出版。我又给了自己一个新目标，围绕课堂，在《重新认识课堂》《重新理解课堂》之后，继续边实践边思考，写出课堂系列第三本，完成"课堂三部曲"。

回顾 35 年的教学经历，"学为中心"，萌芽在课堂，生根在课堂，成长在课堂。课堂研究历程，总有一些关键事件。留存的文字，记录了想法与做法，也就记录了自己的个人成长史。我发现，我努力把自己当成一本书来写。这一路走来，慢慢就有了今天课堂的样子。而走过的每一步，都算数。这一路走来，是我不断学习，不断刷新自己、创造自己的创新之旅。

正如这本书的出版，也是一次创新之旅。从传统的可以"看"的书，到引入二维码，变成可以"听"的书；从纸质的课堂文字实录，到在视频中再现真实的课堂；从读者与作者在阅读中的对话，到每一位读者都可以与"AI 贲老师"互动交流。

感谢我的学生！我教学生，学生教我；学生让我成为学生，我让学生成为老师；我和学生牵手，在课堂中互教互学，活泼泼地共同成长。

感谢我的领导、同事、朋友、家人！他们一直以他们各自的方式为我的行程加油、助力。感谢陈洪杰、周卫东、马云鹏、吕林海、陈静、刘娟娟、罗鸣亮、丁爱平对课堂实践做评析与指导！他们从不同的视角，帮助我审视课堂，理解教学。他们的见解与阐述，帮助我走出狭隘，走向辽远。

感谢杨九俊先生！他鼓励我们梳理、叩问，“在路上”，“向未来”。

感谢朱凌燕编审的策划！感谢林明副总编、张钰主任、李屹老师、郑佳睿老师！是他们精益求精、富有创新的工作，让我在课堂中的做法与想法以真实而美好的方式呈现给大家。

这一路走来，有那么多的人陪护着、指导着、爱着，这是非常幸福的旅程。

一路走来，一路跋涉，一路成长，一路生花。

贲友林

2025 年 4 月